언어순수주의의
발현과 전개

인문언어학과 복합지식 총서 10

언어순수주의의 발현과 전개

연세대학교 언어정보연구원

조태린 · 고영진 · 임재호 · 김민채
발레리 소즈라 · 최경은 · 남혜현 · 김인천 · 권혁재

한국문화사

머리말

　본서는 연세대학교 언어정보연구원의 인문한국(HK) 사업단에서 기획하는 <인문언어학과 복합지식 총서>의 열 번째 결과물로 국내외 언어순수주의의 발현과 전개 양상을 고찰한 것이다. 또한 본서는 연세대학교 문과대학에서 결성된 연구 클러스터 '소시오링크(SocioLinq)'의 첫 작품이기도 하다. 소시오링크는 2017년 연세대학교 문과대학의 연구지원 속에서 태어났다. 출발 당시 구성원은 임재호(불문과), 조태린(국문과), 남혜현(노문과), 최경은(인문학연구원) 교수였고, 조금 후에 김민채(불문과) 박사가 합류했다. 소시오링크를 통해 구성원들은 각자의 주 전공이 무엇이든 국내외 언어 문제에 대한 사회언어학적 논의를 진행하고자 한다. 연구모임 진행, 학술대회 개최, 공저 출간 등이 대표 활동이며, 연구 주제와 관련된 교외 전문가들을 통해 연구 범위를 확대해 왔다. 본서의 외부 필진인 발레리 소즈라, 김인천, 권혁재 교수 등의 참여는 그 좋은 예다. 이러한 방식의 연구는 앞으로도 이어나갈 예정인데, 소시오링크의 연구 성과들은 연세대학교 언어정보연구원에서 발간하는 <인문언어학과 복합지식 총서>의 취지에 가장 잘 부합할 것으로 기대된다. 본서는 남과 북을 포함하는 한반도에서의 언어순수주의에 대한 논의를 시작으로 유럽의 여러 언어들에서 나타나는 언어순수주의의 다양한 양상을 살펴보고 있다.

　먼저 1장에서는 한국에서의 '국어 순화'와 북한에서의 '언어 정화'를 중심으로 한국어 또는 조선어와 관련된 언어순수주의의 발현과 전개 양상을 살펴본 두 편의 글을 모았다. 조태린의 글은 한국에서의 국어 순화의 문제를 언어순수주의 이데올로기와의 비교를 통해 비판적으로 검토하였다. 그 결과, 한국에서의 국어 순화는 '기원적 순수성'과 '규범적 정확성'이라는 개념 범위를 가진다는 점에서 언어순수주의의 일반적 개념과 공통점을 보이지만, '용이화'와 '우미화'의 개념을 포함한다는 점에서 언어순수주의의 일반적 개념 범위에서는 찾아보기 어려운 점도 가지고 있음을 확인했다. 또한 국어 순화와 언어순수주의의 문제를 기존의 개념 범위와 인식 틀을 넘어서 다층화와 민중화, 정치화와 탈정치화라는 새로운 시각에서 살펴보았다는 점에서 의미가 있다.

고영진의 글은 해방 후 북에서 실시된 첫 번째 언어 정책인 '문맹 퇴치'에 이어지는 언어정책의 하나로서 언어순수주의의 문제를 고찰하였다. 문맹 퇴치의 과정에서 대중들이 배운 것은 간단한 가감승제와 한글의 읽고 쓰기였으므로 한자는 자연스럽게 폐지되는 길을 밟았는데, 한자가 폐지된 후 한자어들을 그대로 한글로 적다 보니 소통에 문제가 생겼고, 그러한 문제들을 해결하기 위해서는 '언어 정화'에 나서지 않을 수 없었다. 이와 더불어 '언어 정화'는 북에서 추진하던 '반제 반봉건 민주주의 혁명'의 일환이자, 그들이 내세우고 있던 '민주 기지론'의 언어적 발현이라는 측면도 가지고 있었음을 분명하게 밝혀내었다.

다음으로 2장에서는 프랑스어를 비롯하여 독일어, 러시아어, 체코어, 세르비아어, 크로아티아어 등의 다양한 유럽의 언어들과 관련된 언어순수주의의 발현과 전개 양상을 살펴본 일곱 편의 글을 모았다. 임재호의 글은 17세기 프랑스 시의 언어를 개혁한 시인으로 유명한 말레르브(Malherbe)가 실은 시어를 포함하여 모든 파롤을 랑그의 규범적 규칙들로 환원하고자 한 언어순수주의의 대명사였음을 밝히고 있다. 말레르브는 파리의 보통 사람들의 구어라는 일반적이고 이성적인 언어가 파롤의 새로운 모델이 돼야 한다고 지적했는데, 말레르브의 언어순수주의는 당대 최고 시인이었던 데포르트(Desportes)의 시에 대한 지적들에 나타난다. 프랑스의 언어순수주의는 말레르브를 통해 시언어와의 관계 속에서 태어났다는 특징을 가지며, 시언어의 개혁이 랑그의 등극(登極)과 동시에 일어난 언어학적 사건에 언어순수주의가 있었음을 논한다.

김민채의 글은 18~20세기 벨기에, 스위스, 퀘벡에서 목격되는 언어순수주의적 담론을 윌리엄 라보프(William Labov)의 '언어적 불안정' 개념을 통해 분석하여 주변부 프랑스어권 내 언어순수주의에 대한 일반적 특징을 도출해 내고 있다. 17세기 프랑스에서 시작된 언어순수주의는 프랑스어권으로 옮겨오면서 프랑스와는 또 다른 발전 양상을 보이게 되는데, 이 지역 엘리트들이 가지고 있었던 언어순수주의를 거시적 측면에서 이론화하고 있다는 점이 흥미롭다.

발레리 소즈라의 글은 프랑스가 이미 1635년에 아카데미 프랑세즈(Académie française)를 창설하여 프랑스어의 올바른 용법(bon usage)을 규정하고, 이를 보전하는 것을 국가적 차원에서 의무로서 지켜가고 있음에 주목하였다. 그리고 현대 프랑스어에 범람하고 있는 영어 차용어와 2인칭을 존칭인 vous와 친밀함을 나타내는 tu로 구별하는 언어적 전통이 점차 감소하는 현상을 예로 들어, 아카데미 프랑세즈의 순수주의의 고수와 변화에 대한 거부의 합당성을 인정하면서도 객관적으로 프랑스어에서 일어나고 있는 변화의 원인을 분석하고 양상을 기술하였다.

최경은의 글은 인문주의시대에 라틴어, 알라모드시대에 프랑스어, 근대에 영미어는 독일어의 발전에 많은 영향을 미쳤고, 외국어의 영향으로 외래어가 생성되었으며, 외래어의 수용은 찬반 논쟁을 끊임없이 불러왔음을 고찰하였다. '30년 전쟁'의 시작(1618), 프랑스 혁명(1789), 독일제국의 건국(1871), 나치 집권(1933) 등은 독어사에서 외래어 논쟁의 정점을 찍던 계기가 되었으며, 이처럼 외래어라는 '특정 문자의 사용과 정치의 상호관련성'은 독일어 발전을 통시적으로 관찰해보면 일목요연하게 드러남을 역사적으로 기술해 내었다.

남혜현의 글은 18세기 이후 러시아에서 서구화의 전면적인 도입으로 인해 촉발된 민족어의 위상에 대한 우려와 단일한 규범어의 필요성이 언어순수주의의 발현 동기가 되었음에 주목하였다. 구체적으로는 이 시기 언어순수주의를 18세기 중엽 트레디야콥스키의 언어관과 19세기 초 카람진과 쉬쉬코프의 언어논쟁을 중심으로 기술하였다. 특히 이 시기 언어논쟁은 러시아가 나아가야 할 길에 대한 사회전반적인 논쟁의 흐름에서 중요한 위치를 차지했음을 확인했다. 또한 20세기 초 소비에트 혁명 이후에도 언어는 새로운 국가의 정체성 구축을 위한 도구가 되는 바, 소비에트의 강력한 언어순수성 투쟁과 공식어의 초규범화 현상을 기술하였다.

김인천의 글은 체코의 언어순수주의가 근대 문어체코어의 형성과 발전에 주요한 역할을 했음에도 불구하고, 현재 체코사회가 겪고 있는 불합리한 양층언어 상황의 모태라는 측면에서 체코언어학계로부터 부정적인 평가를 받는다는 점에 주목하였다. 이러한 문제의식 하에 18세기 중반 반(反)게르만 정서의 언어순수주의적 발현으로 시작된 '외국혐오증', '의고화(擬古化)' 그리고 '엘리트 순수주의'의 전형적 특징에 대해 논의하였다. 이를 통해 체코의 언어순수주의는 17세기 바로크 체코어의 구어전통을 소위 '타락하고 불순한 체코어'로 간주하고 16세기 황금기의 문어체코어의 부활을 목표로 매우 급진적인 양상으로 전개되었으며, 결국 1930년대 초 표준어의 육성을 주창하며 등장한 프라하 기능주의언어학파의 언어문화이론에 의해 막을 내리게 되었지만, 표준문어와 일상구어 간의 차이가 큰 양층언어 상황은 상존하였음을 확인했다.

권혁재의 글은 19세기와 20세기, 민족형성과 민족국가 형성 시기 세르비아와 크로아티아에 나타났던 언어 순수주의 논의를 정리하고 분석하였다. 이 글은 언어의 일반적 기능이 소통의 수단이라 할 수 있지만, 특정한 정치·사회적 환경에 의해 이념적 도구로 사용되기도 하며. 특히, 공동체

의식 강화를 위한 상징이 필요하게 되는 상황에서 언어는 자민족과 타민족을 구별하는 객관적인 기준으로 나타난다는 점에 주목하였다. 그 결과, 같은 언어를 사용하는 집단을 하나의 공동체로 규정하고, 이를 하나의 민족으로 정의하는 '하나의 언어 - 하나의 민족(jedan jezik-jedan narod)' 원칙이 강하게 작용하는 발칸지역에서 언어 순수성은 '민족의식', '민족 정체성'과 연계되는 주요한 문제임을 확인하고 있다.

본서는 언어순수주의의 문제를 기존의 당위적 인식이나 무조건적인 비판의 시각을 넘어서 다양한 언어와 역사적 상황을 통해 역사적이고 객관적으로 살펴보고자 했다. 이 과정에서 언어순주주의의 발현과 전개 양상에서 나타나는 공통점과 차이점을 확인할 수 있었고, 언어순수주의가 제기하는 문제와 해결방안을 고민하게 되었다. 본서의 이러한 문제의식과 논의가 언어순수주의의 문제에 대한 더 많은 관심과 연구로 이어질 수 있기를 기대한다.

저자들이 함께 씀

차례

- 머리말 _ v

제1장 한국어를 통해 본 언어순수주의의 발현과 전개

- 한국의 언어순수주의와 국어 순화 / 조태린
  1. 머리말 ·· 3
  2. 언어순수주의의 개념과 특성 ·· 5
  3. 국어 순화의 개념과 언어순수주의 ·································· 10
  4. 국어 순화의 실행과 언어순수주의 ·································· 14
  5. 결론 ·· 23

- 북한의 '언어 정화'에 대하여 / 고영진
  1. 머리말 ·· 27
  2. 언어 정책의 하나로서의 '언어 정화' ······························ 29
  3. '반제 반봉건 민주주의 혁명'과 '언어 정화' ·················· 33
  4. '민주 기지론'과 '언어 정화' ·· 39
  5. 맺는 말 ·· 43

제2장 유럽의 언어들을 통해 본 언어순수주의의 발현과 전개

- 말레르브(Malherbe)의 언어순수주의와 프랑스 언어순수주의의 효시 / 임재호
    1. 머리말 ··· 52
    2. 본론 ··· 54
    3. 결론 ··· 65

- 프랑스어권 국가 내 언어순수주의의 발현과 전개 양상 / 김민채
    1. 머리말 ··· 69
    2. 주변부 프랑스어권 내 언어순수주의의 발현 ················ 71
    3. 주변부 프랑스어권의 언어순수주의: 역사와 특징 ··········· 78
    4. 언어적 불안정의 유지 혹은 극복 ·························· 86
    5. 결론 ··· 88

- 용법과 올바른 용법 / 발레리 소즈라(Valérie Saugera)
    1. 머리말 ··· 93
    2. 올바른 용법과 용법 ······································· 95
    3. 영어 차용어의 범람 ······································· 99
    4. Vous 사용의 감소 ·· 107
    5. 결론 ·· 114

- 독일 언어정화주의 담론의 역사 / 최경은
    1. 머리말 ·· 147
    2. 언어협회의 창립에서 프랑스혁명까지 (1617~1789) ······· 149
    3. 프랑스혁명에서 독일제국의 탄생까지 (1789~1871) ······· 153
    4. 독일제국의 건국에서 2차 세계대전의 패전까지 (1871-1945) ······ 160
    5. 결론 ·· 169

- 러시아에서 언어순수주의의 발현과 전개 양상 / 남혜현
  1. 머리말 ·· 172
  2. 러시아에서 언어순수주의의 등장 배경 ·· 176
  3. 18세기 중반 트레디야콥스키의 순수주의 ···································· 179
  4. 19세기 초 카람진과 쉬쉬코프의 언어논쟁과 순수주의 ················ 185
  5. 소비에트의 언어순수주의 ·· 193
  6. 결론 ··· 198

- 체코의 언어순수주의와 프라하학파의 언어문화이론 / 김인천
  1. 머리말 ·· 203
  2. 체코의 언어상황 ·· 205
  3. 체코 언어순수주의 유형과 반(反)게르만 정서의 발현 ················· 208
  4. 프라하학파의 '언어문화이론' ·· 219
  5. 체코의 언어순수주의와 양층언어상황(Diglossia) ························ 225
  6. 결론 ··· 228

- 세르비아 / 크로아티아 언어순수주의 / 권혁재
  1. 머리말 ·· 232
  2. 부크의 언어혁명과 가이의 일리리아 운동 ·································· 235
  3. 20세기 크로아티아 순수주의 ··· 254
  4. 결론 ··· 266

- 저자소개 _ 273

제1장

한국어를 통해 본 언어순수주의의 발현과 전개

献呈

영주이신 홀란트 공 빌럼 님에게
바치는 헌사

한국의 언어순수주의와 국어 순화

조태린

1. 머리말

언어학 또는 국어학 분야에서 국어 순화의 문제는 학문적 연구의 대상이 아니라는 인식이 적지 않다. "정통 언어학에서 보면 언어 순화라는 것은 있을 수가 없"는데, "말은 인위적으로 만들거나 바꿀 수는 없"으며 "언어학에서는 모든 언어 현상이 그저 객관적인 관찰, 객관적인 고찰의 대상일 뿐"이기 때문이다. 다만 국어 순화의 문제는 "국민의 언어생활을 가꾸고 관리하는 정책의 틀에서는" 상당히 중요한 과제가 될 수 있을 뿐이다(남기심, 2003: 10). 이러한 관점을 언어의 창조적 기능을 인식하지 못하는 '자연 현상주의'나 기존의 습관만을 따르는 '복고주의'라고 비판하는 견해도 있지만(김석득, 2013: 2-3), 국어 순화는 언어 정책의 측면에서도 학문적으로나 실천적으로나 그다지 중요하게 평가되지 못하는 듯하다.

현대 한국에서의 언어 정책 및 계획의 여러 분야 중에 '국어 순화'는 다른 어떤 분야보다 학문적 논의에 앞서는 이데올로기적 주장이 더 많은 분야이고, 국어 순화만큼 정책 수행자의 입장과 정책 대상자의 입장 사이의 괴리가 큰 분야도 흔치 않다. 물론 일제의 강점에서 해방된 직후부터 한동안은 국어 순화가 일제 청산이라는 명분하에 범국민적 호응을 얻었던 적도 있지만, 최근에는 그러한 호응과 관심을 기대하기 어렵다. 그나마 국어 순화의 문제가 사회적 관심을 모으는 경우는 국립국어원이 정기적으로 발표하는 새로운 순화어가 절대 사용되지 않을 만큼 이상하다는 조롱과 비난이 온라인상에서 일어나는 때 정도이다. 이러한 현실은 지금 이 순화어의 적절성을 논하기 이전에 국어 순화의 목적과 필요성이 무엇인지를 학문적으로, 그리고 근본적으로 재고해 보아야 할 시점임을 확인시켜 준다.

그런데 국어 순화는 한국에만 존재하는 특수한 활동 혹은 현상이 아니라 전 세계적으로 존재했거나 존재하고 있는 언어 순(수)화의 국지적 모습이며, 국어 순화의 기반이 되는 이데올로기는 언어 순(수)화의 기반이 되는 언어순수주의 이데올로기와 여러 측면에서 공통점을 가지고 있다. 이에 본고는 한국에서의 국어 순화에서 나타나는 언어순수주의의 측면을 비판적으로 고찰함으로써 국어 순화와 관련된 몇 가지 근본적 문제들을 재고하는 것을 목적으로 한다. 이를 위해 먼저 2장에서는 언어순수주의 개념과 특성을 살펴보고 언어순수주의와 언어 순(수)화의 개념을 구별하여 논의할 것이다. 이어서 3장에서는 한국에서의 국어 순화의 개념과 언어순수주의의 개념을 비교하여 서로 간의 공통점과 차이점을 밝히고자 한다. 마지막으로 4장에서는 국어 순화의 실행 과정에서 언어순수주의의 측면이 다층화, 민중화, 정치화, 탈정치화되는 양상을 종합적으로 살펴보고자 한다.

2. 언어순수주의의 개념과 특성

2.1. 언어순수주의의 개념

국립국어원의 <표준국어대사전>(이하 <표준>)에 따르면, '순수(純粹)'는 '전혀 다른 것의 섞임이 없음', '사사로운 욕심이나 못된 생각이 없음' 등의 뜻을 가진다. '순수'에 해당하는 영어 단어 'purity'는 <옥스퍼드 학습자 사전(Oxford learner's dictionaries(이하 <옥스퍼드>)>에서 'pure'의 상태 또는 성질을 가리키며, 이 때의 'pure'는 '섞이지 않은(not mixed)', '깨끗한(clean)', '완전한(complete)', '완벽한(perfect)', '도덕적으로 올바른(morally good)', '이론적인(concerned with increasing knowledge of the subject rather than with using knowledge in practical ways)', '순혈이거나 순종인(not mixed with any other breed or race, etc.)' 등의 뜻을 가진다. '순수'의 이러한 개념은 역사적으로도 유전이나 족보와 밀접한 관련을 가져 왔으며, 이를 바탕으로 미적 순수, 종교적 순수, 순수한 금속 등의 표현이 일반화되어 왔다(Thomas, 1991: 24-30).

'순수주의'는 <표준>에 제1차 세계대전 이후 프랑스에서 일어난 전위 미술 운동의 사조를 가리키는 고유명사의 뜻만 풀이되어 있다. 반면에 영어 사전들에서는 'purism'이 '무언가가 전통적인 방식으로 되어야 한다는 신념' 또는 '언어나 예술 등에는 따라야 하는 올바른 형식이 있다는 신념'(<옥스포드>), '특히 언어, 예술, 음악 등에서 스타일이나 내용의 순수성이나 형식의 정확성 관련 전통적 원칙을 강조하는 것'(<Collins English dictionary>), '특히 단어 사용에서 순수성 또는 꼼꼼함(nicety)에 대한 엄격한 고수 또는 강조' 또는 '특히 언어에서 순수성을 고수하는 성질 또는 실천'(<Merriam-Webster dictionary>) 등의 뜻으로 풀이되고 있다.

이상과 같은 사전적 정의들을 고려하면, 순수의 뜻은 기본적으로 다른 무언가와 섞이지 않았다는 개념에서 출발했다고 추정할 수 있다. 그리고 순수주의는 그러한 순수를 중시하는 신념 또는 원칙이라고 할 수 있는데, 특히 순수주의가 드러나는 가장 대표적인 영역이 '언어'임을, 다시 말해서 순수주의의 대표적 하위 유형이 '언어순수주의'임을 확인할 수 있다. Langer & Nesse(2012: 608)에 따르면, 언어순수주의의 개념은 외래적인 언어 요소를 제거하는 것에서 바람직하지 않은(undesirable) 언어 요소를 제거하는 것으로 확장되어 왔다고 한다. 실제로 언어순수주의의 개념은 "외래 기원의 단어들(과 다른 언어 자질들)이 한 언어의 순수성을 훼손하는 일종의 오염이라는 신념"(Trak, 1999: 254)에서 출발하는 것이 일반적이기도 하다. 그러나 현재적이고 실제적인 사용 양상을 보면, 언어순수주의는 "한 언어를 외래적인 것으로 추정되거나 바람직하지 않은 것으로 여겨지는 요소들로부터 보호하거나 한 언어에서 그러한 요소들을 제거하려는 열망의 표명"(Thomas, 1991: 12)에 다름 아니다. 따라서 본고에서는 '언어순수주의'를 '한 언어의 기원적 순수성과 규범적 정확성을 강조하거나 고수하려는 신념 또는 이데올로기'라고 정의하고자 한다.

2.2. 언어순수주의의 특성과 언어순수주의자의 자아상

언어순수주의의 특성은 역사적으로 언어순수주의자들이 자신을 어떻게 바라보아 왔는지를, 즉 언어순수주의자들의 자아상(self-image)을 파악할 때에 좀 더 잘 이해할 수 있다. George Thomas(1991: 20-23)에 따르면, 언어순수주의자들의 자아상은 다음과 같이 크게 일곱 가지의 유형으로 나누어 볼 수 있다.

[표 1] 언어 순수주의자들의 자아상 유형과 역할 인식

자아상 유형	역할 인식
제분업자 (miller)	제분업자가 밀의 겉껍질을 벗겨내고 빵을 만들 수 있는 순수한 밀가루를 만들어 내듯이 언어순수주의자는 한 언어에서 유용하고 좋은 것과 유용하지 않고 나쁜 것을 분리함 (16세기 이탈리아의 피렌체 아카데미에서 주로 발견)
원예사 (gardener)	원예사가 불필요한 가지를 치고 무성한 잡초를 뽑아내어 나무와 화초를 가꾸듯이 언어순수주의자는 한 언어에서 제거해야 할 것과 장려해야 할 것을 구별하여 그 언어가 더 잘 발전하도록 함 (17세기 독일의 언어 학회들에서 주로 발견)
야금술자 (metallurgist)	야금술자가 광석에서 불순물의 정제를 통해 특정한 금속을 추출하듯이 언어순수주의자는 한 언어에서 순수하지 못한 것을 가려내고 그 언어 본연의 상태를 찾아냄
칼갈이 (grinder)	칼갈이가 무뎌진 칼을 숫돌 위에 놓고 갈아서 날카롭게 만들듯이 언어순수주의자는 한 언어의 부족함 부분을 채우고 의사소통 도구로서의 기능을 향상시킴 (체코에서 17세기 언어순수주의의 모습을 대표하며, 19세기 언어순수주의에서 재현)
의사 (physician)	의사가 더 이상의 감염을 예방하기 위해 신체의 병든 부분을 잘라내어 건강한 부분의 안녕을 보장하듯이 언어순수주의자는 한 언어의 변질되거나 타락한 요소를 제거하고 순수하고 건강한 부분을 장려함
계보학자 (genealogist) 또는 유전학자 (geneticist)	계보학자와 유전학자가 특정 생물의 족보와 혈통을 중시하듯이 언어순수주의자는 한 언어에서 어원의 정당성을 강조하면서 외래적 요소를 색출하고 제거함
사제 (priest)	사제가 신의 규율과 명령을 어긴 사람을 대상으로 종교적 정화의 의례를 수행하듯이 언어순수주의자는 신에 의해 창조된 순정한 언어를 더럽히는 오염 요소를 경건하게 바로잡음

언어순수주의자의 자아상은 그 특성에 따라 위와 같이 구분할 수 있지만, 실제의 현실에서는 각각의 자아상이 명확하게 구분되지 않고, 둘 이상의 자아상이 합성된 모습으로 나타나는 것이 일반적이다. 그리고 이러한 자아상을 통해 파악되는 언어순수주의자의 공통적 역할은 해당 언어에서 순수하지 않거나 바람직하지 않은 요소를 제거하고 순수하고 바람

직한 요소를 장려하는 것이다. 언어순수주의자의 이러한 공통적 역할에서는 다음과 같은 두 가지 중요한 특성이 발견되며, 이는 곧 언어순수주의의 특성이 될 수 있다.

첫째, 특정 언어에서 순수하고 순수하지 않은 요소, 바람직하고 바람직하지 않은 요소를 구분하는 판단 기준이 모호하고 자의적이다. 이로 인해 기원적 순수성과 규범적 정확성에 대한 판단 기준은 언제나 언어순수주의의 근본적인 문제로 지적되어 왔다. 둘째, 기원적 순수성과 규범적 정확성의 판단 기준이 문제가 됨에도 순화의 대상을 선정하고 순화의 추진을 결정하는 주체는 언제나 특정한 전문가, 즉 엘리트인 경우가 대부분이다. 정치와 경제, 교양 등 모두를 독점한 엘리트 집단이 언어 순화의 주체가 되는 것은 자연스럽다고 평가될 정도다(유재원 2005: 12). 이로 인해 언어순수주의는 기본적으로 엘리트주의적인 언어 이데올로기라고도 할 수 있다. 이처럼 언어순수주의자들의 자아상에서 나타나는 특성에 대한 이해는 언어순수주의가 그 판단 기준이 모호하고 자의적임에도 정당하거나 합리적인 것으로 여겨지는 경우가 많은 이유를 설명하는 데에 도움을 준다.

2.3. 언어순수주의와 언어 순(수)화

이데올로기로서의 언어순수주의와 언어 계획 또는 운동으로서의 언어 순(수)화는 구별할 필요가 있다. 김선철(2009: 3)에서는 영어의 'language purification'과 'language purism'을 구별하지 않고 모두 '언어 순수화'로 번역하여 논의하였다. 그러나 본고는 전자를 '언어 순(수)화'로, 후자를 '언어순수주의'로 구별하는 것이 적절하다고 본다. '언어순수주의'가 언어를 바라보는 하나의 이데올로기라면, '언어 순(수)화'는 그 이데올로기를 바탕으로 언어와 언어 사용에 인위적으로 개입하는 활동(purist activity)이기 때문이다. 이에 따르면, 김선철(2009)이 Langer & Davis (2005)에서 재인용한 '언어 순(수)화의 여러 가지 정의'는 그 원어(linguistic purism)와 기술 내용을 고려하면 '언어순수주의의 여러 가지 정의'로 수정되어야 한다.

언어순수주의 이데올로기는 언어 순(수)화 계획 또는 운동이라는 물리적 활동을 통해 언어 사용의 현실에서 구현된다. 이는 개인적이거나 심리적인 현상이 아니라 집단적이고 사회적 층위의 현상이며, 그 결과로 정치적인 문제를 발생시킨다. 언어 순(수)화 운동은 언어적인 사회 계급 집단을 설정하고 그에 속하는 구성원을 확인하는 효과를 냄과 동시에 그에 속하지 않는 이들을 집단의 바깥에 위치 짓기 때문이다. 다시 말해서, 언어 순(수)화 운동은 '동일시'와 '구별 짓기' 양자 모두가 작동한다는 점에서 매우 정치적이다(Shapiro, 1989: 22).

언어 순(수)화의 정치성은 2.2절에서 살펴본 언어순수주의의 두 가지 특성, 즉 판단 기준의 자의성과 엘리트주의적 성격으로 인해 언어 순(수)화의 실제적인 추진 과정에서 뚜렷하게 드러나게 된다. 먼저 판단 기준의 자의성은 무엇을 순화의 대상으로 삼을 것인가의 문제와 관련되며, 이에 대한 입장에 따라 언어 순(수)화의 목적 또는 필요성과 추진 방식이 달라질 수 있다. 예를 들어, 한국의 국어 순화에서는 순화 대상으로서의 외래어에 한자어를 포함하는가, 그리고 포함한다면 얼마나 포함하는가의 문제에서 중요한 입장 차이가 발생한다. 다음으로 엘리트주의적 성격은 언어 순(수)화가 누구의 판단과 결정에 의해 추진될 것인가의 문제와 관련되며, 이에 대한 입장에 따라 언어 순(수)화의 추진 주체와 방향이 달라질 수 있다. 특히, 3장에서 살펴볼 국어 순화의 개념 중 '쉬운 말 쓰기, 즉 용이화'는 국어 순화의 추진 주체와 방향을 설정하는 문제에서 완전히 반대되는 입장을 취할 수 있다.

3. 국어 순화의 개념과 언어순수주의

3.1. 국어 순화의 개념

한국에서의 '국어 순화'는 한자어로는 '國語 純化' 또는 '國語 醇化'로 쓰이는데, 민현식(2003: 36, 각주 5)은 각각을 영어의 'purification'과 'refinement'와 대응시키면서, 전자를 이상(理想) 개념으로, 후자를 방법(方法) 개념으로 구별한다. 반면에 김선철(2009: 9)은 국어 순화를 적는 두 한자어 모두 '순수화'를 뜻하는 것이므로 '국어 순화'는 외래적인 요소의 축출로만 그 개념을 한정하고, 그 이상의 내용을 포괄하는 개념을 위해서는 '우리말 다듬기' 또는 '국어 정화(國語 淨化)'라는 용어를 사용하는 것이 적절하다고 제안한다.

그러나 '국어 순화'라는 용어의 실제적 용법은 학술적 개념 구분을 위한 위와 같은 노력을 무색하게 한다. 김민수(1988)을 비롯한 많은 논의와 연구들에서 '國語 醇化'가 'purification' 또는 'purism'으로 번역되곤 한다. 또한 국어 순화의 개념을 정의한 초기의 주요 연구들에서 그 개념을 외래적 요소의 축출로만 한정하는 경우는 찾아보기 어렵다(김선철, 2009: 5; 민현식, 2003: 36). 예들 들어, 국어 순화는 '국어에서 외래적인 요소를 제거하고 고유어로 대신하게 하는 일'(고광모 외, 1988: 62)이자 '국어를 순수하고 바르고 곱게 사용하는 일'(남영신, 2000: 84)이며, '우리말이 아닌 말들이 우리말에 섞이어 우리말을 잡스럽게 한(또는 하고 있는) 말들을, 일반 대중이 정보 교환에 어려움이 없도록 손을 대어 쉽고 올바른 우리말 되게 다듬질하는 일'(김석득, 2013: 1)이라고 정의되고 있다.

또한 국어 순화는 "한마디로 말하면, 「고운말」, 「바른말」, 「쉬운말」을 가려 쓰는 운동"으로 정의되면서, 어려운 한자말, 일본말 찌꺼기, 서양말 등의 외래적인 요소는 그것의 외래성 때문이 아니라 국민 모두가 쉽게 알아들을 수 있는 말로서의 '쉬운 말'이 아니라는 점 때문에 국어 순화의 문제가 되기도 한다(허웅, 1977: 143) 심지어 국어순화(國語醇化)는 국어의 순화(純化)와 미화(美化)를 포괄하는 것으로 정의되면서, "이것이 곧 한글 전용을 의미하거나 외래어나 한자어를 무조건 배제 축출하는 것을 의미하는 것은 아니다."라고 강조되기도 한다(박갑수, 1976: 67). 이처럼 다양한 쓰임을 반영해서인지 <표준>에서도 국어 순화는 "국어를 다듬는 일. 외래어를 가능한 한 고유어로, 비속한 말을 고운 말로, 틀린 말을 표준어로 또는 맞춤법에 맞게 바르게 쓰는 것 따위이다."라고 풀이되고 있다.

국어 순화의 개념이 이처럼 다양한 요소를 포함하고 있어 혼란스러움을 지적하면서 국어 순화를 외래어 대한 문제의식에 중심을 두고 '언어 순결화' 또는 '언어 정화'라는 개념으로 한정하려는 시도도 있지만(김선철, 2009), 국어 순화의 새로운 방향을 '언어 발전'으로 제시하는 과정에서는 '언어 순결화' 또는 '언어 정화'의 문제의식을 넘어서 사회적 의사소통의 효율화와 용이화로 확장하기도 한다(김하수, 2005; 2011). 따라서 이상의 논의를 종합하면, 국어 순화는 국어에서 외래적이고 바람직하지 않으며 어렵고 거친 요소를 제거하고, 고유하고 바람직하며 쉽고 고운 요소를 살려 쓰는 것이라고 정의할 수 있으며, 이에 따르면 국어 순화는 앞서 살펴본 '언어 순(수)화'의 일종이 된다.

3.2. 국어 순화와 언어순수주의의 개념 비교

국어 순화가 언어 순(수)화의 한국적 발현이라면, 국어 순화에서도 언어 순(수)화에서와 마찬가지로 이데올로기로서의 언어순수주의를 발견할 수 있다. 실제로 국어 순화의 개념 범위는 앞서 2장에서 살펴본 언어순수주의의 개념과 상당히 유사함을 확인하게 된다. 언어순수주의의 개념이 외래적인 언어 요소를 제거하는 것에서 바람직하지 않은 언어 요소를 제거하는 것으로 확장되어 온 것처럼, 국어 순화의 개념도 유사한 확장의 모습을 보이기 때문이다. 그런데 국어 순화의 개념은 언어순수주의의 개념과 유사성만 가지고 있지는 않다. 김선철(2009: 5)은 "일반적인 언어 순수화 개념과 달리, 우리의 국어 순화에는 나름대로의 독자적 특질이 있는 것으로 파악된다."고 하면서도 그 특질이 무엇인지는 명확히 제시하지 않았는데, 그 특질은 기존 연구에서의 국어 순화의 개념 범위와 언어순수주의의 일반적 개념 범위를 비교해 보면 좀 더 분명해진다.

[표2] 국어 순화의 개념 범위와 언어순수주의의 일반적 개념 범위 비교

국어 순화의 개념 범위		언어순수주의의 일반적 개념 범위
김선철(2009: 6)	민현식(2003: 37)	
외래 요소 제거	우리말 쓰기, 즉 국어화(國語化) 또는 모어화(母語化)	기원적 순수성
전통 표현 쓰기		
비속어 제거	바른 말 쓰기, 즉 규범화(規範化)	규범적 정확성
표준어 쓰기		
쉬운 말 쓰기	쉬운 말 쓰기, 즉 용이화(容易化)	-
고운 말 쓰기	고운 말 쓰기, 즉 우미화(優美化)	-
청각인상적 순화		

위의 표에서 확인할 수 있는 것처럼, 외래 요소를 제거하고 전통적인 우리말을 사용하자는 '국어화' 또는 '모어화'와 비속어를 제거하고 표준어 등의 바른 말을 사용하자는 '규범화'는 국어 순화의 개념에서 핵심적인 비중을 차지하며, 각각 '기원적 순수성'과 '규범적 정확성'이라는 언어순수주의의 개념 범위와도 잘 대응한다. 그러나 국어 순화의 개념 형성에 중요한 역할을 하는 또 다른 두 가지, 즉 이해하기 쉬운 말을 사용하자는 '용이화'의 개념과 아름답고 고운 말을 사용하자는 '우미화'는 2장에서 살펴본 언어순수주의의 개념 범위 내에서 찾아보기 어렵다.

물론 규범적 정확성의 개념 범위를 규범적인 말만을 사용하는 것에 한

정하지 않고, 지나치게 어렵거나 아름답지 않은 말을 사용하지 않는 것으로까지 확장할 수도 있을 것이다. 그러나 언어순수주의에 대한 국내외의 기존 연구나 논의들에서는 용이화와 우미화의 측면이 별로 언급되지 않았다. 따라서 한국에서의 국어 순화의 개념 범위가 언어순수주의의 일반적 개념 범위보다 더 넓다고 볼 수 있다. 달리 말하자면, 한국의 언어순수주의는 일반적인 언어순수주의보다 더 많은 개념을 포함하고 있는 것이다.

이처럼 국어 순화의 개념 범위에서 두드러지는 용이화와 우미화 중에서 본고가 특히 주목하고자 하는 것은 '용이화'이다. 용이화는 언어순수주의의 특징 중 하나인 엘리트주의적 성격과 대립하거나 그 성격을 극복할 수 있는 측면이 있기 때문이다. 우미화는 국어화 또는 모어화나 규범화와 마찬가지로 전문가가 주도하는 엘리트주의적 성격이 강한 반면에, 용이화는 일반 언중의 편의와 필요를 반영한다는 점에서 매우 다른 성격을 보인다. 용이화의 이러한 특성은 20세기에 들어 영국과 미국을 중심으로 시작된 이른바 '쉬운 영어(plain english)' 운동에서 잘 확인할 수 있다.

쉬운 영어 운동은 행정, 법률 등의 공공 영역에서 사용되는 공공언어(public language)가 지나치게 어려워서 다수의 평범한 국민들이 자신의 정당한 권리를 행사하지 못하거나 불이익을 받는다는 문제의식에서 출발했다. 실제로 쉬운 영어 운동은 1971년 영국의 제일 가난한 지역에 살고 양질의 교육을 받지 못했던 크리시 메이어라는 평범한 시민활동가의 문제제기와 노력에서 촉발되었다(피터 로드니, 2013: 20). 여기에서는 언어순수주의 또는 언어 순(수)화와 관련된 동기나 배경을 찾아보기 어렵다. 이와 달리 한국에서는 국어 순화의 개념 범위 내에 일찍부터 '쉬운 말 쓰기', 즉 용이화의 측면이 자리 잡고 있었지만, 이때의 용이화는 '우리말 쓰기', 즉 국어화 또는 모어화와 밀접하게 결합하면서 "외래 요소가 제거된 고유의 전통 표현이 가장 쉽다"라는 인식을 양산해 왔다.

4. 국어 순화의 실행과 언어순수주의

4.1. 국어 순화의 대상 및 주체와 언어순수주의의 다층화, 민중화

국어 순화의 일차적 대상은 앞서 살펴본 것처럼 외래적인 요소이며, 이는 언어순수주의의 일차적 개념인 기원적 순수성에 해당한다. 그런데 한국의 국어 순화에서는 배제의 대상이 되는 외래적인 요소 내에서도 그 성격과 대응 방식의 측면에서 상당한 차이가 나는 요소들을 발견하게 된다. 한자어와 기타 외래어가 바로 그것인데, 이는 언어순수주의의 측면에서 볼 때 '순수' 또는 '순결'의 기준이 다층화 되어 있음을 잘 보여준다. 먼저 국어 순화 대상으로서의 한자어 문제에 대한 몇 가지 주요 주장을 살펴보면 다음과 같다.

(1) "로마자가 국적을 상실해서 영어에서 외국 문자라고 하지 않듯이, 동양에서는 한자가 로마자와 유사하다. 또한, 영어에서 라틴어계가 추방되지 않듯이, 국어에서는 한자어가 일률적으로 배제되지 않는다. 이렇게 보면, 그 한자어는 외래어와 구별되는 특이한 존재라고 하겠다. 물론 영어에 고전어계 난해어가 있듯이, 국어에도 난해한 한자어가 있다. (...) 말이 어렵다는 것은 흔히 쓰이지 않는다는 뜻이다. 쓰이지 않기 때문에 흔히 쓰지 않겠지만, 그런 말을 쓴다는 것은 개인적인 어휘선택의 소관이다."(김민수, 1988: 6)
(2) "한자어도 외래적인 것은 틀림없지만 서구 외래어와 달리 오랜 세월을 두고 국어 속에, 우리의 의식 속에 깊이 침투하여 있으므로 이미 자리잡고 통용되는 말까지 건드려 혼란을 초래할 필요는 없을 것 같습니다. 물론 쉽게 고유어로 바꿀 수 있는 어려운 한자어는 당연히 바꿔야겠지요."(김동언⊂고광모 외, 1988: 71)[1]

---

[1] 이하의 '⊂' 기호는 좌담회 기록인 고광모 외(1988)에서 해당 발언을 한 참석자가 누구인지를 구체적으로 밝히기 위해 사용하기로 한다.

(3) "저도 널리 자리잡고 쓰이는 한자어를 고유어로 고치는 데는 신중을 기해야 한다고 생각합니다. (...) 한자어와 고유어 사이에는 의미 영역에서나 적어도 어감에서 뚜렷한 차이가 있읍니다. 의미 영역이 같지 않은 말들을 하나로 통합하려고 한다면 표현의 욕구를 막는 일이 되기 때문에 성공할 수 없을 것입니다."(김동언⊂고광모 외, 1988: 72)

위의 (1) ~ (3)에서 한자어는 외래적인 것이지만 그것의 역사성과 현재 국어에서 차지하는 비중, 그리고 의미나 어감의 차이 등을 고려하여 다른 외래어와 구별되어야 한다고 주장된다. 이러한 입장에서 한자어는 외래어이기 때문에 순화의 대상이 되는 것이 아니라 그것이 어려울 경우에만 순화의 대상으로 고려될 수 있다. 심지어 어려운 한자어의 사용조차 개인의 선택이고 고유어와는 다른 의미 또는 어감을 가지므로 한자어는 기본적으로 순화의 대상이 아니라는 입장을 취하기도 한다. 이와 달리 순화 대상으로서의 한자어를 다른 외래어와 구별하는 것에 반대하는 의견도 다음과 같이 존재한다.

(4) "저는 한자어를 다른 외래 요소와 달리 특별 취급하는 데 대해서 반대하는 입장입니다. 한자어도 일찍 들어와서 자리잡았을 뿐이지 외래 요소임에는 틀림없다는 점을 강조하고 싶은 것입니다. 그래서 저는 고유어로 새 말을 만드는 데 대해서 어느 정도는 적극적인 자세가 필요하다고 생각합니다."(최호철⊂고광모 외, 1988: 70)
(5) "저는 경쟁에 맡겨 두는 것보다는 고유어 쪽이 우세한 세력을 얻어 갈 수 있도록 무리하지 않은 범위 안에서 적극적으로 지원해 줘야 한다고 생각합니다. 역시 가장 큰 힘이 되는 것은 교육이겠지요."(최호철⊂고광모 외, 1988: 72)
(6) "조어법에 대해서인데요, 한자에 비해서 고유어의 조어력이 풍부하지 못하다고만 할 것이 아니라 풍부해지도록 우리가 노력을 해야 합니다. 국어 순화를 하자는 것은 국어를 자연 상태로만 내버려두어서

는 안 되겠다는 것이고 어차피 인위적인 힘을 가하기로 한다면 생산성이 낮은 조어법이라도 이왕 국어에 있는 것이라면 적극적으로 살려 쓰려는 노력쯤은 해야 된다고 생각합니다."(최호철⊂고광모 외, 1988: 74)

위의 (4) ~ (6)에서는 한자어가 외래어로서 국어에 들어온 시기가 빨랐을 뿐이지 외래어라는 본질에는 차이가 없음을 강조한다. 따라서 한자어도 고유어로 바꾸는 순화의 대상으로 적극적으로 고려하고 한자어 순화를 위한 교육과 의식적 노력을 강조한다. 이처럼 한자어는 외래어의 한 유형임에도 국어 순화의 대상에 포함되어야 할지가 논란이 되는 반면에, 다른 유형의 외래어들은 그 기원에 따라 국어 순화의 대상으로서의 인식 또는 태도에서 차이가 발견된다. 그러한 차이는 다음의 (7)에서 잘 기술되고 있다.

(7) "가장 특이한 것은 외래어의 기원에 따라 이를 대하는 외래어 의식이 다르다는 점이다. 현대 일본어 표현과 일본 한자어는 사용하는 이의 무지를 질타하거나 고루함을 비판하는 예시로 사용되곤 하지만, 서구 외래어는 현학적인 또는 과시적인 표현 태도를 비판하는 예시로 자주 사용된다는 것은 흥미로운 사실이다. 이를 통해 우리는 외래어의 기원에 따라 이에 대한 저항의 양상이 다름을 알 수 있다. 이러한 저항성의 차이는 의사소통의 불편함보다는 감정적 불편함의 정도에서 나타나며, 이런 점은 국어순화에 임하는 태도를 결정짓기도 한다. 즉 서구 외래어에 비해 일본식 한자어나 일본어에서 온 외래어에 과도한 거부감을 갖는 것이 그러한 예이다."(최경봉, 2007: 370)

국어 순화의 대상으로서 외래적인 요소와 함께 늘 부각되어 온 또 다른 하나는 바람직하지 않은 요소인데, 이는 언어순수주의의 개념 범위를 구성하는 '규범적 정확성'과 완벽하게 일치하는 측면이므로 새롭거나 다를 것이 없다. 반면에 국어 순화의 대상으로서의 '어려운 요소'는 국어 순화의 개념 범위를 언어순수주의의 일반적 개념 범위보다 확장시키는 중요한 이유가 된다. 어려운 말을 쉽게 바꾸어 말하는 것은 국어 순화의 목적 및 결과의 측면에서 소수의 지식인 엘리트보다 대다수 일반 언중의 이해에 부합하는 측면이 크기 때문이다. 그리고 이러한 용이화의 측면은 국어 순화의 주체도 엘리트만이 아니라 일반 언중으로 확대할 수 있게 한다는 점에서 주목할 필요가 있다.

(8) "언어 순화를 정책적으로 펼친다 해도 성공적이지 않은 것은 결국 언어 사용자들의 선택에 달려 있기 때문이다. 물론 외국말의 문제는 우리말로 순화(순화라기보다는 번역/표현)해 내는 작업이 필요하다. 그리고 공공적 영역, 즉 행정이나 법률, 의료 등지의 영역에서의 우리 말 표현, 쉬운 말로 쓰기 등은 언어적 소수자들이나 일반 국민의 공공성 접근 및 문화적 민주주의를 위해 언어 순화가 필요하다. 그래서 언어 순화 정책은 '제한적'으로 펼쳐야 한다는 것이다. 하지만 이것도 이데올로기로서가 아니라 다중의 언어적 욕망 보장과 권리로서 기초되어야 한다."(고길섶, 2003: 44)

위의 (8)에서는 국어 순화의 핵심 대상이 외래어가 아니라 어려운 말이 되어야 함을 강조하고 있다. 국어 순화는 언어 사용자들의 공공성 접근과 문화적 민주주의를 위해 필요할 때에만 제한적으로 추진되어야 하고, 국어 순화의 성공 여부도 결국 국어를 사용하는 대중의 요구와 권리를 얼마나 잘 반영하는가에 달려있다고 보기 때문이다. 이러한 주장은 결국 국어 순화의 대상을 확대하고 주체를 변화함으로써 그 이데올로기적 기반으로서의 언어순수주의를 민중화하는 것으로 귀결된다.

그러나 국어 순화의 대상으로서의 어려운 말의 순화 문제를 비중 있게 논의한 연구는 찾아보기 어렵다. 더구나 어려운 말을 국어 순화의 대상으로 언급하더라도 어려운 말은 '어려운 한자어'에 한정되는 경우가 여전히 많다. 순화 대상어의 선정 기준을 살펴본 이정복(2003: 189-192)에서도 한자어가 아닌 외래어가 순화 대상어가 되는 이유는 어려운 말이어서가 아니라 민족적 정서나 국어의 기준이나 감각에 맞지 않는 말인 경우가 대부분임을 확인할 수 있다. 이는 어쩌면 어려운 말이 근본적으로 국어 순화의 대상이 아니며, 쉬운 말을 사용하는 문제는 국어 순화와는 전혀 다른 차원에서 접근해야 하는 것은 아닌지 재고하게 한다.

4.2. 국어 순화의 목적 및 필요성과 언어순수주의의 정치화, 탈정치화

그간의 국어 순화 운동에서 제시해 온 국어 순화의 목적과 필요성을 살펴보면, 국어 순화가 단지 언어 내적인 이유만이 아니라 언어 외적인, 특히 정치적인 이유와 밀접한 관계가 있음을 확인할 수 있다. 국어 순화의 이러한 정치적 성격은 언어순수주의가 어떻게 정치화 되는가를 잘 보여준다. 국어 순화는 앞서 살펴본 것처럼 "한자말을 비롯한 외래어의 어휘를 토박이말로 바꾸는 것에서 토박이말의 유기적인 활성을 되찾아 살리는 것으로 목표가 확장되거나 중심이 바뀌어" 발전해 왔으며, 언어 내적인 측면에서 국어 순화의 최종 목적은 "외래어를 내쫓는 것이 아니라 토박이말 자체를 살리는 것"이라고 할 수 있다(김정수, 2013: 22).

국어 순화의 이러한 언어 내적 목적은 "국어는 우리의 언어니까 우리가 아끼고 사랑해야 한다"는 "하나의 당위"에 기반하기도 하지만(고광모 외, 1988: 62-63), 언어적 순혈주의나 우월주의의 태도와 연결되는 경우가 많으며, 언어 외적으로는 정치적 민족주의나 국가주의와 결합하기 쉽다. 국어 순화 운동의 필요성을 국어의 중요성에 대한 재인식이나 국어 개량과 언어 습관의 개선만이 아니라 민족정신과 주체성의 확립, 민족문화의 계승·발전, 사회 및 국민생활의 정화에서 도출하는 것도 이 때문이다(박성의, 1977: 9-13). 다음의 (9)와 (10)은 국어 순화가 언어 내적 목적이 아닌 언어 외적 목적, 즉 정치적 목적과 결합하는 전형적이고 상투적인 모습을 잘 보여준다.

(9) "언어는 이와 같이 현실을 반영하는 소극적인 면만 지닌 것은 아니다. 오히려 역사와 사회적인 상황을 정화하는 적극적인 면이 강하다. 다시 말해 국어를 순화함으로써 바람직하지 못한 사회를 바람직한 사회로 바꿀 수 있다는 것이다. 욕설이나 비속어, 은어와 같은 상스러운 말이나 거친 말을 쓰지 않고, 곱고 부드러운 말을 씀으로써 모진 사회적 환경을 부드럽고 아름다운 환경으로 바꿀 수 있다는 것이다."(최용기, 2003: 4)

(10) "국어 속의 외래 요소를 버리려고 노력하는 것은 그 자체로서도 큰 의미가 있고, 나아가서 민족 정신을 함양하고 주체성을 확립하는 길이기도 합니다. 문화의 계승·발전은 국어를 매개로 하는 것이니까요."(전수태⊂고광모 외, 1988: 63)

국어 순화의 목적과 필요성에 대한 이러한 인식은 국어 순화가 그 자체로 매우 정치적인 행위임을, 그리고 그 이데올로기적 기반으로서의 언어순수주의가 본격적으로 정치화되고 있음을 확인시켜 준다. 이러한 맥락에서 "언어의 순결은 하나의 이념이자 선동의 구호였고, 실제로는 누구를 새 시대에 참여시키고 누구를 배제할 것이냐 하는 정치 투쟁의 무대였다"(김하수, 2011: 124-125). 국어 순화의 이러한 정치적 성격은 일제 강점기를 거치면서 피폐해진 국어의 회복 또는 재활에 기여했다는 점에서 긍정적 의의를 찾을 수 있지만, "국어 순화라는 비정치적 정치를 통해 국민들을 순화하는 정치적 이데올로기 효과를 생산"했다는 점에도 주목할 필요가 있다(고길섶, 2003: 39).

(11) "사회 현실에 대해서는 보려 하지 않고, 순수한 언어적 현실만을 보려고 고집하면서, 그리하여 부당하게도 그 언어적 현실마저도 왜곡해 온 국어순화론자들은 '올바른 언어생활'이라는 이데올로기로 대중을 순응하는 국민으로 만들어 내는 데 기여해 왔다. (...) 그들은 자신들의 입장은 순수하다고 주장할는지 모르나 그들의 의지와는 무관하게 이미 지배 질서를 구축하고 그 분위기를 조성하는 데 일조해 왔다."(고길섶, 2003: 41)

(12) "1970년대 중반의 국어순화 운동은 유신 정권의 문화 운동이라 정권의 반독재 투쟁을 분산시키려는 문화 정책으로 비칠 수 있다는 점 때문에 갑자기 이러한 국어순화 운동이 생겨난 배경에 의문도 생긴다. (...) 우리의 경우도 유신 말기에 그런 정략적 차원에서 '국어순화 의식 => 민족주의, 국수주의 고취 => 정권에 유리하게 작용'이라는 의도로 추진될 수 있었을 것이다."(민현식, 2003: 50)

(13) "한국의 국어 순화론자 가운데 1970년대 박정희 대통령의 한글 전용 조치를 높이 평가하려는 태도는 경계의 대상으로 삼아야 한다. 이들은 국어 순화가 사회의 민주화와 아무런 관계가 없다는 몰역사성을 보여주기 때문이다." (김하수, 2005: 24)

위의 (11) ~ (13)에서는 한국에서의 국어 순화 운동이 정치적으로 이용되어온 역사와 현실을 지적하고 국어 순화를 순수한 언어 문제로만 평가하려는 태도를 경계하고 있다. 물론 언어순수주의의 정치적 성격이 한국에의 국어 순화에서만 나타나는 것은 아니다. 예를 들어, 독일에서의 언어 순(수)화 운동은 전통적으로 낭만주의적 경향을 가지고 있었고, 이러한 낭만주의는 이후 국수주의 파시즘과 결합되면서 유례없는 폭압 체제 하에서 정치적으로 악용되었다. 결국 언어 순(수)화 운동은 "자신들의 역사적 조건에 대해 각성한 시민 운동으로는 새로운 시대를 열수 있는 역동성을 보여줄 수 있었지만 국가 권력의 수단으로 이용될 때는 본의든 아니든 전진이 아닌 퇴행의 모습을 보여줄 수밖에 없다는 교훈을 남겨 주었다"(김하수, 2005: 24).

국어 순화의 정치적 성격에 대한 비판적 인식은 국어 순화의 필요성 자체를 부정하는 태도로 이어지기도 하고, 국어 순화 자체를 부정하지는 않지만 그 목적과 필요성을 재설정하려는 노력으로 이어지기도 한다. 이 중 후자의 노력은 한국에서의 국어 순화에서 정치화 되었던 언어순수주의를 탈정치화하려는 시도라고 볼 수 있을 것이다.

(14) "앞으로의 국어 순화 운동은 국어를 깨끗하게 하는 운동에서 국어를 바르게 쓰는 운동으로 목표를 바꿀 필요가 있다. (...) 이렇게 되면 순수성을 지키려는 정서를 바탕으로 한 국어 운동이 정확성을 추구하려는 이성을 바탕으로 한 국어 운동으로 변화할 수 있게 될 것이다."(남영신, 2000: 93)

(15) "국어 순화의 목적은 의사소통을 원활히 하는 데에 있다. (...) 우리가 일본어투 용어와 서구 외래어·외국어, 지나치게 어려운 한자어 등에 대하여 국어 순화의 이름으로 어휘를 바꾸어 보고자 하는 까닭이 단지 그들 어휘가 우리말이 아니기 때문은 아니어야 한다는 것이다. 개별 어휘들이 국어적인 조어 방식을 취하고 있는가, 국어적인 기능을 행사하는가, 언중에 따라 거부감이 없이 수용될 수 있는 어휘인가 여부가 순화 대상 여부를 가리는 기준이 되어야 하기 때문이다."(한재영, 2003: 20)

위의 (14)에서는 국어 순화의 언어순수주의 이데올로기를 지탱하는 두 가지 특성, 즉 순수성과 정확성 중에서 전자보다는 후자에 집중할 것을 주장하고 있는데, 이처럼 "국어를 바르게 쓰는 운동이 국어 순화 운동의 개념에 부합하지 않는다면 국어 순화 운동은 이것으로 끝내고 새롭게 '국어 바르게 쓰기' 운동을 추진할" 것을 제안하기도 한다(남영신, 2000: 94). 또한 (15)에서는 국어 순화의 목적을 철저하게 원활한 의사소통에 둠으로써 순화 대상의 선정 기준에서 외래어 여부를 고려하지 말자고 주장한다. 위의 주장들이 언어 순혈주의와 외래적 요소의 배척이 정치적으로 이용될 수 있음을 경계하면서 국어 순화의 목적과 필요성을 제한하고 있다면, 다음의 주장들은 국어 순화의 목적과 필요성을 근본적으로 재설정할 것을 제안하기도 한다.

 (16) "한국어의 순화 운동은 넓은 틀에서 언어 발전의 한 과정으로 이해해야 한다. 그렇다면 이 순화 작업은 순수 토착어냐의 여부보다는 우리의 사회와 역사가 발전하는 데에 언어가 어떤 구실을 해야 할 것인가 하는 문제로 전환되는 것이다. 그렇다면 당연히 그것의 형태와 의미가 시대적 조건에 맞게 변화해야 하며, 또한 한국어화(Koreanization)하는 데 초점이 맞춰져야 할 것이다." (김하수, 2005: 33)
 (17) "국어 순화는 국어 풍요가 되어야 한다. 국어 풍요를 위한 국어 순화 운동은 (...) 배제의 원리를 버리고 포용의 원리를 채택해야 한다. 될 수 있으면 많은 어휘와 표현법을 갖추기 위해서, 우리 것의 순수성에 매이지 말고 더 과감하게 개방적인 태도를 취하는 것이 필요하다. 국어의 표현력을 키우는 데 도움이 되는 것이라면 일본어건 중국어건 아랍어건 받아들이지 못할 이유가 없다. 심지어 이모티콘까지도 현재의 언어 규범에 복종하면서 국어 표현력을 확장하는 것이라면 용납될 수 있을 것이다." (이남호 2005: 100-101)

 위의 (16)은 국어 순화를 '국어 발전'의 한 과정으로 이해하며, (17)은 국어 순화를 '국어 풍요'라는 목표 하에 추진해야 한다고 주장한다. 이러한 주장들은 '국어 순화'라는 용어를 계속 사용하는 것에 회의를 갖게 할 정도의 인식 전환을 요구하고 있다. 그런데 본고는 언어순수주의의 탈정치화를 시도하는 것으로 간주할 수 있는 (14) ~ (17)의 주장들이 실제로 국어 순화의 정치적 성격을 탈각해 낼 수 있을지 의문이다. 언어순수주의에서 기원적 순수성의 측면을 축소하거나 제거하는 것이 정치적 성격을 벗어나는 데에 도움이 되는 것은 분명하지만, 규범적 정확성의 측면도 그 기준을 세우고 강제하는 주체의 정치적 의도와 입장에서 자유로울 수 없기 때문이다. 이러한 한계는 규범적 정확성을 발전이나 풍요로 대체한다고 해도 크게 다르지 않다. 국어 발전의 방향이나 풍요의 기준도 그것을 수립하고 추진하는 주체의 정치적 입장이 반영될 것이기 때문이다.

5. 결론

본고는 지금까지 한국에서의 국어 순화의 문제를 언어순수주의 이데올로기와의 비교를 통해 비판적으로 검토해 보았다. 그 결과, 한국에서의 국어 순화는 '기원적 순수성'과 '규범적 정확성'이라는 개념 범위를 가진다는 점에서 언어순수주의의 일반적 개념과 공통점을 보이지만, 언어순수주의의 일반적 개념 범위에서는 찾아보기 어려운 '용이화'와 '우미화'의 개념을 포함한다는 점에서 차이점을 가지고 있음을 확인했다. 특히 '용이화'는 언어순수주의의 특징 중 하나인 엘리트주의적 성격과 대립하거나 그것을 넘어서는 특성으로 인해 국어 순화의 다른 개념과는 상당히 이질적인 측면이 있다. 이러한 '용이화'의 이질성은 그 실행의 과정에서 언어순수주의의 대상을 다층화하거나 주체를 민중화하는 양상을 보여주었다.

또한 그간 한국의 국어 순화 운동에서 제시해 온 국어 순화의 목적과 필요성을 살펴보면, 국어 순화가 순수한 언어 문제가 아니라 정치적 민족주의나 국가주의와 밀접한 관계를 맺어 왔으며, 그 이데올로기적 기반으로서의 언어순수주의도 정치화되어 왔음을 확인할 수 있다. 국어 순화의 이러한 정치적 성격에 대한 비판적 인식은 국어 순화의 필요성 자체를 부정하거나 국어 순화의 목적과 필요성을 정확성이나 국어 발전 또는 풍요의 문제를 중시하는 방향으로 재설정하려는 언어순수주의의 탈정치화 노력으로 이어지기도 했다. 그러나 이러한 노력이 국어 순화와 언어순수주의를 근본적으로 탈정치화하는 것일지는 의문이다.

따라서 국어 순화와 언어순수주의는 그 필요성 자체가 완전히 부정되지 않는다면, 먼저 그것의 정치성을 온전히 인정하는 것에서 출발할 필요가 있다. 다만 그 정치성은 정치적 지배 세력이나 소수 엘리트 집단의 전유물이 아니라 다수의 일반 언중에 의해서도 형성될 수 있음에 주목해야 할 것이다. 일반 언중으로부터 도출되는 정치성은 국어 순화와 언어순수주의가 지배와 선동의 도구로 이용되지 않고 소통과 발전의 수단으로 활용되도록 하는 안전판이 될 수 있기 때문이다. 이를 위해서는 더 많은 언중들이 언어순수주의의 역사와 특성을 이해하고 국어 순화의 대상과 주체, 목적과 필요성에 대한 관심과 논의에 좀 더 적극적인 모습을 보이는 것이 필요하다.

이처럼 본고는 국어 순화와 언어 순수주의의 문제를 기존의 개념 범위와 인식 틀을 넘어서 다층화와 민중화, 정치화와 탈정치화라는 새로운 시각에서 살펴보고자 했다. 그러나 본고의 상당 부분을 언어 순수주의의 개념에 대한 논의와 국어 순화와 언어 순수주의의 관계를 비교하는 논의에 할애하면서 새로운 논의를 본격화하지 못했고 결과적으로 시론적 수준에 머무르고 있다는 점은 본고의 명백한 한계일 것이다. 이러한 한계는 후속 연구를 통해 극복되어야 하겠지만, 본고가 국어 순화와 언어 순수주의 문제에 대한 이해와 관심, 그리고 논의를 활성화하는 데에 조금이나마 기여할 수 있기를 기대한다.

■ 참고문헌

고광모 외(1988), 「좌담 - 국어 순화의 바른 길」, 『국어생활』 14, 59-79.
고길섶(2000), 「국어 순화 정책, 무엇이 문제인가? - 국어 순화 정책의 역사적,

문화적 비판」, 『국어 순화 실천 방안 마련을 위한 학술대회 자료집』, 35-44.
김민수(1988), 「국어 순화의 현실과 전망」, 『국어생활』 14, 4-13.
김석득(2013), 「우리말 순화의 원리 - 우리말의 세계화를 내다보면서」, 『제1회 국어순화정책 학술대회 자료집』, 1-14.
김선철(2009), 「국어 순화의 개념과 방향 설정에 대하여」, 『사회언어학』 17(2), 1-23, 한국사회언어학회.
김정수(2013), 「한국말 가다듬기 - 국어 순화의 목표와 방법」, 『제1회 국어순화정책 학술대회 자료집』, 15-23.
김하수(2005), 「국어 순화의 문제점과 극복의 길」, 『새국어생활』 15(1), 19-35.
김하수(2011), 「국어 순화의 비판적 대안」, 『새국어생활』 21(1), 123-136.
남기심(2003), 「국어 순화와 관련하여」, 『국어 순화 실천 방안 마련을 위한 학술대회 자료집』, 9-11.
남영신(2000), 「국어 순화 정책 방향 모색」, 『국어 정책에 관한 학술회의 "21세기의 국어 정책" 자료집』, 83-96.
민현식(2003), 「국어정책 60년의 평가와 반성」, 『선청어문』 31, 37-74.
민현식(2003), 「국어 순화의 국어학적 연구」, 『국어 순화 정책 연구 보고서』, 33-212.
박갑수(1976), 「국어순화운동의 현황과 전망」, 『국어교육』 29, 61-69.
박성의(1977), 「국어순화운동의 이념」, 『민족문화연구』 11, 3-23.
유재원(2005), 「국어 순화, 왜 그리고 어떻게 해야 하나?」, 『새국어생활』 15(1), 7-17.
이남호(2005), 「국어 순화는 국어 풍요가 되어야 한다」, 『새국어생활』 15(1), 89-10.
이정복(2003), 「사회언어학에서 본 국어 순화의 문제점」, 『사회언어학』 11(2), 187-214.
최경봉(2007), 「외래어 사용의 긍정적·부정적 측면과 그 수용 방안」, 『어문연구』 35(1), 365-387.
허웅(1977), 「국어 순화는 왜 해야 하며, 어떻게 해야 하나?」, 『민족문화연구』 11, 125-153.
최용기(2003), 「국어 순화 정책의 역사와 개관」, 『국어 순화 정책 연구 보고서』, 3-30.

피터 로드니(2013), 「쉬운 영어 캠페인의 경험」, 『쉬운 언어 정책과 자국어 보호 정책의 만남』, 피어나, 17-56.

한재영(2003), 「국어 순화, 왜 필요한가? - 다시 생각해 보는 국어 순화」, 『국어 순화 실천 방안 마련을 위한 학술대회 자료집』, 15-27.

Jernudd, B.H. and Shapiro, M.J. (eds)(1989), The politics of language purism, Berlin·New York, Mouton de Gruyter.

Langer, N. and Davies, W. V.(2005), An introduction to linguistic purism, In N. Langer and W. V. Davies(eds.), Linguistic purism in the Germanic languages, 1-17, Berlin: Walter de Gruyter.

Langer, N. and Nesse, A.(2012), Linguistic purism, In J. M. Hernández-Campoy and J. C. Conde-Silvestre(eds.), The Handbook of historical sociolinguistics, 607-625, Oxford: Wiley-Blackwell.

Shapiro, M. J.(1989), A political approach to language purism, in B. H. Jernudd and M. J. Shapiro(eds), The politics of language purism, Berlin·New York, Mouton de Gruyter, 21-29.

Trask, R. L.(1999), Key concepts in language and linguistics, London: Routledge.

Thomas, G.(1991), Linguistic purism, London & New York: Longman.

---

* 이 글은 『어문학』 140호(2019)에 「한국의 언어순수주의와 국어 순화」라는 제목으로 게재한 논문을 이 총서의 취지와 체제에 맞게 수정, 보완한 것이다.

북한의 '언어 정화'에 대하여

고영진

1. 머리말

이 글은 해방 직후부터 1960년대 초반 무렵까지, 즉 '문화어'가 등장하기 이전까지 북한에서 행해진 언어 순화 운동과 관련한 제반 문제들을 검토해 보려는 의도에서 씌어졌다. 버크(Burke)(2009: 200)는 언어 순화를 "언어의 표준화·규범화의 부정적 측면"이라 하고 있는데, 당시 '언어 정화'에 초점을 맞추고 있던 북의 언어 순화 운동[1]에는 버크가 말하는 부정적인 측면도 물론 있으나, 긍정적인 측면 또한 적지 않았던 것으로 파악된다. 구체적인 것은 본론에서 다루겠지만, 북한의 '언어 정화 운동'에는 그네들 특유의 목표도 있었고 성과 또한 적지 않았던 것이다. 본고에

---

[1] 당시 북한에서는 '언어 정화'에 중점을 두고 있었음을 감안하여, 본고에서는 북한의 경우를 지칭할 때에는, 특별한 경우가 아닌 한, '언어 정화'라는 용어를 그대로 쓰고자 한다. 남한에서도 필자가 조사한 바로는, 1950년대 후반 무렵까지는 '국어 정화'라는 표현이 종종 등장하는 것으로 미루어 남에서도 적어도 이 무렵까지는 '언어 정화'에도 많은 관심을 기울이고 있었던 것이 아닐까 여겨진다. 예를 들어, 국어연학회 편(1956), 『국어정화교본』(서울: 한미문화사)은 그 좋은 예인데, 이 책에는 당시 서울대학교 대학원장 이병도, 자유당 원내총무 김법린, 문교부 장관 최규남, 보건사회부 장관 정준모, 국무원 사무국장 문봉제 등의 추천사가 함께 실려 있다.

서는 주로 왜 북에서는 '언어 정화'를 할 수밖에 없었는가 하는 데에 초점을 맞추어, 초창기 북한의 '언어순수주의'의 일단을 살펴보고자 한다.

'언어 정화'를 북한에서는 "조선어의 규범을 더욱 확고히 하며 조선어를 더욱 아름답고 세련된 언어로 만드는" 것(현대 조선어 집필 위원회, 1961: 9)이라 정의하고 있다. 그런데 북한에서는 언어를 "사람들의 교제수단, 사상교환의 수단으로서 사회의 정치, 경제, 문화 등 모든 령역에 작용하면서 자연과 사회를 변혁하고 사람을 교양개조하는데 적극 이바지하는 힘있는 무기"(조선민주주의인민공화국 사회과학원 철학연구소, 1970: 749)라 본다. 이에 따라 언어의 본질적 기능은 "의사를 전달하고 전달된 의사를 리해하는 수단으로서 사람들 사이의 사회적교제를 가능하게 하는 것"(『언어학개론(사범대학용)』, 1970: 7)이 되며, "사람들사이의 교제는 그의 수단인 언어가 있기때문에 가능한것"이고, "언어의 변화발전도 사회생활과의 밀접한 관련속에서 진행"되는 것이 된다.(『언어학개론(사범대학용)』, 1970: 9) 언어는 또한 "사람들의 사회정치생활과 경제문화생활 및 생산활동의 모든 령역에 작용하면서 사람들을 교양개조하고 생산과 기술을 발전시키며 사회발전을 다그치는데 적극적으로 복무하는 힘있는 무기"(『언어학개론(사범대학용)』, 1970: 14)이기도 한데, 그렇기 때문에 "우리 말은 해방후 항일무장투쟁시기에 이룩된 영광스러운 혁명전통을 계승발전시키면서 사회주의, 공산주의를 건설하는데서 큰 역할을 담당하였고 또 담당하고 있다"(『언어학개론(사범대학용)』, 1970: 14)는 주장을 할 수 있게 되는 것이다.

북한에서의 '언어 정화'는 위의 두 가지 측면에서 이해해야 한다. 물론 이 둘은 서로 밀접하게 관련되어 있는 것들이어서 분리하여 논의하기는 쉽지 않다. 그러나 굳이 나누어 본다면, 앞의 것은 언어 정책 일반적인 것이고, 뒤의 것은 북한의 특수한 상황과 관련되는 것이라 할 수 있다.

다시 말해, 사회적 교제를 좀더 원활하고 원만하게 하기 위한 것이 언어 정책의 본질이자 일반적인 내용이라 한다면, 식민지에서 독립하여 식민 잔재를 청산하면서 새로운 사회의 건설을 위하여 다양한 방면에서 언어와 관련된 정책들을 펴 나간 것은 북한의 특수성과 관련지어 설명할 수 있다는 말이다.

본고는 이러한 전제 하에, 2장에서는 주로 언어 정책적인 측면에서의 '언어 정화'와 관련한 논의들을 검토해 볼 것이고, 3장에서는 해방 직후 북에서 심혈을 기울였던 '반제 반봉건 민주주의 혁명'과 관련지어 '언어 정화'를 해석해 보려고 한다. 또한 4장에서는 북한 내부적인 상황보다는 당시 남한의 언어 사정과 관련하여 '민주 기지론'이 언어의 측면에서 어떻게 나타나는지를 관심 있게 살펴보고자 한다.

2. 언어 정책의 하나로서의 '언어 정화'

해방 직후 북한에서 실시된 언어 정책 가운데에서 우선 우리의 주목을 끄는 것은 '문맹 퇴치'이다.[2] 상식적인 차원에서 '문맹'이란 글자를 읽고 쓸 수 없는 것을 말한다. 그러므로 '문맹 퇴치'란 글자의 읽고 쓰기를 할 수 없는 사람들에게 글자를 가르쳐서 문자의 세계로 인도하는 것이라 할 수 있다. 실제로 북한에서 행해진 '문맹' 및 '문맹 퇴치'의 개념도 이와 그다지 다르지 않았던 것으로 보이는데, 북한에서는 이러한 '문맹 퇴치'가 공식적인 정부가 수립되기도 전인 1946년 11월부터 '북조선 (림시) 인민위원회'의 주도로 대단히 광범위하게 행해지고 있었다.

흔히들 '문맹 퇴치'는 인도적인 관점에서만 생각하기 쉬우나, 실은 이

---

2 이에 대해서는 고영진(2014)를 주로 참조하였다.

것만큼 정치적인 것도 없다. 왜냐하면 그것은 결국 글자를 알게 함으로써 사람들을 정치의 세계로 들어오게 하는 것에 다름 아니기 때문이다. 북에서 가장 먼저 손을 댄 언어 정책 분야가 바로 '문맹 퇴치'였던 이유도 여기에 있었다. 이는 그들이 "식민지반봉건국가였던 나라들에서 제국주의 식민지기반에서 벗어난후 자주독립국가를 건설하며 반제반봉건민주주의 혁명과업을 성과적으로 수행하기 위하여 문맹퇴치는 반드시 해결하여야 할 필수적과업"(『조선로동당정책사(언어부문)』, 107쪽)이라 하고 있는 데에서도 알 수 있다.

해방 직후 북이 내세운 슬로건이 토지 개혁과 중요 산업 시설의 국유화 등으로 대표되는 '반제 반봉건 민주주의 혁명'이었음은 잘 알려져 있다. 그런데 이러한 '반제 반봉건 민주주의 혁명'은 인민들의 적극적인 참여와 협조가 없이는 결코 이루어질 수 없는 것이었다. 인민들의 자발적인 참여와 협조를 끌어내기 위해서는 그들을 설득할 필요가 있었는데, 오늘날과 같이 텔레비전이나 라디오 등이 광범위하게 보급되어 있는 것도 아니어서, 그들을 설득할 뾰족한 수단이 당시의 북한에는 거의 없었다. 결국 그들을 설득하기 위한 수단은 문자 매체 이외에는 생각할 수가 없는 형편이었던 것이다.

그런데 더 큰 문제는 성인 인구 가운데에 약 230만 정도가 '문맹'이어서, 아예 읽고 쓰기가 불가능했다는 사실이다. 여기에서 사실상 정부의 역할을 하고 있던 '북조선 림시 인민위원회'가 눈을 돌린 것이 '문맹 퇴치'였다. '문맹 퇴치'는 1946년 11월 3일에 실시된 도·시·군 인민위원회 선거가 끝난 직후부터 본격화하게 되는데, 이 운동은 북한 최초의 대중운동이라 할 수 있는 '건국사상 총동원 운동'의 일환이기도 했다. 그리하여 "1946년 12월 1일부터 1947년 3월말까지의 기간중에 동기문맹퇴치사업은 1946년 11월 북조선림시인민위원회결정제113호에 의하여 국가적 계획밑에 각정당 사회단체를 비롯한 각급 지도위원회의 협력과 지도하에 인민적사업으로 활발히 전개되"(『조선중앙년감(국내편)』, 1945: 135)었고, 그 결과 1949년에는 "해방 이후 북조선에서의 문맹퇴치총수는 문맹자총수에 대하여 98%를 넘으며 잔존문맹자는 139,516명에 불과한바 (중략) 멀지않어 한사람의 문맹자도 없게 될것"(『조선중앙년감(국내편)』, 1949: 135)이라는 자신감을 보이게 된다.

이러한 '문맹 퇴치'의 결과, 대부분의 사람들은 읽고 쓰기가 가능해졌다. 그러나 그들이 배운 것은 간단한 가감승제와 한글의 읽고 쓰기였으므로, 한자를 어떻게 할 것인가 하는 문제가 필연적으로 등장할 수밖에 없었다.3 그렇다고 해서 다시 한자를 쓸 수는 없는 일이었다. 한자를 부활하게 된다면, 이제 겨우 '문맹'에서 벗어나 새로이 문자의 세계로 편입된 230만에 달하는 대중들은 다시 암흑의 세계로 떨어지게 되고, 그들을 설득할 수단도 영영 사라지게 되기 때문이다. 그러므로 한자의 부활은 애초부터 선택지에 없었다고 보아야 한다. 실제로 "자기의 이름조차 쓸줄 모르던 문맹자들이 우리 글을 배우고 문맹을 가시여도 한자를 계속 쓰는 조건에서는 문맹퇴치의 성과를 공고히 할수 없었다."(『조선로동당정책사(언어부문)』, 114쪽)"는 데에서도 드러나듯이, '한자 폐지'는 '문맹 퇴치'의 결과물이었다.

이와 같이 하여 한자를 폐지하고 나니 또 다른 문제가 기다리고 있었다. 즉, 새로이 문자의 세계로 들어온 사람들은 한자를 모르므로 글자 생활에서 한자를 폐지하고 한글로만 적다 보니 도대체 무슨 말인지 알 수 없는 표현들이 속출했던 것이다. "근로 대중을 위하여 모든 공문을 한글로만 쓰고 있는 것은 이미 오래 전부터의 알"(박경출, 1949: 89)이고, "요사이 신문 잡지를 보면, 이제 한문이 거의 없어지고 한글로 써서, 한문을

---

3 '한자 폐지'에 대해서는 고영진(2012)를 주로 참조했다.

모르는 사람이라도 한글만 배우면 누구나 다 신문 잡지를 읽게 되어 아주 좋"기는 한데, "어떤 말은 한자말(漢字語)를 그대로 그 소리만 한글로 적어 놓기 때문에 한문으로 되새겨 보아야 알겠으니, 도무지 머리는 아프고 독서 능률은 나지를 않는"(박경출 1949: 85) 일이 비일비재했다. 예를 들어 "「西獨에 米機 着陸」이라든지 「日人이 米人 大歡迎」이라는 것을 「서독에 미기 착륙」, 「일인이 미인 대환영」, 이렇게 한자말을 고대로 소리만 한글로 바꿔 적는 일이 많은데 이렇게 쓴다면 무슨 뜻인지 한참이나 생각해 보아도 알듯 말듯"(박경출, 1949: 94-95)한 경우가 적지 않았다.

이러한 문제는 지식인 사회에서는 더욱 심각했는데, 리익환(1949: 64-65)의 다음 발언은 당시의 사정을 말해 주고도 남음이 있다.

> 지금 공화국 북반부에서는 모든 신문, 잡지가 거의 모두 한글만으로 출판되고 있기는 하나, 과학 용어의 통일이 없이 단지 한자[4]의 음을 한글로 옮겨 적는데 그치였기 때문에, 도리여 읽는 사람으로 하여금 불편을 느끼게 하며 심지어 한자를 폐지하여서는 아니 되겠다는 거꾸로 결론을 짓게 하고 있다.

이렇게 된 데에는 물론 "학술 용어 통일의 미완수와 문법 및 철자법의 무질서"에도 그 원인이 있지만, "또 한가지 원인은 말과 글과의 일치화를 실시하지 않는데 있다."(리익환, 1949: 65) 예를 들어 "「주쏘조선특명전권대사」는 駐蘇朝鮮特命全權大使라는 한문식 문장의 각 글자를 고대로 조선 글자로 표음한 것이므로 이것을 힘 아니 들이고 리해할 수는 없"(리익환, 1949: 65)는 것이다. 박경출(1949: 92-93)이 "「비라를 살포하

---

[4] (인용자 주) 「한자」는 이른바 사이표를 이용한 표기이다. 북에서는 1954년의 『조선어 철자법』에서 사잇소리나 ㄴ이 덧나는 경우에 사이표를 둔다는 규정을 공식화하였는데, 이것은 그 이전에도 절음부라 하여 쓰이고 있었다. 본고에서는 작은따옴표와 구별하기 위하여 사이표로는 「」를 사용하기로 한다.

다 피포」보다는 「비라를 뿌리다가 붙들리다」가 「조선어를 습득한다」보다는 「조선 말을 배운다」가 (중략) 우리 조선 사람의 감정에 더 잘 드러 맞으며 더 리해하기 쉬우며 편리할 것"이라 하고 있는 것은 바로 이러한 문제를 해결하기 위한 소박한 노력의 하나로 보이는데, 이것이 바로 초창기의 '언어 정화'의 한 모습이라 할 수 있을 것이다.

이러한 모든 것들은 결국 "우리의 말과 글을 근로 대중이 알아 들을 수 있게 하기 위한 투쟁"이자 "바로 공산주의 교양 사업을 전개하는 사업의 중요한 내용의 하나"(「공산주의 교양 사업과 언어학자들의 과업」, 『조선어문』 1959년 1호, 10쪽)였고, 그렇기 때문에 "알기 어려운 한자 말의 람용은 말과 글의 대중화를 방해하는 아주 큰 요인"이었으며, "남이야 알아 듣건 말건 자기의 소위 「유식」만을 자랑하려는 그릇된 태도"라 아니 할 수 없다.(「공산주의 교양과 언어 정화 사업」, 『말과 글』 1959년 1호, 3쪽) 그러므로, "우리는 광범한 근로자들이 알아 들을 수 없는 그런 한자어의 람용을 더는 용허하지 말아야"(「공산주의 교양과 언어 정화 사업」, 『말과 글』 1959년 1호, 3-4쪽)하고, 이를 위해서 언어는 '정화'되어야만 했던 것이다.

3. '반제 반봉건 민주주의 혁명'과 '언어 정화'

북한에서는 '북조선 림시 인민위원회'의 수립과 더불어 본격적인 개혁을 추진해 나가기 시작하는데, "1946년 초부터 1946년 말까지 토지개혁, 중요 산업의 국유화, 노동법령, 남녀평등권법령 등 사회경제적 개혁이 실시되어 북한은 제국주의와 봉건세력의 물질적 기반을 박탈함으로써 사회주의혁명으로 넘어갈 수 있는 전제조건을 마련"(최청호, 1993: 1)한다. 이 모습은 언어에서도 찾을 수 있는데, 예를 들어 어려운 한자어와 일본어 잔재 및 외래어를 배격하는 것들이 바로 그러한 것들이다. 어려운 한자어는 봉건 시대의 산물로서 이것을 쉬운 표현으로 바꿔 나가는 것은 언어적 측면에서의 반봉건이고, 일본어 잔재(및 불필요한 외래어)를 청산하려는 노력은 언어적 측면에서의 식민 잔재의 청산이라는 점에서 반제국주의의 언어적 발현의 한 모습이라 할 수 있다. 물론 북에서의 '반제 반봉건 민주주의 혁명'은 1946년도에 집중적으로 이루어져 1946년 말에는 외형적으로 어느 정도 완성된 것으로 평가받는다(이종석, 2000: 61). 그리하여 북한에서는 1947년부터 "이 혁명의 성과를 공고화하는 한편 점차 사회주의 사회로 이행하기 위한 혁명을 추진해 나갔다"(이종석, 2000: 61-62)고 말해지고 있다.

'언어 정화'는 시기적으로 이보다 좀 늦게 시작되었으므로 '반제 반봉건 민주주의 혁명' 시기와 겹쳐지지 않는 것이 사실이다. 그러나 '혁명'이라는 것이 하나의 단계가 지났다고 해서 사회의 모든 분야에서 그것이 완전히 달성되는 것은 아닐진대, 언어면에서의 '반제 반봉건 민주주의 혁명'은 그 후에도 계속되었다고 보는 것이 더 타당성이 있다. 역사상 오랜 기간 누적되어 온 어려운 한자어 및 식민지 시기 36년간 강요된 일본어의 잔재는 하루아침에 없어질 수는 없는 것이었기 때문이다. 따라서 북한 사회에서 말하는 혁명단계별로는 이미 1950년대 말에 사회주의 혁명이 완결되어 사회주의로의 이행이 완료되었다(이종석, 2000: 62)고 할지라도, 언어적인 측면에서는 여전히 '반제 반봉건 민주주의 혁명'이 진행 중이었다고 보아 틀리지 않을 것이다.

그렇기 때문에 어려운 한자어를 배격하고 일본어의 잔재를 청산하는 것은, "오늘 우리의 언어를 보다 더 아름답게 하며, 인민 대중에게 알기 쉽게 하는 것은 우리의 문화 혁명과 기술 혁명 수행에서 중요한 의의"가 있으므로, "언어 정화 사업은 우리들의 사회주의 건설 사업을 촉진시키는 하나의 중요한 역할을 수행"하는 것이 된다.(현대 조선어 집필 위원회, 1961: 185) 이와 같이 어려운 한자어와 일본어의 잔재들을 숙청하고, "그 대신 리해하기 쉽고 친숙한 고유 조선 어휘와 표현들을 널리 사용할 수 있게" 된 결과, "조선어의 인민화와 민주화 과정은 더욱 급속히 촉진되였다."(조선 민주주의 인민공화국 과학원 언어문학 연구소 언어학 연구실, 1962: 10)

이 과정에서 불필요한 것이고 따라서 쓰지 말아야 될 어휘로 제시된 것들은 첫째로, "봉건적인 잔재와 관련된 한자 어휘들"로서 "례들 들면, 「춘부장」[5](椿府杖)(남의 아버지), 「춘추」(春秋)(웃사람의 년령), 「백씨」(伯氏)(남의 형), 「계씨」(季氏)(남의 아우), 「내자」(內子)(자기의 안해), 「서랑」(壻郎)(남의 사위) 등등의 단어. 또한 「천고마미」(天高馬肥), 「진합태산」(塵合泰山), 「마이동풍」(馬耳東風), 「등하불명」(燈下不明) 등등의 한문식 성구"들이었다.(현대 조선어 집필 위원회, 1961: 108) 이와 함께 "총독부, 군수, 면장, 경찰서, 공출, 지주, 소작, 고리대, 마름, 머슴, 기생, 무당, 굿, 인력거" 등과 같이, "낡은 사회 제도, 그 시대의 사물, 계급적 차별, 직업의 천시, 민족적 압박, 낡은 사상 관점 등등이 우리 시대에 와서 없어지게 되자 이런 것들을 나타내던 어휘들도 적극적으로 사용되지 않게 되였다"고 한다.(현대 조선어 집필 위원회, 1961: 180)[6] 둘째로, "일제 잔재와 관련된 일본식 한자 어휘, 또는 일본어 그 자체, 례들 들면 「사상공」(仕上工)(완성공), 「하조」(荷造)(짐꾸리기), 「묘대」(苗代)(모판), 「자돈」(仔豚)(새끼돼지), 「청초 예취」(靑草刈取)(풀베기), 「엽연초」(葉煙

---

[5] (인용자 주) 원문에는 '≪춘부장≫'과 같이 '≪ ≫' 기호를 쓰고 있으나, 본고에서는 편의상 '「 」'를 쓰기로 한다. 이하 같음.
[6] 이 밖에 "배달부→통신원, 산파→조산원, 급사→련락원, 곡마단→곡예극장 등등"처럼 "사물 자체는 아직 남아 있으나 오늘날은 이 사물에 새로운 개념을 주면서 새로운 이름을 붙이게 된 어휘들도 있"다(현대 조선어 집필 위원회, 1961: 180).

草)(잎담배), 「장유」(醬油)(간장), 「취체」(取締)(단속); 「메가네」(안경), 「사라」(접시), 「에리」(깃), 「간즈메」(통졸임) 등등의 단어"도 필요 없는 외래 어휘들로 제시되었다.(현대 조선어 집필 위원회, 1961: 108) 그리고 「와사관, 서취」처럼 식민지 시기에 들어와 우리말의 순결성을 더럽히던 일본어의 잔재들이 각각 '가스관, 받아 쓰기'로 바뀌었으며, '에쎄이, 뉴스, 바레이볼'과 같은 외래어들도 '수필, 보도, 배구'로 바뀌었다.(현대 조선어 집필 위원회, 1961: 180) 셋째로, "보다 알기 쉬운 고유 조선 어휘 또는 한자 어휘로 바꿔 놓을 수 있는 한자 어휘나 외래 어휘"로는 "「초숙」(初宿)(첫잠), 「상전」(桑田)(뽕밭), 「상실」(桑實)(오디), 「휴경지」(休耕地)(묵은땅). 「하상」(河床)(강바닥), 「착유」(搾乳)(젖짜기), 「추경」(秋耕)(가을 갈이), 「제네 스트」(총파업), 「스파이」(간첩), 「스크린」(영사막), 「아나운서」(방송인) 등등의 단어"를 들고 있다.(현대 조선어 집필 위원회, 1961: 108)

이와 같이 어려운 한자어를 배격하고 일본어의 잔재를 청산하는 것은, 다시 말해 "우리의 말과 글을 알기 쉽게 한다는 것은 한 개 어학 리론의 문제가 아니라 우리 자신의 사상, 군중들에 대하는 관점의 문제이며, 당 정책에 대한 태도의 문제다."(현대 조선어 집필 위원회, 1961: 185) 왜냐하면 "우리들이 대중이 모르거나, 알기 어려워 하는 글을 쓴다면 대중들은 허다한 로력과 시간을 랑비할 뿐만 아니라, 때로는 문제의 본질을 부정확하게 리해할 수가 있"는데, 그것은 "당의 정책을 광범한 군중 속에 침투하는 것을 방해하는 것으로 되며, 따라서, 우리의 사회주의 건설에 부정적 영향을 주게 되"기 때문이다.(현대 조선어 집필 위원회, 1961: 185) 거듭 말하거니와 "오늘 우리의 말과 글을 바로 잡는 문제는 낡은 사상 잔재와의 투쟁과 직접 관련되여 있"는 것으로, "인민 대중이야 알건 모르건 자기 멋대로 어려운 용어들을 람용하는 것은 옛날 지배 계급의 사상이다."(현대 조선어 집필 위원회, 1961: 186) 그렇기 때문에 "낡은 사상 잔재의 사소한 표현과도 날카롭게 투쟁함으로써 우리의 언어를 더욱 풍부하고 세련되고 아름다운 것으로 발전시켜야 하"며, "아름답지 못하거나 례절성이 없는 언어를 사용하는 것은 커다란 수치"로 여겨야 하는 것이다.(현대 조선어 집필 위원회, 1961: 187)

그렇다고 해서 모든 한자어들과 외래어들을 다 배격해야 하는 것은 아니다. "「정부」를 「다스림집」, 「사전」을 「말광」, 「체험」을 「몸소 겪기」, 「펜」을 「쇠붓」 등으로 대치하려던 경향들은 너무나 언어 발전 법칙과 현실에 동떨어진 부질없는 장난"이었으며, "「강」, 「산」, 「정부」, 「학교」, 「경제」, 「로동」, 「농업」, 「인민」, 「현물세」, 「잉크」, 「라지오」, 「뜨락또르」 등의 단어들이 우리 언어 생활의 력사적 과정에서 조성되여, 이미 기본 어휘로 되였거나 또는 그 단어들이 우리 언어 생활을 더욱 풍부히 하고 있"음을 잊지 말아야 하는 것이다.(심상린, 1957: 69). 뿐만 아니라, 여기에서 한 걸음 더 나아가, "외래어는 물론, 일본식 한자어나 지어는 일본어에 있어서도 그 어휘들이 이미 대중 속에 널리 쓰이고 굳어졌으며, 그 어감이 나쁘지 않고 우리 언어 생활을 풍부화시키는 어휘들은 구태여 새로 창조해 대치할 필요가 없다"면서, 그 예로는 "일본식 한자어인 「견본(見本)」, 「역할(役割)」, 「립체(立替)」, 「주문(注文)」, 「출장(出張)」, 「조합(組合)」, 「내역(內譯)」, 「조회(照會)」, 「인계(引繼)」 등 단어들과 일본어인 「벤또」, 「뎀뿌라」, 「구두」 등등"을 들고 있는 점이 이채롭다.(심상린, 1957: 70) 여기에 제시된 단어들 가운데에 '립체'와 '벤또'를 제외하고는 모두 1992년에 간행된 『조선말대사전』에 표제어로 올라 있는 것7으로 미루어 여전히 쓰이고 있을 가능성이 있다.

또한 '언어 정화'는 학술 용어와 관련해서도 중요한 문제를 제기한다.

---

7 다만 '뎀뿌라'는 "(다음은 말로) 기름튀기"라고 풀이되어 있다.

보통 학술 용어는 고유어가 아니라 한자어나 외래어를 이용해야 한다고 생각하는 경향이 있으나, 학술 용어 역시 우리말인 만큼, 그것의 의미가 명확해야 하고 알기 쉬워야 한다고 심상린(1957: 71)은 말한다. 그는 '학술 용어 사정 위원회'에서 만든 자료 가운데에 농학 및 잠학 용어를 검토하고 나서 다음과 같이 말한다. "「마령서」를 「감자」, 「답(畓)」을 「논」, 「전(田)」을 「밭」, 「야도충(夜盜虫)」을 「늦벌레」, 「교맥(蕎麥)」을 「메밀」, 「도고(稻藁)」를 「벼'짚」 (중략) 등등으로" 바꾼 것은, "리해하기 어려운 한자어에 대하여 고유 조선어로 대치했으며, 혹은 고유 조선어만으로 창조거나, 혹은 고유 조선어와 한'자어를 합성해서 창조해 대치"한 것으로 바람직한 것이라고 본다.(심상린, 1957: 71) 그러나 "「곶감」을 「건시(乾柿)」, 「마른 똥」을 「건조분(乾燥糞)」, 「밑거름」을 「기비(基肥)」, 「덧거름」을 「추비(追肥)」, 「귀리」를 「연맥(燕麥)」, 「새똥」을 「조분(鳥糞)」 (중략) 등등으로 한" 것은 그다지 잘 된 것이라고 하기 어렵다.(심상린, 1957: 71)

이 밖에 '잠학 용어'라 하여 '잠분(蠶糞)→누에똥, 잠사(蠶絲)→누에실' 등은 "어감이 자연스럽고 리해하기 쉽기 때문에 이 통일안이 잘됐다고 말할 수 있"으나, '위액(胃液)→밥통물, 식도(食道)→밥길' 등으로 한 것은 "지나친 한'자 번역식으로 되어 어감이 나지 않으며, 어색한 느낌을 주고 있다"고 평가하고 있다.(심상린, 1957: 71, 88)

이러한 사실들을 놓고 볼 때, 1950년대 후반 무렵의 '언어 정화'는 상당히 합리적으로 진행된 것으로 보이며, 대중들의 호응도 대단히 높았던 모양이다. 이것은 과학원 언어문학 연구소 주최로 1957년에 열린 '언어 정화'에 관한 좌담회를 계기로, 각종 좌담회가 여러 곳에서 개최되었고, 각종 출판물에도 '언어 정화'에 관한 논설들이 적지 않게 실렸다는 데에서 확인된다.(정순기 외, 2005: 121-122) 뿐만 아니라 '언어 정화 운동'의 기관지 성격을 띤 잡지 『말과 글』(1958년 2월 창간)은 "창간호부터 「말 다듬기」라는 고정란을 설치하고 광범한 대중을 언어정화사업에로 불러 일으키는데서 중요한 역할"을 하는 데에 그치지 않고, "대중을 여러가지 방법으로 언어정화사업에 동원하였으며 언어정화사업에서 제기되는 리론적문제들에도 해답을 주었다."(정순기 외, 2005: 122) 그 결과 발행 부수도 7870부였던 것이 1960년 6월에는 1만부로 늘어날 정도로 호응이 높았다(정순기 외, 2005: 122).

4. '민주 기지론'과 '언어 정화'

북한에서 '언어 정화'를 추진한 또 하나의 중요한 이유가 있다. 언어를 '민주 기지'와 연관시킨 논의가 바로 그것이다. 당시 북의 입장에서 남의 언어는 각종 외국어가 범람하는 데다가, 타락할 대로 타락하여 더 이상 우리 민족어로 간주하기가 도저히 불가능한 것이었다. 이것은 북에서만이라도 우리 민족어를 잘 가꾸고 다듬어, 나중에 통일이 되었을 때에 다시 부활시키는 기지로 삼아야 한다는 주장으로 이어지는데, 이를 우리는 '언어의 민주 기지론'이라 불러도 좋을 것이다. '민주 기지'란, "혁명하는 나라의 한 지역에서 승리한 혁명을 더욱 공고히 하여 혁명의 전국적 승리를 완수하기 위한 근거지로서 해방직후 소련점령군이 북한에 진주하고 있는 유리한 조건과 남한에 미군이 진주해 있는 현실적인 장애에 부딪치어 우선적으로 북한에서만이라도 혁명역량의 강화를 위한 민주주의적 근거지를 튼튼히 하여 전조선 혁명을 완수하기 위한 기지를 축성, 혁명투쟁을 전개하기 위한 혁명기지"(김순규, 1991: 223)를 말한다. 이러한 '언어의 민주 기지론'이 나오게 된 배경에는 다음과 같은 문제들이 있었다.

첫째로, 미군이 1945년에 남한으로 들어올 때 공포한 「태평양 미국 육군 총사령관 포고 제1호」[8]의 '제5조', "軍政期間 中 英語를 가지고 모든 目的에 使用하는 公用語로 함. 英語와 朝鮮語 쏘는 日本語間에 解釋 又는 定議가 不明 쏘는 不同이 生한 째는 英語를 基本으로 함."[9](띄어쓰기는 인용자)에서 보듯이, 미군은 영어를 당시 남한의 공용어로 선포하였다. 이를 북에서는 "미제가 조선 강점을 영구화하며, 식민지화하기 위해서는 조선 인민의 언어의 민족적 자주성까지도 유린하여야 하겠다는 반동적인 정책으로서, 이것은 조선 인민의 민족어의 자유로운 발전에 대한 심대한 타격"(「민족 문화의 통일적 발전을 위하여」, 『조선어문』 1959년 제4호, 5쪽)이라 하여 해방 후 남한에서 우리말이 타락하게 되는 시작으로 본다. 이후 "남조선을 강점한 미제는 (중략) 조선 인민의 언어를 오늘 미제가 사용하고 있는 언어와 같이 퇴폐적 생활을 반영하는 더렵혀진 언어로 만들려고 온갖 책동을 다하고 있으며 조선 인민들로부터 조선어를 빼앗아 냄으로써 조선 인민을 영원히 자기들의 노예로 만들려고 하고 있"고, "리 승만을 두목으로 하는 민족 반역자들은 조선 인민의 언어가 아니라 바로 미제의 언어로 말하며, 조선어를 영어식 어조로 발음하여 일상적인 언어 행위 가운데에 조잡한 영어를 무질서하게 잡어 넣는 것을 더 없는 자랑으로, 영광으로 인정하고 있"는바, 이는 "「세계어」로서의 영어를 전 세계의 모든 인민에게 강요하려는 미제의 침략 정책에 대한 전적인 굴복을 의미한다"고 북에서는 주장한다.(「민족 문화의 통일적 발전을 위하여」, 『조선어문』 1959년 제4호, 5쪽)

둘째로, 북에서 문제로 삼은 남의 언어 상황은 이른바 '한글 간소화 파동'이다. '한글 간소화 파동'이란, 조선어학회(한글학회)에서 제정하여 시

---

[8] 이 문서는 한국어, 영어, 일본어의 세 언어로 공포되었다.
[9] http://theme.archives.go.kr/viewer/common/archWebViewer.do?singleData=Y&archiveEventId=0049259563 (2019년 4월 8일 확인).

행되고 있던 '한글 맞춤법 통일안'(이하 '통일안'으로 약칭)이 너무 어려우므로 '구식 성경 철자법'으로 돌아가라는 이승만 당시 대통령의 지시에 대하여, 한글학회를 비롯한 각계 각층에서 이승만의 독선적 주장에 대항하여 싸운 결과 '통일안'을 지켜낸 것으로 정리할 수 있다. 이것은 '한글 파동'이라는 이름이 보여 주듯이, 1949년 무렵부터 거의 5년여에 걸친 격렬한 논쟁이었는데, 그도 그럴 것이 이 논쟁은 "식민지 시대부터 이승만의 관점과 상당히 비슷한 시각에서 맞춤법 문제를 바라본 박승빈, 안 확 등의" "조선어학회가 중심이 되어 이룩한 한글맞춤법의 대항 논리를 가졌던 세력"이 "막강한 정치 권력을 매개로 하여 그때까지의 20여년간의 우열의 판세를 뒤집는 「최후의 결전」을 시도한" 것이었기 때문이다.(김하수, 2008: 144) 그렇다면 북에서는 이 사건을 어떻게 보고 있었을까? 이에 대한 반응 역시 대단히 격렬했는데, '한글 간소화 파동'을 그들은 "미제와 리 승만 도당의 조선어에 대한 파괴 음모", 곧 "조선 인민의 언어 생활을 조직적으로 파괴하며 나아가서는 조선어를 말살하려는 흉책"이라고 보았다.(「민족 문화의 통일적 발전을 위하여」, 『조선어문』 1959년 제4호, 5쪽) 다시 말해 이승만 정부에서 내 놓은 '한글 간소화 방안'은, 대단히 '반동적이고 반인민적인 것'으로, "오늘날 음운-형태주의 원칙에 립각하여 기초 지어졌으며 인민들의 언어 문자 생활에서 이미 확립된 규범을 파괴하려는" 시도일 뿐인 것이다.(「민족 문화의 통일적 발전을 위하여」, 『조선어문』 1959년 제4호, 5쪽) 그러므로 "그의 본질은 과거 미국 선교사들이 쓰던 무질서한 상태로 뒤'걸음질 치게 하여 조선 인민의 서사 생활을 혼란하게 하며 조선 인민의 민족 문화를 파괴하며, 문화적 분렬을 촉진시키면서 조선 인민의 불구 대천의 원쑤 미제의 침략 정책에 충실하려는"(「민족 문화의 통일적 발전을 위하여」, 『조선어문』 1959년 제4호, 5쪽) 것에 지나지 않는다.

셋째로, 북에서는 한자를 폐지하였고 그 결과 "일상적 서사 생활에서 한자가 쓰이지 않게 됨과 관련하여 현대 조선어의 어휘 구성으로부터 한자 어휘가 비교적 급격히 빠져 나가고 있"(현대 조선어 집필 위원회, 1961: 180)었음에 비하여, 남에서는 "모든 출판물들은 조선어 발달의 합법칙성을 무시하고 한자를 폐지하기는커녕 괴벽하고도 어려운 한자어로 엮어진 국한문 혼용체가 지배적인 서사 수단으로 되어 서사어와 구두-회화어는 심한 대립을 가져 오고 있으며 영어와 일본어, 그리고 반동 지배층의 괴상망칙한 통용어와 은어까지 뒤섞이어 일제 시대보다도 더 복잡한 혼란 상태를 빚어 내고 있"(김병제, 1962: 7)었다. 그리하여 "출판물은 한자를 아는 일부 「지식층」의 독점물"이 되었고, "해방후 남조선의 조선어 어휘 구성 속에는 나날이 썩고 시들어 가는 식민지적 사회-정치 생활을 반영하는 단어와 표현들의 보충으로 하여 더럽혀지고 있"었다.(「민족문화의 통일적 발전을 위하여」, 『조선어문』 1959년 제4호, 5쪽) 뿐만 아니라 "『大學國語』 교과서에는 日語에서 쓰이는 한자를 그 대로 우리 음으로 바꿔서 말 혹은 문장에서 쓰인 일이 많기에 그런 말을 시정하기 위한 부록까지 싣고 있"(최완호, 1962: 52)을 정도였고, 결국 "그로 말미암아 광범한 인민 대중은 이중 언어 생활을 강요 당하고 있"(김병제, 1962: 7)는 형편이라는 것이다.

게다가 남쪽의 "「학계」에 있어서도 관념론적이며 비과학적인 언어 「리론」들이 떠 돌고 있"으므로 "앞으로 조국의 평화적 통일이 달성된 후 남북 조선이 한 가정을 이루게 되어서 조선어가 자신의 역할을 더욱 높이는 때가 반드시 올 것인바, 그 때를 위하여서도 우리들은 조선어를 더 세련시켜서 앞으로 그를 일반화할 준비를 하여야 할 것"이라고 그들은 말한다.(리근영, 1958: 9)

이러한 그들의 주장은 "언어발전의 기지에 혁명적으로 세련되고 인민들의 사회주의적지향이 담긴 주체성이 살아있는 언어적전형을 이룩하고 바로 이러한 전형을 더욱 고착시키고 세련시켜 민족어를 통일적으로 발전시키기 위한 모체로 삼아야 한다."(『언어학개론(사범대학용)』, 1970: 146)는 '언어발전의 기지론'으로 체계화되게 되었고, 마침내 1992년에 간행된 『조선말대사전』에는 '언어기지'가 표제어로 오르기에 이른다.

5. 맺는 말

지금까지 우리는 해방 직후부터 1960년대 초반 무렵, 즉 '문화어'의 등장 이전까지의 기간 동안 북한에서 행해졌던 '언어 정화'에 대하여 검토해 보았다. 이제 지금까지의 논의를 간략히 정리하여 결론에 대신하고자 한다.

초창기 북한에서 '언어 정화'에 힘을 쏟은 것은 두 가지 관점에서 검토해야 그 본질이 잡힌다고 생각한다. 첫째는 해방 직후부터 연속적으로 실시되기 시작한 언어 정책의 연장선상에 있는 것으로 파악되는 측면이다. 해방 후 북에서 실시된 언어 정책의 첫번째는 '문맹 퇴치'였는데, 이 과정에서 대중들이 배운 것은 간단한 가감승제와 한글의 읽고 쓰기였으므로, 한자를 폐지하지 않을 수 없었고, 한자를 폐지한 다음에는 어려운 한자어들을 그대로 한글로 옮겨 적다 보니 소통에 문제가 생겼고, 그 해결책으로 제시된 것이 바로 '언어 정화'였던 것이다. 그러므로 '문맹 퇴치-한자 폐지-언어 정화'로 이어지는 일련의 언어 정책적 흐름은 전적으로 북한 내부의 사정에 의한 것이었다고 할 수 있다.

그러나 '언어 정화'는 또 다른 측면을 가지고 있었다. 이것은 바로 위에서 정리한 언어 정책들의 목적을 살펴보면 명확해진다. 당시 북에서 시행된 언어 정책들은 어느 것이든 인민들을 설득하여 그들을 자발적으로 '민주 개혁'에 동참시키기 위한 것이었다. 그런데 이러한 '민주 개혁'은 '반제 반봉건 민주주의 혁명'의 일환으로 추진된 것이기도 했는데, 묘하게도 이것은 당시의 언어 사정에도 그대로 들어맞았다. 즉, 인민들이 들어서 이해하기 어려운 한자어들은 봉건 시대의 유물이었고, 지금까지도 여기저기 흔적을 남기고 있는 일본어 및 일본식 한자어들은 제국주의 세력의 침략의 산물이었던 것이다. 그러므로 해방 직후부터 추진된 언어 정책들은 자연스럽게 '반제 반봉건 민주주의 혁명'의 성격을 띨 수밖에 없었고, '언어 정화' 역시 그러했다.

'언어 정화'가 가지고 있는 또 하나의 모습은 당시 남한의 언어 사정과 밀접한 관련이 있음도 우리가 간과해서는 안 될 것 중의 하나이다. 1945년 9월에 한반도의 북위 38도 이남에 진주한 미군이 영어를 공용어로 선포했다는 사실, 철자법의 무규범 상태로 돌아가려는 시도라고밖에 볼 수 없는 '한글 간소화 파동', 그리고 한자가 폐지되기는커녕 흘러 넘치고 늘어나고만 있는 한자어 및 외래어 등 당시 남한의 언어 사정은 지금 우리의 눈으로 보아도 문제가 많았다고 하지 않을 수 없다. 이러한 것들이 북에서 시행된 일련의 언어 정책들, 특히 '언어 정화'의 또 다른 측면이었음을 우리는 확인할 수 있었다.

북의 '언어 정화'는 남에서 지금까지도 여기저기서 목격되는 '국어 순화'와 비슷한 점도 있고 다른 점도 있었다. 예를 들어, 일본식 한자어인 '견본'은 말할 것도 없거니와 일본어인 '벤토' 등과 같은 것조차도 굳어져서 널리 쓰이며 어감이 나쁘지 않은 것들로서, 우리의 언어 생활을 풍부하게 한다고 보고 이러한 어휘에 대하여 비판적이지 않았다는 점에서 그들은 비교적 열린 마음으로 언어를 '정화'해 나가려 했던 것이 아닌가 여겨진다.

이러한 긍정적인 면이 있었음에도 불구하고 1960년대 중반 무렵부터 '언어 정화'에 대한 논의는 급격히 줄어들기 시작하는데, 이는 그간의 '언어 정화'에 심각한 문제가 있었던 탓으로 보인다. 나중의 평가이기는 하나 "언어학자들과 일군들은 개별적이며 부분적인 말마디들을 다듬는 언어정화운동을 벌리는데 그치고말았다"(정순기 외 2005: 127)라 하고 있는 것으로 미루어 이에 대해서는 적지 않은 비판이 있었던 모양이다. 심지어는 1973년에 간행된 『조선로동당정책사(언어부문)』에서는 '언어 정화'에 대한 언급조차 없었던 것이다. 그러던 것이 최완호(1980) 등을 비롯하여 1980년대에 이르러 '언어 정화'는 재평가되기 시작한 것으로 보이는데, 이러한 문제들에 대해서는 후고를 기약하기로 한다.

■ 참고문헌

(1949), 『조선중앙년감(국내편)』, 조선중앙통신사.
(1959), 「공산주의 교양과 언어 정화 사업」, 『말과 글』 1, 1-4.
(1959), 「민족 문화의 통일적 발전을 위하여」, 『조선어문』 4, 1-8.
(1970), 『언어학개론(사범대학용)』, 평양: 교육도서출판사(학우서방 번각 발행, 1971).
(1973), 『조선로동당정책사(언어부문)』, 평양: 사회과학출판사.
고영진(2012), 「왜 북한에서는 한자를 폐지하였는가」, 고영진·김병문·조태린 공편(2012: 311-355).
고영진(2014), 「해방 직후 북한의 '문맹퇴치운동'에 관한 일고찰」, 김하수 엮음 (2014: 54-89).
고영진·김병문·조태린 공편(2012), 『식민지 시기 전후의 언어 문제』, 서울: 소명출판.
국어연학회 편(1956), 『국어정화교본』, 서울: 한미문화사.
김민수 편저(1997), 『김정일 시대의 북한언어』, 경기도: 태학사.
김병제(1962), 「우리 당의 현명한 지도와 해방 후 조선어의 개화 발달」, 『조선어학』 2, 1-8.
김순규(1991), 「북한의 초기 통일정책: 민주기지노선」, 김일평 외(1991: 211-246).
김일성(1964), 「조선어를 발전시키기 위한 몇가지 문제」, 김민수 편저(1997: 285-294)
김일성(1966), 「조선어의 민족적특성을 옳게 살려나갈데 대하여」, 김민수 편저 (1997: 294-306).
김일평 외(1991), 『북한체제의 수립과정: 1945-1948』, 서울: 경남대학교 극동문제 연구소.
김하수(2008a), 「국어 순화의 문제점과 극복의 길」, 김하수(2008c: 157-173).
김하수(2008b), 「언어 문제와 남북 학술 교류」, 김하수(2008d: 137-164).
김하수(2008c), 『문제로서의 언어』 1, 서울: 커뮤니케이션 북스.
김하수(2008d), 『문제로서의 언어』 2, 서울: 커뮤니케이션 북스.
김하수(2014a), 「국어 순화의 비판적 대안」, 김하수(2014b: 231-244).
김하수(2014b), 『문제로서의 언어』 3, 서울: 커뮤니케이션 북스.
김하수 엮음(2014), 『문제로서의 언어』 4, 서울: 커뮤니케이션 북스.
리근영(1958), 「조선어를 잘 다듬어야 할 필요성」, 『말과 글』 창간호, 7-9.
리익환(1949), 「의학 용어 제정에 관하여」, 『조선어 연구』 1(3), 57-66.
박경출(1949), 「신문 잡지에서 보는 우리 말」, 『조선어 연구』 창간호, 85-98.
박승희(1962), 「서평『현대 조선어』(1)에 대하여; 어휘론 부문」, 『조선어학』 2, 56-59.
박종태(1959: 20), 「선동원의 말」, 『말과 글』, 1, 19-21.
서민정(2014), 「『로동신문』의 「우리말 다듬기 지상토론」 분석」, 『현대북한연구』 17(1), 서울: 북한대학원대학교 북한미시연구소, 7-48.
사회과학원 언어학연구소(1992), 『조선말대사전 1, 2』, 평양: 사회과학출판사.
심상린(1957), 「조선어 정화에 관한 몇 가지 문제」, 『조선어문』 1, 69-71/88.
이종석(2000), 『새로 쓴 현대 북한의 이해』, 서울: 역사비평사.
전혜정(1987), 『문맹퇴치경험』, 평양: 사회과학출판사.
정순기 외(2005), 『조선로동당언어정책사』, 평양: 사회과학출판사.
조선 민주주의 인민공화국 과학원 언어문학 연구소 언어학 연구실(1962), 『조선 로동당의 지도 밑에 개화발달한 우리 민족어』, 평양: 과학원 출판사.
조선민주주의인민공화국 사회과학원 철학연구소(1970), 『철학사전』, 평양: 사회과학출판사(학우서방 번각 발행, 1971).
최완규 외(1993), 『북한사회주의건설의 정치경제』, 서울: 경남대학교 극동문제연구소.
최완호(1962), 「남반부 대학 교재 『大學國語』에 대한 비판」, 『조선어학』 2, 47-55.
최완호(1980), 『조선어어휘론연구』, 평양: 과학, 백과사전출판사.
최청호(1993), 「북한의 사회주의혁명과 건설이론」, 최완규 외(1993: 1~25).
최 현(1956), 「조선어의 정화 문제와 한문자」, 『조선어문』 4, 96-98.
현대 조선어 집필 위원회(1961), 『현대 조선어』(1), 평양: 고등 교육 도서 출판사.
황선영(1998), 『탈식민화 과정에서의 언어적 민족주의에 대한 연구-1945년부터 1960년까지의 한글 전용 운동을 중심으로-』, 연세대학교석사학위논문.
コ・ヨンジン(2000), 「北朝鮮の初期綴字法について」, 『言語文化』 3-3, 同志社大學言語文化學會, 407-440.
コ・ヨンジン(2002), 「草創期の北朝鮮における言語政策と辭典編纂」, 『言語文化』 4-4, 同志社大學言語文化學會, 703-736.
バーク, P.(2000), 『近世ヨーロッパの言語と社會』, 岩波書店(原 聖 譯).
矢野順子(2013), 『國民語の形成と國家建設―內戰期ラオスの言語ナショナリズム』, 風響社.
「太平洋美國陸軍總司令部布告第1号」
(http://theme.archives.go.kr/viewer/common/archWebViewer.do?singleData=Y&archiveEventId=0049259563) (2019년 4월 8일 확인).

* 이 글은 2016년 11월 26일에 연세대학교 언어정보연구원, 언어연구교육원, 근대한국학연구소의 공동 주최로 열렸던 국제 심포지엄 「'국어'의 사상과 실제」에서 「북한의 언어 민족주의-'언어정화'를 중심으로」라는 제목으로 발표했던 것을 수정·보완한 것이다.

제2장

유럽의 언어들을 통해 본 언어순수주의의 발현과 전개

말레르브(Malherbe)의 언어순수주의 또는 프랑스 언어순수주의의 효시

임재호

Monsieur Desportes reçut Monsieur de Malherbe avec grande civilité, et offrant de luy donner un exemplaire de ses Psaumes qu'il avoit nouvellement fqicts; il se mit en debvoir de monter en sa chambre pour l'aller querir ; Monsieur de Malherbe luy dit qu'il les avoit desja vus, que cela ne valoit pas qu'il prist la peine de remonter et que son potage valoit mieux que ses Psaumes. Il ne laissa pas de disner avec Monsieur Desportes sans se dire mot, et aussitost qu'ils furent sortis de table, ils se séparent et ne se sont jamais vus depuis.

"데포르트 씨는 정중하게 말레르브 씨를 맞았다. 새로 만든 그의 『시편들』을 한 부 주겠노라 제안하며 그것을 찾으러 방으로 올라가려 했다. 말레르브 씨는 자신은 이미 그것을 읽었으니 올라갈 필요가 없노라고 말했다. 그리고 그의 수프가 그의 시편들보다 낫다고 평했다. 말레르브 씨는 데포르트 씨와 저녁 식사를 했으나 서로 한 마디도 하지 않았고 식사를 마치자마자 헤어졌으며 이후 다시는 만나지 않았다."[1]

---

1 Racan(1991: 20).

1. 머리말

1605년[2] 프랑스에서도 처음으로 '언어순수주의(purisme linguistique)'가 출현했다면 그것은 말레르브(1555-1628)가 나타났음을 뜻한다. 그의 등장 이후 17세기는 말레르브의 시대가 된다. 다시 말해 17세기 프랑스는 언어순수주의의 영향권이 된다.

그런데 말레르브의 언어순수주의에 대한 조명은 매우 빈약하기까지 하다. 그는 정형(forme fixe) 시인으로 주로 탐구되었으며, 그의 영향을 받은 보줄라(Vaugelas: 1585-1650)가 오히려 언어순수주의자로서 명성을 얻었다.

말레르브가 이성(raison)의 보편성에 주목하며 보편자들인 민중의 보편적 언어에 관심이 있었다면, 보줄라는 궁정이라는 특정 공간의 언어에 봉사했다. 말레르브는, 보줄라처럼 궁정언어에 충성하던 시인 데포르트(Desportes: 1546-1606)를 비판하는 과정에서 자신의 언어순수주의에 해당하는 내용을 발언한다.[3] 보줄라의 언어순수주의가 궁정언어라는 특권적 언어 중심주의라면 말레르브의 언어순수주의는 특권적 언어를 인정하지 않는 언어 평등주의였던 것이다.

말레르브의 언어순수주의가 지향하는 언어는 '정확성'(모호함의 반대 개념), '현재성'(고어와 신조어의 배제), '전달 가능성'(쉬운 언어)을 갖춘 언어라고 할 수 있는데, 그것은 한 마디로 당대 민중의 언어를 의미하는 것으로, 궁정의 모호한 언어, 고어와 신조어를 즐겨 사용하는 식자층의 비현재적 언어, 전달 가능성이 떨어지는 어려운 언어에 반대하는 언어라고 할 수 있다. 요컨대 말레르브는 문어에 대해 구어의 우위를 주장한 셈

---

[2] 1605년은 말레르브가 궁정시인이 된 해다.
[3] Brunot(1901/1969: 23)의 언급처럼 데포르트는 당대 시단의 중심이었다. 그는 16세기 프랑스의 대표 시인인 롱사르(Ronsard: 1524-1585)를 계승한 시인이다.

이다.

말레르브가 문어에 대해 구어의 우위를 주장했다 할 때 그 구어는, 르네상스 이후 근대를 거쳐 현대에 이르는 동안 프랑스의 국어로 성장해온 프랑스 지역의 민중 라틴어(latin vulgaire), 즉 프랑스어를 가리킨다. 말레르브는 그 속어가 새로운 시대의 언어라고 분명히 인식한 것이다. 이성(raison)은 보편적인 것이기 때문에 민중의 언어인 구어 프랑스어야말로 이성적인 언어라는 것이 말레르브의 언어관이었다. 말레르브에 의해 부각된 그 언어는 나중에 소쉬르(Saussure)에 의해 '랑그(langue)'로 명명되는 바로 그 규칙 체계이다.

그런데 말레르브는 무엇보다 시인이다. 그의 언어순수주의와 시작 활동의 관계에 먼저 주목하는 이유이다. 단적으로 말하면 말레르브는 시(poème)라는 파롤(parole) 속에서도 자신의 언어순수주의를 실천했다고 말할 수 있다. 엘리트의 언어인 시에서도[4], 민중의 이성적 구어를 사용하자고 주장한 것이다. 이렇게 하여 말레르브는 창조적 언어인 시조차 이성의 통제 아래 위치시킨다. 그런데 당시 시는 주로 문어였기 때문에 결국 말레르브의 통제는 문어에 대한 구어의 통제로 이해할 수 있다.

이렇듯 시라는 파롤의 외심력을, 이성적 구어로 제어하는 것이 본래의 프랑스식 언어순수주의이다. 파롤의 자유를 통제하여 랑그로 회귀시키는 검열 활동이 본래 언어순수주의자(puriste)의 활동인 것이다.[5]

이렇게 우리는 뜻밖에도 언어순수주의라는 이데올로기의 첫 자리에서 시를 만나게 된다. 적어도 프랑스어에 관한한 최초의 언어순수주의는, 시라는 파롤을 이성적 구어로 재단하는 활동 속에서 나타난 것이다.

말레르브 이후 언어순수주의는 달라진다. 우선 언어순수주의는 시와의

---

4 Brunot(1901/1969: 117)의 다음 언사가 상징적이다: "La poésie devait être faite pour une élite par une élite(시는 엘리트에 의해 엘리트를 위해 쓰였다.)".
5 Milner(1978a: 7) 참조.

관계성에서 멀어졌다. 언어순수주의를 시와 연결하여 말하는 경우는 이제 거의 없다. 오늘날 언어순수주의는 말레르브의 언어순수주의처럼 민중의 살아있는 언어(langue vivante) 속에 담겨있는 보편적 언어 형식을 이상(理想)으로 지향하지도 않는다.

오늘날의 언어순수주의는 자신의 효시를 정확히 인식할 필요가 있어 보인다.6 그리고 그 효시와의 관계성 속에서 자신을 재정립해볼 필요가 있다고 생각한다.

2. 본론

2.1 데포르트의 시에 대한 지적들(commentaires)에 나타난 말레르브의 언어순수주의

5세기 서로마의 멸망 이후 프랑스 지역은, 로마라는 정체(政體)가 와해된 가운데 그리스도교라는 상부구조(supra)가 문어 라틴어와 함께 지배하는 중세를 살게 된다. 15세기 동로마의 멸망과 더불어 중세 천년이 끝나면서 그리스-로마 전통으로 그리스도교를 대체하려는 움직임(르네상스)이 일었다. 15세기 르네상스기를 지나 16-17세기에 이르면 프랑스는 근대국가의 체계를 갖추게 되고 언어적으로도 독립하게 된다. 이 시기, 즉 15세기부터 17세기까지, 당시의 급이 낮은 라틴어(latin bas), 곧 민중 라틴어였던 프랑스어에는 그 위상을 드높이기 위한 부단한 노력이 기울여졌다. 특히 시인들이 그러한 노력을 기울였는데 당시 시인들을 여러 그룹으로 분류할 수 있다.7 우선 Grands rétoriqueurs라 불린 시인들은 다양

---

6 다른 언어권의 언어순수주의의 효시에 대한 논의 역시 필요하다. 예를 들어 체코에서는 최초의 언어순수주의가 15세기에 얀 후스(Jan Hus)에 의해 나타났다. 언어순수주의의 효시들 간의 비교 연구도 흥미로운 주제일 것이다.

한 운(rime)을 개발하여 시에서 즐거움을 추구하였다. 마로(Marot)가 여기에 속한다. 플레이야드파(La Pléiade)의 롱사르(Ronsard)는 '그리스어로 프랑스어를 말한다(parler français en grec)'는 알려진 표현이 말해주듯 그리스 고전에 젖줄을 대고 있었다. 역시 플레이야드파에 속하는 뒤 벨레(Du Bellay)는 『La Deffence et illustration de la langue francoyse(프랑스어를 옹호하고 널리 알림)』이라는 책을 내었는데, 프랑스어를 내세우는 그 기념비적인 저술은 마로의 시에 대한 세비이에(Sébillet)의 찬사를 비판하며 나왔다.[8] 마찬가지로, 프랑스어를 내세우는 말레르브의 언어 순수주의는 당대의 또 다른 시인 그룹에 속하는 궁정시인 데포르트의 시들에 대한 지적들 속에서 출현하였는데, 말레르브의 지적들은 말레르브가 소장하던 데포르트의 시집에 육필로 적혀 있다.

문학비평을 한다는 의식 없이 이루어진 문학비평이라고도 할 수 있는 말레르브의 지적들은 브뤼노(Ferdinand Brunot)에 의해 자세히 정리되었다.[9] 브뤼노에 따르면 말레르브의 지적들은 모두 세 종류로 나눌 수 있다: 시와 문체에 대한 것, 시어에 대한 것, 문법에 대한 것.

1) 시에 대한 것
① 설득력

브뤼노에 따르면 데포르트는 진정한 시인이다. 다시 말해 타고난 시인이다. 타고난 시인이란, 고도의 지적 능력을 지닌 시인으로 영감이 찾아오는 자인데, 고전기에는 바테스(vates)라 불렸다.[10] 반면 그런 태생적 조건 없이 시 짓는 기술, 즉 시작법(versification)에 따라서 시를 '만드는'

---
7 Dessons(1991: 12-19) 참조.
8 Dessons(1991: 15).
9 Brunot(1969/1901).
10 호이징하(1993) 참조.

시인은 포에타(poeta: "maker")라 불렸다.

말레르브는 포에타라 할 수 있다. 그에게 시는 선택받은 바테스만이 지을 수 있는 것이 아니라 시작법에 따라 누구나 지을 수 있는 것이었다. 따라서 그에게 '영감(inspiration)'보다 중요한 것은 '의지(volonté)'에 의한 시작법이었다.[11] 다시 말해 시적 이성(raison poétique)[12]에 상응하는 시의 문법이 그의 주된 관심사였다.

그런 말레르브에게 시와 산문은 그렇게 다른 것이 아니었다. 시 역시 산문처럼 이성에 상응하는 언어활동인데, 산문보다 '설득력 있는 (oratoire)' 언어활동일 뿐이었다. 여기서 oratoire는 poétique와 등가이다. 말레르브는 시에 특권을 주는 권능을 인정하지 않았다. 다시 말하지만 시도 인간의 의지가 만들어내는 언어이고 그 의지의 다른 이름이 바로 독트린(doctrine)일 것이었다. 말레르브의 독트린은 이렇게 매우 주체적이고 합리적이다. 그의 합리성을 엿볼 수 있는 지적 중 하나[13]:

(1) Mon Dieu, mon Dieu, que j'aime ses beaux yeux
    Dont l'un m'est doux, l'autre plein de rudesse!
    (하느님, 나의 하느님. 제가 얼마나 그녀의 눈망울들을 사랑하는지
     아시지요! 하나는 그토록 부드럽고 다른 하나는 그토록 냉정한 눈망
     울들을요!)

아마도 이 시의 모델이 되는 뮤즈는 짝눈이었을 것이다. 데포르트는 그 짝눈의 무한한 아름다움과 매력에 대해 토로하는 중이다. 이 시에 대한 말레르브의 지적은 다음과 같다[14]:

---

11 Brunot(1901/1969: 149)의 언사로 말하면, 말레르브에게 '진정한 영감'은 의지이다.
12 시적 이성의 개념에 대해서는 Milner(1978b, 2002) 참조.
13 Brunot(1901/1969: 95) 참조.
14 Brunot(1901/1969: 95) 참조.

(2) Je ne me puis imaginer comme une femme a un oeil doux et l'autre rigoureux. D'avoir tantôt cruels et tantôt rigoureux cela se peut, mais non le reste.
(나로서는 한 여인이 부드러운 눈과 엄격한 눈을 가지고 있다는 말을 이해할 수 없다. 때로는 잔인한데 때로는 엄격하다면야 이해할 수 있지만.)

위의 지적을 보면 말레르브는 데포르트의 시 자체를 잘 이해하지 못하고 있다. 그가 시에 대해 잘 모르는 시인이었을 수도 있고, 브뤼노의 말처럼 너무 성급하게 데포르트의 시를 읽었을 가능성도 있다. 어느 경우든 말레르브의 지적은 해당 시가 설득력 없음을 지적하고 있다.

그런데 설득력 또는 논증성의 추구는 수사학(rhétorique)의 것인 바, 말레르브가 수사학자라는 퓌마롤리(Fumaroli)의 말을 이해할 수 있다.15

② 논리
말레르브에게, 소네트와 같은 시의 형식은 논리이고, 내용은 분명한 대상을 가지고 있다.16 분명한 대상에 대해 논리적으로 말하는 것은 사실 산문이지만 말레르브는 거침없이 시인 데포르트를 밀어 붙인다, 그가 논하는(?) 대상이 좀더 분명할 수 있도록. 그래서 아래와 같이 데포르트가 말할 때,

(3) Tien, repren tes papiers et ton amitié fainte,
Et me rens mon repos, ma franchise et mon coeur.
(자 이제 당신의 서류를 챙기고 거짓 우정도 가져가시오.
그리고 가져갔던 나의 휴식과 나의 솔직함과 내 마음을 돌려주시오.)

---

15 Fumaroli(1994: 261).
16 Brunot(1901/1969: 159).

말레르브는 찬사를 아끼지 않는다. 왜냐하면 인용한 시의 대목은 말하고자 하는 대상(경멸)이 분명하게 나타나고 말이 논리적이기 때문이다.[17]

2) 문체에 대한 것

① 순수함(pureté)

보줄라가 '순수'를 말하기 전에 말레르브가 '순수'를 말한다.

보줄라의 순수는, 어휘에 대한 지식이 결여되어 존재하지 않는 단어를 말하거나, 어법을 몰라 위반하는 경우, 지식이 있어도 말실수를 하는 경우 등이 제외된 언어 표현의 속성을 말한다. 보줄라에서 순수의 반대말은 미개(barbarisme)와 실수(solécisme)이다. 요컨대 민중의 언어와 먼 자리에 보줄라의 순수가 있다.[18]

반면에 말레르브가 순수를 말할 때는 언어활동에서 구어의 언어 규칙에 대한 준수를 말할 때이다. 한 마디로 말레르브에게 순수한 언어활동이란 구어의 언어 규칙을 전혀 위반하지 않는 언어활동이다.

② 분명함(clarté)

말레르브에게 '분명함'이란 "모호하지 않아 쉽게 이해할 수 있음"을 뜻한다.[19] 그래서 데포르트의 다음 표현 앞에서,

(4) Si l'amour de ma foy rend vostre ame craintive,
(만일 나의 신앙에 대한 사랑 때문에 당신의 영혼이 두려움을 느낀다면)

말레르브는 멈추고, "Qu'est-ce?"(이 말이 무슨 뜻인가?)라는 의문을

---

17 Brunot(1901/1969: 161-162).
18 Vaugelas(1647/1996: 335-339) 참조.
19 Brunot(1901/1969: 182-183)에 따르면, 말레르브는 언어의 순수성 다음으로 분명함을 좋아했다. 분명한 언어는 이해할 수 있고 이해 받을 수 있는 언어이다.

달아 그 말이 분명하지 않음을 지적한다. 말레르브는 시의 어느 한 부분이라도 그것이 분명하지 않을 때는 용서하지 않는다.[20]

3) 시어에 대한 것
① 시어의 원천인 프랑스어

브뤼노도 언급하였듯, '민중의 저급한' 프랑스어가 말레르브에 의해서만 그 존재 가치를 갖게 된 것은 아니었다. 말레르브 이전 16세기에도 시인과 문법학자는 프랑스어의 옹호에 종사하였다. 그러나 말레르브가 도착한 후에야 프랑스어는 종교 개혁에 빗대어 '언어 개혁(réforme)'이라 불릴 만큼의 전기를 맞게 되었다. 그리하여 17세기에는 모든 학문(신학을 포함)이, 모든 예술이 프랑스어로 쓰이게 된다. 말레르브의 공로가 인정되는 대목 중 하나는 프랑스어에 대한 그의 독트린이 당시까지 부재하던 프랑스어 문법을 대신해주었다는 것이다. 세레이우스(Serreius)의 『Grammatica Gallica』는 짜깁기 정도의 상태였고, 부실한 문법서가 있을 뿐이었다. 말레르브 이전까지 프랑스어에 대한 문법은 자주 철자법과 혼동되었고, 그리스어, 라틴어에 대한 열등감을 벗어나기 위한 옹호의 대상이 프랑스어였을 뿐이었다.

이런 상황에서 말레르브는 무엇에 근거하여 자신의 독트린을 펼쳤는가? 브뤼노(1901/1969: 222-223)가 말해주듯 그에게 스승이 있었다면 그것은 현장에서 말해지는 프랑스어 자체('usage')라는 유일한 스승이었다. 그리고 그 프랑스어는 궁정의 프랑스어('bon usage')가 아니라 파리의 프랑스어였다. 그의 전기를 쓴 라캉(Racan)에 따르면, 말레르브는 식자(識者)였지만 거리낌 없이 그리고 거침없이 자신의 독트린의 근거를 부두 노동자에게 물어보았다.[21] 이에 대해 보줄라는 다음과 같이 빈정거린 적

---

20 Brunot(1901/1969: 183-184).

이 있다:

(5) Un de nos plus celebres escrivains vouloit que l'on escrivist en prose, comme parlent les crocheteurs et les harangeres.
(우리의 가장 유명한 작가님 중 한 분은, 부두 노동자나 생선 파는 여자가 말하듯 산문이나 쓰라고 하신다.)²²

말레르브의 언어순수주의의 원천이 되던 당시 프랑스어는 구어일 뿐이었다. 그 이유는 단순한데, 부두 노동자나 생선 파는 여자, 즉 민중은 글을 쓸 줄 몰랐기 때문이다.

② 시어라는 문제

말레르브의 언어순수주의가 학문 언어보다 시어에서 나타나는 이유는 두 언어의 본성과 관련 있다. 학문 언어는, 주지하다시피 본성상 일의적이어서 보편적이기 때문에 말레르브의 지적에서 멀리 있을 수밖에 없다. 반

---

21 민중에 대한 말레르브의 관심은 언어 면에 그친 것이 아니었다. 라캉(1991: 29)의 다음 증언에서 그의 사회적 인식을 엿볼 수 있다: "Il disoit aussy à ce propos, que Dieu n'avoit fait le froid que pour les pauvres et pour les sots et que ceux qui avoient le moyen de se bien chauffer et bien habiller ne debvoient point souffrir de froid(또한 말레르브 씨는, 하느님께서는 가난한 자들과 어리석은 자들을 위해서는 추위만 만드셨다고 말했다. 반면에 자신을 덥힐 수 있고 제대로 입을 수 있는 사람들은 전혀 추위로 고통 받을 일이 없다고 말했다.)". 라캉(1991: 33-34)의 다음 대목에서 엿볼 수 있듯, 말레르브는 가진 자들에 대해 호의적이지 않았다. 구체적으로 귀족 같은 특권층에 대한 반감을 갖고 있었다: "Il disoit souvent à Racan que c'estoit folie de se vanter d'estre d'une ancienne nobless, et que plus elle estoit ancienne, plus elle estoit douteuse, et qu'il ne falloit qu'une femme lascive pour pervertir le sang de Charlemagne et de Saint-Loüis; que tel qui se pensoit estre issu d'un de ces grands heros, estoit peut estre venu d'un valet de chambre ou d'un violon(말레르브 씨는 자주 말했다, 자신이 오래 된 귀족이라는 것을 자랑하는 건 미친 짓이라고. 오래 된 귀족일수록 정말 귀족인지 의심스럽다고. 샤를마뉴나 생-루이(루이 9세)의 피를 타락시키기 위해서는 요염한 여자 하나로 충분하다고 말했으며, 그런 영웅들의 자손이라고 말하는 사람이 실은 하인이나 악공(樂工)의 후손일 수도 있다고 말했다.)."

22 Brunot(1901/1969: 223).

면에 시어는 엘리트적이고, 개인적이어서 문체가 문제가 되기 때문에, 반엘리트적이고 보편적인 언어를 지향하는 말레르브의 지적 대상이 된다.

③ 고어와 신조어

시어의 엘리트적 측면 중 하나는, 시어에는 고어가 많다는 점이었다. 말레르브에게 clameur(함성)라는 고어는 결코 사용해서는 안 되는 단어이다.[23] 이와 같이 어떤 표현에 대해 처방을 내리는 태도 자체는 말레르브와 보줄라 양자에서 공히 등장한다. 차이점은, 처방의 기준이 되는 규범이 말레르브에서는 파리 사람들의 프랑스어에 있고, 보줄라에서는 궁정언어에 있다는 점이다. 말레르브에게 clameur는 hors de bon usage, 즉 궁정에서 사용하지 않는 표현이 아니라, hors d'usage, 곧 일반인들이 사용하지 않는 표현이었다.

신조어 역시 고어와 같은 대접을, 말레르브에게서 받았다. 그래서 16세기에 식자층이 새로 만들어 쓴 어휘인 printanier(봄의)는 현재도 사용되지만 말레르브는 배척하였다.[24]

④ 차용어(emprunt)

오늘날 언어순수주의의 대표적 양상이 영어차용어(anglicisme)와 같은 차용어 배척에 있다 할 때 말레르브의 언어순수주의에서 차용어의 위치는 어떠하였는지 알아보는 일은 흥미롭다. 말레르브는 데포르트의 시에 라틴어법(latinisme)이 나타난다고 지적한다. 가령 larges pleurs라는 표현은 라틴어로서는 좋은 표현이나 프랑스어로는 그렇지 못하다고 지적한다.[25] 다른 언어에서 온 차용어에 대해서도 지적한다. 예를 들어 이탈리

---

23 Brunot(1901/1969: 258).
24 Brunot(1901/1969: 285).
25 Brunot(1901/1969: 295).

아어에서 온 듯한 parangonner라는 단어에도 밑줄이 쳐져 있다.26

⑤ 표현들

지금까지의 언급은 모두 어휘에 대한 것이다. 말레르브는 어휘들로 구성된 '표현'에 대해서는 어떤 지적을 하고 있는가? 브뤼노는 말레르브가 지적하는 표현을 두 가지로 나눈다. 하나는 '논리적이지 않은 표현(expressions illogiques)'. 다른 하나는 '용례에서 벗어나는 표현(expressions insolites)'. 논리적이지 않은 표현으로는 tenir chèrement une place의 경우를 예로 들 수 있다. 이 표현은 vendre chèrement sa vie와 비교된다. 판매 행위는 가격과 관련 있기 때문에 후자는 논리적인 표현이 된다. 그러나 전자에서는 tenir의 개념과 chèrement의 개념이 논리적으로 어울리지 않는 것이 지적 대상이 된다.27 말레르브는 용례에서 벗어나는 표현, 다시 말해 대담한(audace) 시도를 좋아하지 않는다. 예를 들어 데포르트가 besoin de tuer라는 용례 대신 soif de tuer라는 새로운 표현을 쓰는 것을 지적한다.28

4) 문법에 대한 것

말레르브는 '문법 시인'이라는 이름에 걸맞게 문법 현상 전반에 걸쳐 자신의 규칙을 제시한다. 그리하여 과장이 있기는 하지만 베크만(M. Beckmann)은 "프랑스어 관사의 규칙들이 말레르브에 의해 인정받고 고정되었다."라고까지 말한다.29 말레르브가 개입한 문법 사항의 예는 다음과 같다:

---

26 Brunot(1901/1969: 298).
27 Brunot(1901/1969: 330).
28 Brunot(1901/1969: 329).
29 Brunot(1901/1969: 337).

- 단어의 문법적 성 - 예를 들어 espace는 중세에 여성이었고 인쇄소에서는 여성을 고집했으나 어원을 따져서 남성으로 바로잡았다. 영어의 space의 어원이 된 그 단어는 사실 시간(ex. in the space of a year)과 공간을 동시에 담당하던 단어였고, 라틴어 spatium은 중성이었지만 이탈리아어 spazio는 남성이었다.[30]

- 인칭대명사 - 16세기까지만 해도 프랑스어 인칭대명사는 자주 사용되지 않았다. 이 점에 대해 말레르브는 논리적 입장을 취한다. 즉, 주어는 표시되어야 한다는 것이다. 그런데 이러한 입장은 사실 시와 같이 생략이 빈번한 텍스트에서는 문법적 충돌의 원인이 될 것이다. 말레르브는 데포르트의 다음 시에서,

(6) Les autres de fleurs ton carquois remplissoyent
   Dont couvroyent ces amans comme d'un grand nuage.
   (너의 화살통은 다른 꽃들로 가득하네
   그 꽃들 커다란 구름처럼 연인들을 덮어주네)

couvroyent의 주어가 표현되지 않은 것을 지적하고 ils을 표시한다.[31]

- 생략으로 야기되는 불분명함에 대한 지적은 인칭대명사의 경우에만 한정되지 않는다. 예를 들어 아래에서와 같은 시행에서도,

(7) A peine il apparoist (l'astre de ma vie), lors que je suis privé
   (내 생의 별이 나타나자마자 그 별을 내가 잃었을 때)

말레르브는 je suis privé를 j'en suis privé로 바꾸어야 함을 지적한다. 즉, 간접보어대명사 en이 표시되어야 한다고 지적하는 것이다.[32]

---

30 Brunot(1901/1969: 337).
31 Brunot(1901/1969: 379).
32 Brunot(1901/1969: 385).

위의 몇 가지 예만으로 말레르브의 문법을 이해할 수는 없다. 그의 지적들은 프랑스어 문법 현상 전반에 걸쳐있기 때문이다.

2.2 말레르브의 작업과 현대언어학

브왈로(Boileau)는 말레르브의 출현을 두고 "Enfin, Malherbe vint."(드디어 말레르브가 왔다.)이라는 유명한 표현을 하였다. 1628년까지 궁정시인으로 재임한 캉(Caen) 출신의 이 재사(才士)는, 과다한 수식의 바로크적 언어 양식을 절제 있는 고전적 언어 양식으로 개혁함으로써 프랑스어의 특성(génie)을 마련하는 데 공헌하였다. 프랑스어에 대한 그의 개입(개혁)은 어휘와 문법 전반에 걸쳐 이루어진 것으로 프랑스어 문법의 새벽을 열었다고 할 수 있는데, 그의 개입의 언어적 근거는 파리의 보통 언어인 구어였으며, 그의 개입의 언어적 현장은 엘리트적 언어로 구성된 시였다. 그리하여 그의 개입은 프랑스어 전체와 프랑스어 시문학에 결정적 영향을 끼치게 된 것이다.

말레르브의 의미는 다양하다. 언어학사에서 보면 말레르브는 최초의 기술문법서로 알려진 포르-르와얄 문법서(1660)[33]을 선행하고 있다.

언어정책론의 관점에서 보면 말레르브는 구어 중심의 표준화라고 할 수 있다. 말레르브 이전의 언어적 표준은 고전 라틴어로 대표되는 문어였고 구어가 표준이 될 수 없었다.

결국 동시대 구어의 일반 규칙들을 논하는 말레르브의 작업은, 제네바에서 출발한 현대언어학과 구조적 동형성을 갖는다. 제네바의 언어학, 즉 소쉬르(Saussure)와 바이이(Bally)에 의해 주도된 현대언어학은 일상 구어와 시라는 언어활동의 관계 속에서 태어났다고도 볼 수 있다. 소쉬르는 '랑그'라는 일상 구어와 시라는 언어활동의 두 축 속에서 일반언어학과

---

33 Arnauld & Lancelot(1660/1969).

기호학을 구축하였고[34], 바이이는 '시장(市場)의 대화 언어'라는 일상 구어와, 시와 같은 감정(affection) 언어를 다루며 화용론[35]과 문체론[36]을 만들었다. 요컨대 말레르브와 제네바 언어학파의 두 학자는 모두 랑그와 시라는 파롤의 관계 속에서 언어에 대한 사유를 전개하였다. 이 점이 세 사상가의 공통점이라면 말레르브와 제네바 언어학자들의 차이 중 하나는, 시와 랑그 중 어디에 우선권을 주었느냐는 데 있다. 말레르브가 랑그 중심주의자라는 언어순수주의자였다면, 소쉬르와 바이이는 비교적 언어활동에 우선권을 주었던 파롤주의자였다(소쉬르와 바이이 모두 랑그의 원천으로서 파롤을 중시하였다. 소쉬르도 바이이도 시언어라는 파롤을 매우 중시하였음은 이제 주지의 사실이다). 한 마디로 제네바의 두 학자는 적어도 말레르브적 의미에서는 비순수주의자였던 셈이다.

3. 결론

말레르브의 언어순수주의가 프랑스어를 만들었다고 할 때 그 프랑스어는 시라는 특정 공간 속에서 만들어졌다고 할 수 있다. 이것은 프랑스어의 고유성을 구성한다.

말레르브의 언어순수주의는 '랑그에 대한 사랑'의 다른 말이라고 할 수 있다. 랑그에 대한 사랑이 바로 본래의 언어순수주의인 것이다.

흔한 오해와 달리 현대언어학은 랑그에 대한 사랑이 아니라 파롤에 대한 사랑에서 출발하였다. 집단의 언어 규칙보다는 개인의 창조적 언어에

---

34 임재호(2013, 2016) 참조.
35 바이이 언어학에 대한 개론서로는 Durrer(1998) 참조. 바이이의 화용론에 대해서는 Bally(1965) 참조.
36 바이이의 문체론에 대해서는 Bally(1905, 1951) 참조.

우선권을 주면서 현대언어학이 시작되었다는 점을 재인식할 필요가 있다.

랑그에 대한 사랑의 화신인 말레르브는 시라는 파롤의 날개들을 꺾어서 랑그로 편입시키고 랑그에 복무하게 하였다.

그가 바라본 랑그의 순수성이란 설득력, 논리, 규칙성, 분명함, 현재성, 보편성 등을 띠는 문법의 가치였다. 그것이 프랑스어라는 랑그 속에서 발견되고 프랑스의 시 속에서 요구되고 관철된 것이 말레르브의 언어순수주의의 실천 과정이었다. 그 결과 프랑스어라는 랑그는 말레르브적 순수성을 갖게 되었다고 말할 수 있다. 말레르브의 언어순수주의는 새로운 프랑스어를 만들어낸 것이다.

말레르브의 시대에 신권(神權)은 궁정에서 민중으로 이동하고 있었다. 더 이상 왕은 신의 대리자가 아니고, 이성이라는 신의 보편적 선물을 받은 민중이 왕이 되어가는 시대의 초입에 말레르브가 있었다. 그는 권력의 중심에 있었지만 궁정언어(시언어)를 권좌에서 몰아내고 민중의 언어를 권좌에 올리는 일을 과감하게 이뤄냈다. 그리하여 권좌에 오른 민중의 프랑스어는 프랑스 대혁명을 겪지 않을 수 있었다. 이미 민중의 프랑스어라는 신체제(nouveau régime)가 말레르브의 개혁을 통해 궁정언어라는 구체제(ancien régime)을 대체했기 때문이었다.

브뤼노는 말레르브에 대한 기념비적 연구서를 다음과 같이 끝맺고 있다:

> 말레르브는 성공했음에 틀림없다. 그는 자신의 시대만 만든 것이 아니라 자신이 원하는 국가를 만들어냈기 때문이다 - 물론 그 국가가 말레르브적으로 규칙적이고 필요한 것만 있는 세계는 아니었지만. 그와 그의 후계자들은 프랑스에서, 문학과 정치에서 사용하는 옛 표현 그대로, 스승을 가질 자격이 있는 민중이 스승을 갖게 해주었기 때문이다.[37]

---

[37] Brunot(1901/1969: 298): "Malherbe devait donc réussir, parce qu'il a choisi pour naître non seulement le moment, mais le pays qui lui convenait, s'il n'en est pas même le produit régulier et nécessaire, car lui ou son pareil devait paraître en France, les peuples ayant, suivant

■ 참고문헌

김동섭(2003), 「17세기 불어의 정화주의 연구: 말레르브와 보쥴라」, 『프랑스문화예술연구』 9, 1-18.
임재호(2013), 「인간언어의 기원과 본질에 대한 시론(試論) - Saussure, 언어학의 시학의 기점 -」, 『프랑스학연구』 65, 251-276.
임재호(2016), 「언어학의 시학을 위한 구조주의 고찰」, 『인문과학』 106, 175-207.
임재호(2019), 「말레르브(Malherbe)의 언어순수주의 또는 프랑스 언어순수주의의 효시」, 『언어사실과 관점』 47, 275-293.
호이징하(1993), 『호모 루덴스』(김윤수 옮김), 까치(Homo Ludens, A Study of the Play Element in Culture, The Beacon Press, Boston, 1955).
Arnauld & Lancelot(1660/1969), *Grammaire générale et raisonnée*, Paris, Republications Paulet.
Bally, Charles(1905), *Prècis de stylistique*, Genève, Eggimann.
Bally, Charles(1951), *Traité de stylistique française*, Genève-Paris, Georg-Klincksieck.
Bally, Charles(1965), *Linguistique générale et linguistique française*, Editions francke, Berne.
Brunot, Ferdinand(1901/1969), *La doctrine de Malherbe d'après son commentaire sur Desportes*, Paris, Librairie Armand Colin.
Dessons, Gérard(1991), *Introduction à l'analyse du poème*, Paris, Bordas.
Du Bellay, Joachim(1549/1970), *La Deffence et illustration de la langue francoyse*, Paris, Librairie Marcel Didier.
Durrer, Sylvie(1998), *Introduction à la linguistique de Charles Bally*, Delachaux et Niestlé S.A., Lausanne-Paris.
Fumaroli, Marc(1986/1994), *Trois institutions littéraires*, Paris, Gallimard.
Milner, Jean-Claude(1978a), *L'amour de la langue*, Paris, Seuil.
Milner, Jean-Claude(1978b), "Le bonheur par la symétrie", *Jakobson*, Paris, L'Age de l'Homme, 53-56.

---

un vieux mot qui s'applique mieux encore à la littérature qu'à la politique, les maîtres qu'ils meritent.

Milner, Jean-Claude(2002), *Le Périple structural*, Paris, Seuil.

Racan(1991), *Vie de Monsieur de Malherbe*, Paris, Gallimard.

Vaugelas(1647/1996), *Remarques sur la langue française*, Paris, Editions Ivrea.

* 이 글은 다음 논문을 책의 형식에 맞게 다듬어 재수록한 것이다:
  임재호(2019), 「말레르브(Malherbe)의 언어순수주의 또는 프랑스 언어순수주의의 효시」, 『언어사실과 관점』 47, 275-293.

프랑스어권 국가 내
언어순수주의의 발현과 전개 양상
― 18세기~20세기 벨기에, 스위스, 퀘벡을 중심으로 ―

김민채

1. 머리말

   궁정의 언어 사용을 규범 언어의 모델로 삼은 17세기부터 오늘날에 이르기까지 우리는 프랑스어에 대한 다양한 순수주의적 태도를 발견한다. 언어의 순수성을 논하는 언어순수주의[1]는 우리에게 아무것도 섞이지 않은 '순수한 언어'가 존재한다는 착각을 불러일으키는데, 이는 '현실에 의하지 않는 추상적이고 공상적인 생각'[2]이라는 점에서 지극히 이데올로기적이라 할 수 있다. 사실 언어에 대한 순수주의적 태도가 나타난다는 것은 실제 상황이 화자가 꿈꾸고 있는 이상화된 상황과 괴리가 있다는 것을 의미한다.[3] 즉, 순수성을 추구하는 행위는 현실의 다양성과 혼합의 상태

---

[1] 본 연구에서는 프랑스어의 'purisme linguistique'을 '언어순수(純粹)주의'라고 번역하여 사용한다. 학자에 따라서는 '불순하거나 더러운 것을 깨끗하게 함'(표준국어대사전)을 뜻하는 단어인 '정화(淨化)'를 사용하여 '정화주의'라는 용어를 선호하기도 하나 '순수성'으로 번역되는 'pureté'와의 일관성을 위해, 또한 본 연구에서 주로 논의되는 순화의 대상이 지역 어법임을 고려하여 '전혀 다른 것의 섞임이 없음'(표준국어대사전)을 뜻하는 단어, '순수'가 포함된 '언어순수주의'라는 용어를 사용하는 것이 더 적합하다고 판단했다.
[2] 이는 '관념(觀念)'의 사전적 정의이다. (표준국어대사전 참고.)
[3] 이상과 현실의 차이가 클수록 순수주의적 태도는 더욱 극명하게 드러난다.

를 전제한다고 볼 수 있으며, 그러한 의미에서 언어 사용의 변이가 목격되는 순간이 바로 언어순수주의가 태동하는 시점이라 할 수 있다. 다양한 언어 사용에 직면한 화자는 사회적 규범과의 관련 하에서 언어의 사용을 위계화시키고, 자신이 원하는 언어의 사용을 규범의 최상위에 위치시켜 그 이외의 언어 사용을 모두 순수하지 않은 것, 순화되어야 할 대상으로 취급한다. 다시 말해, 언어순수주의는 규범'들'의 위계화와 추구해야 할 '하나'의 규범을 내재하고 있는 것이다. 이는 언어순수주의의 정의를 통해서도 확인할 수 있다. TLFi에 따르면, 언어순수주의는 '상대적으로 높은 가치가 부여된 언어를 사용하도록 하는 엄격한 규율', 'bon usage'[4]에 반하는 모든 것을 배척하는 태도'로 정의된다. 여기서 '상대적으로 높은 가치가 부여된 언어', 'bon usage'는 유일무이한 '하나의 규범'과 다르지 않다. 이러한 규범들의 위계화 과정은 순전히 언어적이라기보다는 사회적인 것으로, 언어 사용자들이 속한 사회 내 사회적 규범의 영향을 받게 된다. Moreau(éd.)(1997: 220)에 따르면, 규범의 선택에는 사회 내 계층 구조, 전통, 상징적 자본 등의 기준이 영향을 미치는데 이 때문에 우리는 언어순수주의의 모습이 시간에 따라 다르며[5] 지역에 따라서도 다를 것이라 예상할 수 있다.

프랑스어와 같이 여러 국가에서 사용되는 언어의 경우 본국 이외의 국가들에서 나타나는 언어순수주의는 그 모습이 다를 수 있으며, 나름의 공통된 특징을 보일 수 있다고 본다. 따라서 본 연구에서는 주변부 프랑스어권 국가 내에서 공통적으로 발견되는 언어순수주의의 발현과 전개 양

---

[4] 'Bon usage'는 '올바른 어법', '선용(善用)' 등으로 번역할 수 있으나 그 어떤 번역도 'bon usage'의 개념을 정확하게 드러내지 못한다는 생각에 원어 그대로 사용한다. TLFi에 따르면, 'bon usage'는 '하나의 사회문화적 모델을 구성하는 규정들의 총체'를 의미한다.
[5] 프랑스의 경우, 시간의 흐름에 따라 규범 언어의 모델이 되는 언어 또한 변화하였다. 17세기의 경우 궁정의 언어 사용을 규범 언어로 삼는 순수주의적 태도를 발견할 수 있었지만 현재에는 외래어의 사용을 반대하는 또 다른 순수주의적 태도를 발견할 수 있다.

상을 고찰해 보고자 한다. 특히 1966년 윌리엄 라보프(William Labov)의 연구에서 처음 등장한 '언어적 불안정(insécurité linguistique)'이라는 개념을 중심으로 18세기부터 20세기까지[6] 프랑스어권 국가 내 엘리트들이 가지고 있었던 언어순수주의를 거시적 측면에서 이론화해 볼 것이다.

2. 주변부 프랑스어권 내 언어순수주의의 발현

프랑스 이외의 프랑스어권 국가들을 지칭하는 주변부 프랑코포니(francophonie périphérique)에 속한 나라들에서는 독특한 언어순수주의적 태도가 목격된다. 바로 프랑스에서 사용되는 프랑스어, 보다 정확히 말하면 파리에서 사용되는 프랑스어를 자신들의 규범으로 삼는 태도가 바로 그것이다. 이는 각종 지역 특유 어법을 포함하는 자신들의 프랑스어가 파리의 프랑스어와 다르다는 생각, 그에 따라 자신들의 프랑스어를 평가절하(平價切下)하는 가운데 나타나는 불안감에서 나온 언어 태도이다.[7] 이 장에서는 '언어적 불안정'이라는 키워드를 통해 주변부 프랑스어권 내에서 발견되는 언어순수주의의 특징을 개괄하고자 한다. 이를 위해 우선 주변부 프랑스어권에서 사용되는 프랑스어의 특징인 '지역 어법'에 대해 간략하게 살펴보도록 하겠다.

---

[6] 연구를 18세기~20세기로 한정한 이유는 20세기 중반~20세기 후반 이후부터 프랑스어에 영어 차용어 문제가 불거지면서 기존과는 다른 언어순수주의적 모습이 등장하기 때문이다. 미국의 역사학자 피터 버크(Peter Burke)는 언어순수주의를 둘로 구분한다. (Paveau & Rosier 2008: 43-46 ; Burke 1998) 단순한 반발로서의 순수주의인 'purisme de réaction'과 새롭게 변형된 순수주의인 'purisme de transformation'이 바로 그것이다. 필자는 20세기 중후반 이후의 순수주의가 언어 순화 운동 등의 구체적이고 실제적인 목표를 가진다는 점에서 변형 순수주의라고 보고 있다. 따라서 본 연구에서는 순수주의의 변형된 모습이 아니라 어떤 문제에 대한 대응으로서 비롯된 본래적 의미의 순수주의, 'purisme de réaction'에 초점을 맞추어 논의를 진행한다. 변형 순수주의에 대한 논의는 차후 연구에서 다룰 것이다.
[7] 언어순수주의는 언어 불안정의 증상을 이룬다. (Reutner 2017: 52 참조.)

2.1. 지역 어법

주변부 프랑스어권에서 사용되는 프랑스어의 가장 큰 특징은 프랑스의 프랑스어보다 방언(patois)[8]과 차용 어법들[9]의 사용 빈도가 높다는 것이다. 이들은 '특정 지역 특유의 단어, 표현법, 어법'(TLFi)을 뜻하는 지역 어법(régionalisme)을 구성하는데, 실제로 벨기에, 스위스, 퀘벡 지역에서는 지역의 지리적 위치, 역사와 관계있는 다양한 어법의 사용이 발견된다. 벨기에, 스위스와 같이 프랑스와 인접한 지역은 원래 사용되던 지역 방언이 존재했고 이후 프랑스어의 지역 간 수평적 확장(expansion horizontale)과 계층 간 수직적 확장(expansion verticale)[10]에 의해 프랑스어가 유입된 역사를 가지고 있다. 따라서 과거부터 왈로니(wallon), 피카르디(picard), 로렌(lorrain), 샹파뉴(champenois) 방언들이 사용되던 벨기에 프랑스어권, 프랑슈 콩테(franche-comtois), 프랑코-프로방스(franco-provençal) 방언들이 사용되던 스위스 프랑스어권에서는 이 방언들에서 비롯된 표현들이 현재에도 존재한다. 프랑스인이 이주한 역사를 가지고 있는 퀘벡 지역의 경우에는 프랑스의 서쪽 지역에 거주하던 사람들이 퀘벡으로 대거 이주한 관계로 서쪽 지역 방언들의 흔적이 남아 있다. 이는 앞선 벨기에, 스위스와 같은 이유에서는 아니지만 프랑스 내에서 사용되던 지역 방언의 흔적이 남아 있다는 점에서 공통점이 있다.

프랑스어권 지역은 차용 어법 차원에서도 프랑스의 프랑스어와는 다른

---

[8] 표준국어대사전에 따르면, '방언'은 '한 언어에서, 사용 지역 또는 사회 계층에 따라 분화된 말의 체계'를 뜻하고, '사투리'는 '어느 한 지방에서만 쓰는, 표준어가 아닌 말'을 의미한다. 한국어에서 두 단어는 서로 같은 대상을 가리키는 경우가 많지만, 프랑스어에서 'patois'는 갈로-로망 통속 라틴어(latin vulgaire galloroman)에서 비롯된 언어들을 의미하는 것으로 '프랑스어(français)'와 같은 뿌리를 가지고 있지만 달리 변화된 것이다. 이러한 점을 고려해 볼 때, '사투리'보다는 '방언'으로 번역하는 것이 적절하다고 본다.
[9] 차용어라고 하지 않고, 차용 어법이라 명명한 이유는 어휘 차용(emprunt lexical) 뿐만 아니라 통사 차용(emprunt syntaxique)도 포함하기 위해서이다.
[10] Pöll(2016), Thibault(2017) 참조.

특징을 보인다. 이 지역들에서는 지리적 원인으로 주변의 표준화된 언어들과 직접 접촉할 기회가 많은데, 벨기에와 스위스, 퀘벡 지역은 각각 네덜란드어, 독일어, 영어 사용 지역과 직접적인 접촉 관계를 맺고 있다. 여기에 벨기에의 경우 네덜란드어 방언의 일종인 플랑드르어(flamand)와, 스위스의 경우 독일어 방언의 일종인 스위스 알레마니아어(suisse alémanique), 퀘벡의 경우 아메리카인디언어(amérindien)와의 접촉 비중 또한 높다. 이러한 언어 접촉은 프랑스의 프랑스어에서 찾아보기 힘든 것이다.

2.2. 언어적 불안정

프랑스어권 프랑스어의 특징을 이루는 방언과 차용 어법은 예로부터 프랑스에서 순화되어야 할 대상으로 취급되어오던 것들이다. 프랑스의 언어 순수주의자들은 동질성과 순수성을 지닌, 소위 상상의 언어를 만들고 이를 규범의 표준으로 삼아 이 기준에서 벗어나는 모든 종류의 변이형들의 사용을 비난해 왔는데, 이 때문에 프랑스 내에서 지역 특유 어법은 예로부터 순수한 언어가 가져서는 안 될 요소로 간주되었다. 17세기에 보줄라(Vaugelas)는 『Remarques sur la langue française』(1647)에서 방언을 순수한 언어를 '전염'시켜 '오염시키는' 것으로 취급하면서 오랜 기간 지방에 체류하는 것조차 삼가야 한다고 주장하였다. 차용어가 언어순수주의자들에 의해 배척된 것 또한 17세기 말레르브(Malherbe)로 거슬러 올라간다.[11] 특히 차용어는 언어의 동질성을 해치는 요소로 비난받아 왔는데, 다른 언어들과 직접적인 언어 접촉 상황에 놓여 있는 프랑스어권 국가들에서는 차용어가 언어의 순수성을 해치는 또 다른 위협으로 다가올 수 있다. 인접한 지역 언어의 영향을 받는 프랑스어권 국가들에서는 이러한 차용어들이 프랑스의 프랑스어와의 간극을 넓히는 요소로 작용할 수 있었다.

---

11 김동섭(2002) 참조.

18세기경부터 각 지역 내 프랑스어가 점차 표준화되는 과정을 밟게 되면서 지역의 엘리트들은 지역 특유 어법과 파리의 프랑스어로 대표되는 기준 프랑스어(français de référence)가 섞인 자신의 프랑스어에 대해 부정적인 시각을 가지게 되었다. 프랑스의 전통적인 언어순수주의적 태도를 받아들인 이들은 언어적 불안정[12]이라는 새로운 언어 태도를 가지게 되었는데,[13] 이는 "화자가 언어를 사용하면서 갖는 불안감, 자의식, 자신감의 결여"(한국사회언어학회, 2012: 156) 등의 감정으로 대표된다. Francard(1993b: 6)는 화자가 정통적(légitime) 사용에 대한 분명한 이미지를 가지고 있지만 자신의 언어 사용이 모든 점에서 그 정통적 사용과 일치하지 못함을 자각하고 있을 때 언어적 불안정 현상이 나타난다고 하였다. Swiggers(1993: 21)는 여기서 더 나아가 언어적 불안정이 이중적 소외(double aliénation)로 정의될 수 있다고 보았다. 첫째는 원하는 수준에 이르지 못하는 화자 자신의 고유한 언어 생산 행위에 대한 소외, 둘째는 제거하고 싶은 자신의 고유한 언어 생산 행위에 대한 소외이다. 종합하면, 언어적 불안정이라는 감정은 언어의 현실적 사용과 언어의 이상적 사용의 괴리라는 불편 속에서 탄생하는 것이라고 할 수 있다.

  벨기에, 스위스, 퀘벡의 엘리트들은 지역 특유 어법에서 비롯된 이러한 언어적 불안정을 극복하기 위해 자신들의 프랑스어를 순화하고자 한다.[14] 사실, 그 당시 주변부 프랑스어권 국가들에서 목격되던 언어적 불안정과

---

12 '언어적 불안정'이라는 용어는 비교적 최근인 1960년대에 등장하였지만 이 용어가 가리키는 현상은 오래전부터 목격되어 왔다. (Swigger 1993: 19 참조)
13 프랑스의 순수주의는 주변부 프랑스어권 화자들이 느끼는 언어적 불안정의 원인이 되었다. (Pöll 2016 참조)
14 사실 언어학적 관점에서 이러한 지역 특유의 어법은 사용이 금지되어야 할 아무런 이유가 없다. 이러한 표현들은 지역의 특징을 드러내는 것, 그 이상, 그 이하도 아니기 때문이다. 하지만 언어의 사용을 이데올로기적 관점에서 바라보게 되면 지역 어법에는 '경멸적', '비판적' 등의 의미가 추가된다. 이러한 태도로 인해 주변부 프랑스어권에서는 해당 지역에서 오래전부터 사용되어 오던 방언, 차용어 등 특유의 어법들을 순화의 대상으로 삼는 태도가 목격되기 시작하는 것이다.

언어순수주의는 언어 태도(attitude linguistique)[15]의 하나로 지역의 내생적 규범(norme endogène)이 형성되는 과정에서 일어나는 자연스러운 것이라 할 수 있다. 내생적 규범이란 그것이 사용되는 언어 공동체 내에서 끊임없이 만들어지는 규범을 일컫는데,[16] 아직 자국 내에서 형성된 규범이라 할 것이 정확히 없었던 이 국가들에서는 그들이 사용하는 프랑스어의 뿌리가 있는 프랑스, 특히 파리 지역의 순화된 프랑스어 규범을 자신들의 규범으로 삼길 원했던 것이다. 이로써 우리는 프랑스의 프랑스어 규범을, 그것이 사용되는 사회 외부에서 형성되었다는 의미에서 내생적 규범에 반대되는 개념인 외생적 규범(norme exogène)이라 부를 수 있게 된다. 주변부 프랑스어권 화자들은 프랑스의 규범인 외생적 규범을 따르기로 하고, 그에 따라 지역 어법을 철저히 배척하려고 했는데 우리는 이러한 의견을 가지고 있었던 사람들을 주변부 프랑스어권의 언어순수주의자라고 부를 수 있다.[17]

2.3. 언어순수주의적 담론의 발현 체제

언어순수주의자들은 일정한 과정을 거쳐 언어순수주의적 담론을 생산해낸다. 프랑스어권 언어순수주의의 원인이 되는 언어적 불안정은 이미 생산된 언어순수주의적 담론만을 통해서는 그 정확한 모습을 파악할 수 없다. 따라서 담론이 생성되는 체제의 모습을 이해하는 것이 핵심이 되

---

15 "언어 태도는 사람들이 다른 언어 혹은 그 변이형과 그 언어를 사용하는 전형적인 화자에 대해 가지고 있는 견해를 일컫는 용어이다. 사람들은 특정 언어가 가지고 있는 자질에 대해 아름답다거나 추하다는 태도를 취하기도 하고 또한 그 언어를 사용하는 사람들에 대해서 우호적 혹은 비우호적인 태도를 취하기도 한다. 그러한 태도를 취하는 판단의 근거가 언어학적인 토대에 있는 것이 아니라 개인의 주관적인 평가에 근거하고 있기 때문에 일종의 언어 고정관념(language stereotype)이라고 할 수 있다(Fishman 1966). 사회언어학은 그러한 태도를 본질적으로 사회적인 것으로 보며, 그것이 언어 행위에 미치는 영향에 관심을 둔다." (한국사회언어학회 2012: 153)
16 Moreau(éd.)(1997: 224) 참조.
17 Cajolet-Laganière & Martel (1993: 178) 참조.

며, 이를 통해 프랑스어권 언어순수주의의 특징을 찾을 수 있을 것으로 예상한다. 이를 위해 언어 외적 담론의 생산 과정을 연구한 카뉘(Canut)의 작업을 살펴보기로 한다.

앙투안 퀼리올리(Antoine Culioli)의 이론을 발전시킨 Canut(1998, 2002)는 문법학자, 언어학자의 메타 언어적 담론과 일반 화자들의 평가적 담론을 모두 '언어 외적(épilinguistique)'[18]이라는 단어 아래 정의하고, 이러한 언어 외적 담론들의 생산 과정을 의미하는 '언어 외적 활동(activité épilinguistique)'의 이론적 체제를 제안했다. 다음의 [그림 1]은 카뉘가 주장한 언어 외적 담론의 작동 체제를 보여준다.

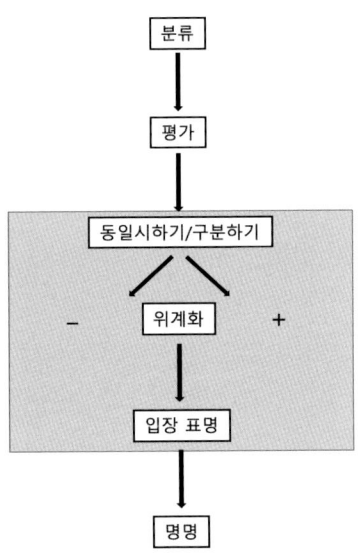

[그림 1] 언어 외적 담론의 작동 체제
(Canut 2002: 108를 참조하여 재구성)

---

18 접두사 'épi-'는 그리스 어원으로 '위에'를 의미한다.

[그림 1]을 통해 확인 할 수 있는 것처럼, 언어 외적 담론의 작동 체제는 여러 단계로 구성된다. 하지만 체제의 핵심은 과정의 중심에 위치한 동일시하기(identification)/구분하기(différenciation) 단계, 위계화(hiérarchisation) 단계, 입장 표명(positionnement) 단계, 세 단계라고 할 수 있는데,[19] 이에 대해 간략하게 살펴보면 다음과 같다.

우선, 자신과 다른 언어 사용을 목격한 화자가 그 둘을 동일하다고 여길 것인지, 다르다고 여길 것인지를 판단하는 것이 '동일시하기'와 '구분하기' 단계이다. 이 단계는 언어적 관점에서는 언어 사용의 변이(variation) 문제, 사회적 관점에서는 화자의 소속 문제와 관련이 있다. 두 번째 단계는 위계화 단계로, 이 단계에서 화자는 자신의 언어와 타인의 언어 중 어떤 언어를 우위에 둘 것인지, 우위의 정도는 어떠할지를 결정한다. 마지막 단계는 입장 표명으로 바로 이 단계를 통해 구체적인 담론이 실현된다. 이 세 단계 중, 동일시하기/구분하기 단계와 위계화 단계가 프랑스어권에서 목격되는 언어적 불안정의 원인이 된다. 바로 이 단계에서 프랑스어권 내 언어순수주의자들은 자신들의 프랑스어와 프랑스의 프랑스어를 동일한 규범 하에 위치시켜, 둘 간의 위계를 세우기 때문이다. 또한 카뉘는 언어 외적 담론의 작동 체제 자체가 '동일시하기'와 '구분하기' 사이의 끊임없는 왕복 운동으로 특징지어진다는 점에서 근본적으로 '역동적'이라 보았는데, 이는 시간의 흐름에 따라 언어순수주의적 담론의 생산 모습이 끊임없이 변화한다는 것을 의미하는 것이다. 이는 지역 내 내생적 규범의 형성과 관련이 있을 것으로 예상되는 바, 주변부 프랑스어권의 언어순수주의적 담론의 변화 모습을 살펴보면서 이를 확인해 보도록 한다.

---

19 [그림 1] 내, 세 단계를 사각형으로 강조하여 표시한 것은 필자로, 원본에는 존재하지 않았던 표지임을 밝힌다.

3. 주변부 프랑스어권의 언어순수주의: 역사와 특징

주변부 프랑스어권에서는 프랑스 순수주의의 영향을 받아 언어적 불안정이라는 태도가 생겼고 이를 극복하고자 하는 과정에서 또 다른 순수주의적 담론이 생산된다. 이 장에서는 이 지역 언어순수주의의 특징을 일반화하려는 목적에서 벨기에, 스위스, 퀘벡 내 언어순수주의의 역사와 성격을 차례로 간략하게 살펴보기로 한다.

3.1. 벨기에의 언어순수주의[20]

벨기에는 이 지역에서 사용되는 방언과 차용어를 원인으로 한 강한 언어적 불안정으로 인해 '문법학자들의 땅(Terre de grammairiens)'[21]이라 불릴 만큼 예로부터 규범 문법학자들의 활동이 두드러졌다. 특히 벨기에는 현재 프랑스에서도 많이 참조되는 유명한 규범 문법서인 『Le Bon Usage』[22]가 탄생한 나라이기도 하다. 벨기에 지역에 언어순수주의적 담론이 등장하기 시작한 것은 플랑드르어로부터 차용된 표현들의 사용을 비난하는 태도가 발견된 18세기로 거슬러 올라간다. 19세기 초부터는 앙투안-피델 포야르(Antoine-Fidèle Poyard)가 언어의 바른 사용을 도모하기 위해 쓴 『Flandricismes, wallonismes et expressions impropres dans le langage』 (1806)를 시작으로 지역 방언과 차용 표현의 사용이 차례로 규탄되었다. 이러한 흐름은 1830년, 벨기에 국가가 탄생하면서 더욱 강화된다. 19세기와 20세기에는 문법적으로는 맞지만 결함이 있다고 판단되는 표현들을 일컫는 'cacologie'에 대한 수많은 언급이 이어졌고, 1971년에 안스

---

20 Francard(2017: 196), Klein(2004: 202), Pöll(2017: 70-71), Reutner(2009: 84) 참조.
21 Pöll(2017: 70)
22 그레비스(Grevisse)가 그의 저서를 'Bon usage'라고 지은 것은 보줄라의 순수주의적 영향을 받았다고 할 수 있다. (Schmitt 2015: 51 참조.)

(Hanse), 부르주아-길렌(Bourgeois-Gielen), 도파뉴(Doppagne)가 『Chasse aux belgicismes』, 1974년에 『Nouvelle chasse aux belgicismes』을 출판하면서 벨기에의 언어순수주의는 절정을 이루게 된다. 이후 1990년대에 이르러서야 벨기에에서 사용되는 프랑스어와 '부정확한(incorrect)'라는 형용사를 연결하려는 태도가 사라지고, 1994년 윌리 발(Willy Bal)의 『Belgicismes. Inventaire des particularités lexicales du français de Belgique』(1994)이라는 선별적 성격의 사전(dictionnaire différentiel)이 등장하면서부터 언어순수주의적 태도는 점차 약화된다. Klein(2004)은 이러한 18세기에서 20세기까지 벨기에의 언어순수주의를 세 시기로 나누기도 하는데, 각 시기별 특징은 다음과 같다. 첫 번째 시기는 19세기 '고찰자(remarqueur, 考察者)'들의 시기로, 이 시기의 언어순수주의적 담론은 부적절한 사용에 대해 맹렬하고 공격적이며 무조건적인 비난을 가하는 태도를 보이는 것이 특징이다. 두 번째 시기는 20세기 초·중반까지의 시기로, 보다 규범적이고 체계적인 태도로 벨기에의 지역 어법에 대해 비난을 가한다. 세 번째 시기는 20세기 후반으로 이 시기에는 부적절한 사용을 맹목적으로 비난하기보다는 양질의 지역 어법(régionalisme de bon aloi)[23]이 있음을 인정하는 태도가 보이기 시작한다. 바로 이때부터 '벨기에 규범'이라는 내생적 규범에 대한 인식 또한 생겨난다. 다음 [그림 2]는 벨기에의 언어순수주의적 담론의 발전 과정을 그래프로 나타낸 것이다. 그래프를 통해 언어순수주의가 절정을 이루던 1970년대를 기점으로 언어순수주의의 강도가 약화되고 있음을 쉽게 확인할 수 있다.

---

23 Klein(2004: 202)

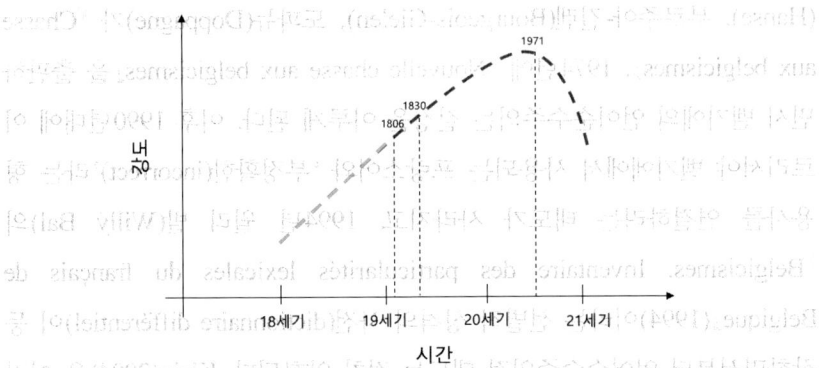

[그림 2] 벨기에 언어순수주의적 담론의 발전 과정

3.2. 스위스의 언어순수주의[24]

스위스 프랑스어권 지역은 벨기에만큼 활발한 언어순수주의적 태도를 보이지는 않았다. 이 지역에서 처음으로 순수주의적 태도가 발견된 것은 매우 이른 시기인 1691년 프랑수아 풀랭 드 라 바르(François Poulain de la Barre)의 『Essai des Remarques particulières sur la Langue Françoise pour la ville de Genève』에서였지만, 이는 파리에서 스위스의 주네브(Genève) 지방으로 망명 온 풀랭이 프랑스 언어순수주의를 대표하는 보줄라의 입장에서 주네브 내 특유 어법을 비판한 것이며, 뒤따르는 언어순수주의적 흐름이 부재했다는 점에서 엄밀한 의미의 스위스 태생 언어순수주의라고 보기는 힘들다.[25] 이후 19세기 초에 이르러서야 규범에 대한 인식이 생기면서 자신들의 언어를 프랑스의 프랑스어와 비교하여 비판하는 주변부 프랑스어권의 언어순수주의적 태도가 발견된다. 바로 이 시기, 스위스의 각 지방(canton)에서는 자신의 지역에서 사용되는 어법을 비판

---

[24] Aquino-Weber(2016), Aquino-Weber et al.(2011), Knecht(2004), Pöll(2016), Thibault(2017) 참조.
[25] Knecht(2004)는 스위스의 언어순수주의에 풀랭이 공헌한 바는 없다고 단언하고 있다.

하는 교정적 성격을 띤 글들이 발표된다. 이러한 글들은 보통 교육적 목적으로 출판되었는데, 이 출판물들의 집필 목적이 쓰인 서문에서 언어순수주의적 태도를 발견할 수 있다.[26] 벨기에의 언어순수주의와 가장 큰 차이점이 있다면, 스위스의 경우 언어순수주의적 담론들이 'canton'이라고 불리는 지역, 즉 주(州)를 중심으로 나타났다는 것이다. 이는 대다수 연구가 '뇌샤텔 지역 어휘록', '주네브 지역 어휘록', '프리부르 지역 어휘록', '보 지역의 그릇된 표현들' 등, 지역명이 포함된 제목을 가지고 있다는 것으로 확인할 수 있다.[27] 스위스에서는 20세기 초에 이르러 자신들의 언어 사용을 맹목적으로 비판하는 태도에서 벗어나, 지역 어법에 대한 사실적 묘사를 목적으로 하는 과학적 연구가 목격된다. 1897년부터 1924년까지 25년 이상에 걸쳐 루이 고샤(Louis Gauchat), 장자케(Jaenjaquet), 에르네스트 타폴레(Ernest Tappolet)가 주축이 되어 쓴 『Glossaire des patois de la Suisse romande』(1924), 윌리엄 피에르앵베(William Pierrehumber)의 『Dictionnaire du parler neuchâtelois et suisse romande』(1926)가 대표적인 연구라고 할 수 있다. 다음의 [그림 3]은 스위스의 언어순수주의의 발전 모습을 그래프로 나타낸 것이다. 언어순수주의의 발전 양상이 벨기에에 비해 시기별로 명확히 구분되지도 않고, 그렇다할 정점도 보이지 않지만 순수주의적 담론의 강도가 증가했다가 감소하는 종형(鐘形)을 보이는 것은 동일하다.

---

26 서문에서는 '결함이 있는', '부적절한', 악습 등의 형용사와 그 지역의 특유 어법을 연결하는 태도가 발견된다. (Aquino-Weber et al. 2011: 221 참조).
27 이는 Aquino-Weber et al.(2011)가 정리한 목록으로부터 확인한 것이다.

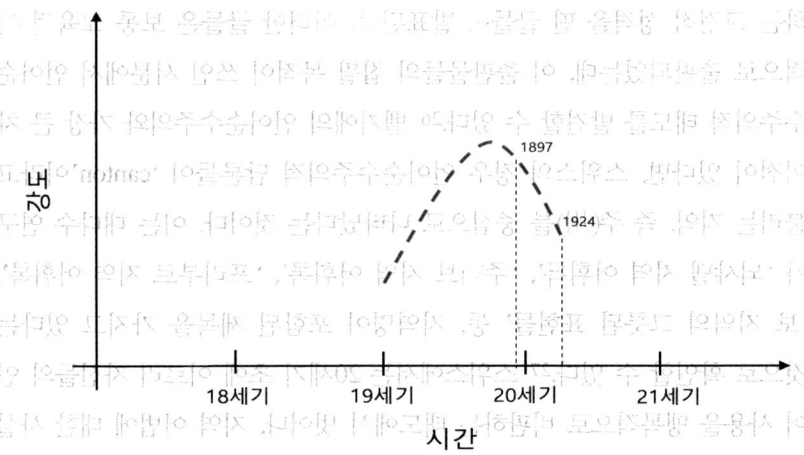

[그림 3] 스위스 언어순수주의적 담론의 발전 과정

3.3. 퀘벡의 언어순수주의[28]

1534년 자크 카르티에(Jacques Cartier)의 탐험으로 시작된 누벨 프랑스(Nouvelle-France) 시기, 이 지역 프랑스어 화자들 사이에는 프랑스의 프랑스어와는 다른 특징을 보이는 그들의 프랑스어에 대한 인식이 존재했다. 하지만 당시 화자들은 그들의 프랑스어가 파리의 프랑스어와 매우 유사하다고 생각했기 때문에 언어 불안정에 따른 언어순수주의적 태도를 보이지 않았다. 사실상, 이 지역 내 언어순수주의적 태도는 영국의 식민 지배가 끝날 무렵인 1841년, 토마 마기르(Thomas Maguire) 신부의 『Manuel des difficultés les plus communes de la langue française adapté au jeune âge et suivi d'un recueil de locutions vicieuses』의 출판으로부터 시작된다. 이 책에서는 프랑스의 프랑스어와는 다른 그들의 프랑스어를 인지하고 이에 대한, 특히 영어 차용어에 대한 문제를 제기하는 모습을

---

28 홍미선·박은영(2006, 2007), Cajolet-Laganière & Martel(1993), Mercier, Remysen & Cajolet-Laganière(2017), Reutner(2009), Szlezák(2015), Thibault(2003) 참조.

찾아볼 수 있다.29 하지만 벨기에, 스위스와는 달리 퀘벡의 언어순수주의는 19세기 후반부터 바로 완화의 조짐이 보이기 시작하는 것이 특징이다. 실바 클라팽(Sylva Clapin)은 1894년 그의 저서 『Dictionnaire canadien-français』의 서문에서 외생적 규범을 무분별하게 따르는 과격한 언어순수주의를 지양하고 캐나다 프랑스어의 특징을 인정하자는 의견을 내었는데, 우리는 이것이 퀘벡 내 프랑스어 화자들의 사회적 위치와 관계가 있다고 예측할 수 있다. 영국의 식민 지배 시절부터 조용한 혁명(Révolution tranquille)30 이전까지 퀘벡에 거주하는 프랑스어 화자들은 영어 화자들에 비해 낮은 사회적 지위를 가지고 있었다. 영어 화자들에게 여러 면에서 괄시를 받았던 프랑스어 화자들은 연합하여 자신의 정체성을 찾고자 하였고, 자신들의 언어를 규정하는 것으로 이를 달성하고 하였다. 특히 1960년대 조용한 혁명 이후 이러한 경향은 두드러지게 나타난다. 당시 퀘벡 내 내생적 규범이 점차 확립되기 시작하였지만, 이는 아직 프랑스에 위치한 외생적 규범으로부터 많이 벗어나지는 못했다. 내생적 규범의 명확한 모습이 드러나기 시작한 1970년대 이후에도 신문의 사설 등지에서 역시 언어순수주의적 태도가 나타나기 때문이다. 그럼에도 불구하고, 1970년 일반 화자들은 퀘벡의 라디오와 텔레비전 아나운서들이 사용하는 프랑스어를 표준 프랑스어로 생각하는 경향을 보였다. 이는 대다수의 퀘벡 화자들이 더 이상 프랑스의 프랑스어를 그들이 지향해야 할 목표로 여기지 않고 있다는 것을 뜻하는 것이다.31 이처럼, 1970년대에 이미 규범의 구체적인 모습이 드러나기 시작했다는 점에서 퀘벡은 당시 외생적

---

29 책의 출판 이후, <Le Canadien>, <Gazette de Québec> 등지에서 어떤 프랑스어를 퀘벡의 언어 규범으로 삼아야 하는가에 대한 격렬한 논쟁이 불거졌다. 보다 자세한 내용은 Lapierre(1981: 348-352) 참조.
30 '조용한 혁명'은 자유당 소속 장 르사주(Jean Lesage)의 주도로 퀘벡 내 급격한 정치적, 경제적, 사회적 변화가 목격되는 1960년부터 1966년까지의 시기를 일컫는다. 바로 이 시기에 퀘벡인들의 자립적인 의식이 싹트기 시작한다. (Thibault 2003: 899 참조.)
31 Cajolet-Laganière & Martel(1993: 175) 참조.

규범에 의존하고 있던 유럽권과는 다른 특징을 보인다. 다음의 [그림 4]는 이 장에서의 논의를 바탕으로 퀘벡 내 언어순수주의적 담론의 발전 과정을 그래프로 나타낸 것이다.

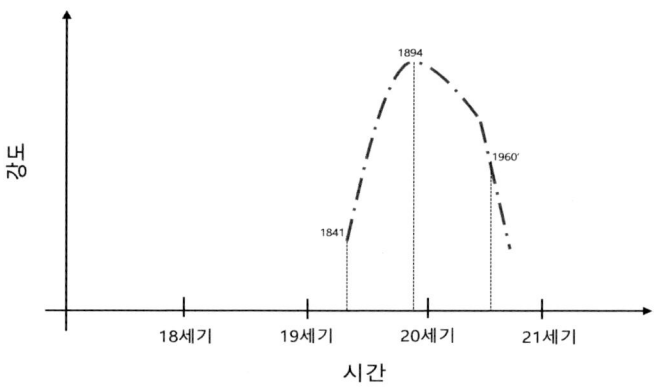

[그림 4] 퀘벡 언어순수주의적 담론의 발전 과정

3.4. 주변부 프랑스어권의 언어순수주의: 종합

앞선 분석을 통해 언어적 불안정을 극복하기 위한 하나의 방안으로서 주변부 프랑스어권에서 나타나는 언어순수주의는 벨기에, 스위스, 퀘벡이 모두 비슷한 양상을 띠는 것으로 확인되었다. 세 지역 모두, 초반에는 프랑스의 프랑스어를 규범으로 삼아 맹목적인 추종을 보이는 언어순수주의적 태도가 드러났고 시간의 흐름에 따라 점차 자신들의 프랑스어를 객관적인 관점에서 바라보고자 하는 태도가 생겨났는데 이러한 태도 변화의 시기는 지역마다 차이가 있지만[32] 변화의 양상은 비슷하다. 아래의

---

[32] 다른 언어로부터의 위협의 존재 유무에 따라 태도 변화의 시기가 다를 수 있다. 다른 언어로부터 특별한 존재의 위협을 받지 않았던 벨기에의 경우 태도 변화의 시기가 가장 늦었으며, 영어로부터의 위협을 받았던 퀘벡의 경우 태도 변화의 시기가 가장 빨랐다. (Francard 1993a: 67 참조.)

[그림 5]는 세 국가 내 언어순수주의적 담론의 발전 과정을 종합하여 표상한 것이다.

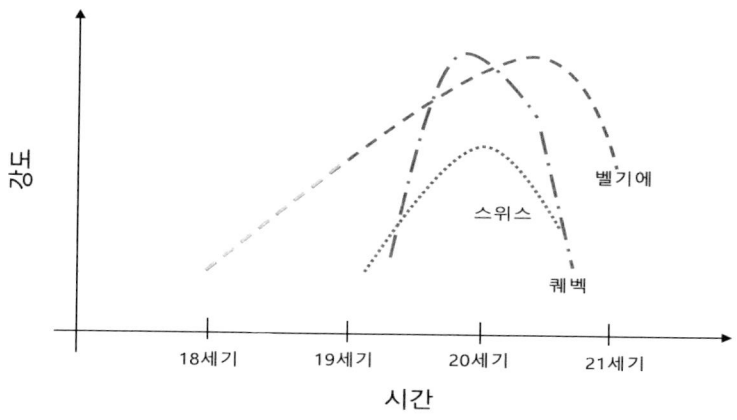

[그림 5] 벨기에, 스위스, 퀘벡 언어순수주의적 담론의 발전 과정

현재까지의 분석으로 우리는 주변부 프랑스어권의 언어순수주의를 다음과 같이 정리할 수 있다. 17세기 프랑스 내에서 시작된 언어순수주의적 태도는 지역 방언과 차용어의 사용을 비판한다. 이러한 태도를 받아들인 18세기~19세기 초·중반의 주변부 프랑스어권 내 지역 엘리트들은 자신들의 프랑스어에 대해 불안감을 가지는 언어적 불안정이라는 태도를 보이게 되고, 이를 극복하기 위해 프랑스의 프랑스어 규범이라는 외생적 규범에 따라 자신들의 프랑스어를 평가하는 언어순수주의적 태도를 보인다. 이후, 20세기 중·후반에 이르면 무분별한 언어순수주의적 태도는 완화되고 자신들의 프랑스어를 보다 객관적인 시각에서 관찰하려고 하는 태도가 나타난다. 이는 해당 지역의 내생적 규범이 확립되는 과정에서 나타나는 자연스러운 과정으로 이해된다.33

4. 언어적 불안정의 유지 혹은 극복

　Cajolet-Laganière & Martel(1993: 178)에 따르면, 주변부 프랑스어권 내에서 발생하는 언어적 불안정을 극복하기 위한 대안에는 다음의 세 가지가 있다. 첫째, 외생적 규범을 따르는 것, 둘째, 지역 중심의 새로운 규범을 세워 그것을 프랑스어 전체의 규범으로 삼는 것, 셋째, 외생적 규범과는 별개의 내생적 규범을 세우는 것이 바로 그것이다.[34] 이를 앞선 세 국가에 적용해 본다면 다음과 같이 분석이 가능할 것이다. 주변부 프랑스어권은 외생적 규범을 따르면서 지역 특유 어법을 제거하려는 언어순수주의적 태도가 활발했던 시기를 지나, 외생적 규범과는 별개의 내생적 규범을 세우려는 세 번째 태도가 나타나는 시기로 이동하고 있다는 것이다. 즉, 외생적 규범을 따르는 시기에서 내생적 규범을 따르는 시기로 이동하고 있다는 것인데, 이를 그림으로 표상한다면 다음 [그림 6]과 같이 점진적인 모습일 수 있다.

(1) 외생적 규범에 의존 언어적 불안정 상태	↔ ↔	(2) 내생적 규범의 확립 언어적 안정 상태

[그림 6] 주변부 프랑스어권 내 언어적 불안정 상태의 해소

---

33 이러한 언어순수주의적 태도의 변화 과정은 앞서 언급했던 수평적 확장과 수직적 확장이라는 개념과도 연결할 수 있다. Pöll(2016)과 Thibault(2017)에 따르면, 프랑스어의 수평적 확장은 지리적인 전파 과정을 의미하며, 수직적 확장은 사회 내 계층 간에 발생하는 전파 과정을 의미한다. 일반적으로 프랑스어권 지역에서는 프랑스에서 프랑스어권 지역 엘리트로의 수평적 확장 이후, 지역 엘리트에서 지역 하위 계층으로의 수직적 확장이 일어나는데, 언어순수주의적 태도 역시 이러한 확장 과정을 따른다고 할 수 있다는 것이다. 특히 사회 계층 내 이동을 의미하는 수직적 확장과 관련하여, 지역 엘리트들의 언어순수주의적 태도는 일반 대중의 언어 태도에 영향을 주게 되어 사회 전체로 퍼지게 되는데, 바로 이 시기에 사회 내 내생적 규범에 대한 욕구가 발생할 수 있다고 본다.
34 두 번째와 세 번째 대안의 경우에는 지역 내 규범이 세워졌다는 공통점이 있지만, 이를 지역을 넘어선 유일한 규범으로 세울 것인지, 지역 내의 규범으로만 사용할 것인지에 차이가 있다.

[그림 6]에 표상된 것처럼, 외생적 규범에 의존하던 시기에서 내생적 규범이 확립되는 시기로 이동하게 되면, 언어적 불안정 상태는 점차 해소되어 언어적 안정 상태에 이르게 된다. 언어적 안정(sécurité lingusitique)은 화자들이 자신이 사용하는 언어에 대해 문제를 제기하지 않는 상태를 일컫는 말로 그들의 규범을 유일한 규범으로 삼을 때 나타나는 언어 태도이다. 본 연구의 논의 대상인 언어순수주의적 담론의 경우, 언어적 불안정 상태에서 제일 활발하게 드러나고 언어적 안정 상태로 이동할수록 그 모습을 감추게 된다. 앞서 분석한 20세기 중후반까지의 상황은 벨기에, 스위스, 퀘벡 모두 언어순수주의적 담론이 모습을 완전히 감추지는 않은 상태로, [그림 6]에 표상된 (1)과 (2) 사이에 위치하고 있다고 할 수 있다. 사실, 이러한 변화는 앞서 분석한 카뉘의 언어 외적 담론의 작동 체제 내 동일시하기/구분하기 단계 때문에 발생하는 것이다. 앞서 우리는 이 단계가 동일시와 구분 사이의 끊임없는 왕복 운동으로 대표되는 역동적인 특징을 지님을 언급하였는데, 프랑스어권 내 내생적 규범의 확립 과정은 프랑스의 규범을 지역의 규범으로 삼는, 즉 프랑스의 규범과 지역의 규범을 동일시하는 태도에서 그 둘 사이의 다름을 인정하는 태도로 변화하는 과정, 그 이상 그 이하도 아니다. 프랑스의 프랑스어와 지역 프랑스어 사이의 다름이 인정되고, 이들이 각각 하나의 시스템을 가진 언어로서 존중받게 되어 그 다름이 비판의 대상이 아닌 상태가 되면, 언어순수주의적 담론은 점차 사라지고 언어적 불안정 또한 약화된다. 즉, 프랑스어권 내 언어적 불안정의 약화로 인한 언어순수주의적 담론의 감소는 바로 프랑스의 프랑스어와 지역의 프랑스어, 그 둘 사이의 다름을 인정하고 둘을 분리하는 태도에서 비롯되는 것이다. 이 내용을 [그림 6]에 포함시키면, 다음과 같이 표상할 수 있다.

(1)		(2)
외생적 규범에 의존	↔	내생적 규범의 확립
언어적 불안정 상태	↔	언어적 안정 상태
동일시하기	↔	구분하기
순수주의적 담론의 증가	↔	순수주의적 담론의 감소

[그림 7] 주변부 프랑스어권 내 언어적 불안정 상태의 해소2

5. 결론

주변부 프랑스어권에서 발견되는 언어순수주의의 발현 모습과 전개 양상을 살피는 것을 목적으로 한 본 연구는 18세기~20세기 각 지역에서 발생된 언어순수주의적 흐름을 언어적 불안정이라는 키워드를 통해 분석하면서, 주변부 프랑스어권 내 언어순수주의에 대한 다음과 같은 일반적 특징을 도출해 냈다.

    첫째, 주변부 프랑스어권 내 언어순수주의는 그들의 프랑스어를 프랑스의 프랑스어와 동일시하고 그 언어를 도달해야 할 이상적 목표로 삼는 태도에서 비롯된 언어적 불안정으로부터 출발한다.
    둘째, 18세기부터 시작된 언어적 불안정 상태는 이후 최고조에 이르러 언어순수주의적 담론의 전성기를 이룬다. 이때 비판의 대상이 되는 것은 방언과 차용어로 대표되는 지역 어법의 사용이다.
    셋째, 언어적 불안정 상태는 20세기 중반 이후, 내생적 규범이 확립됨에 따라 차츰 극복되는데 이는 프랑스의 프랑스어와 그들의 프랑스어 간의 다름을 인정하고 이 둘을 구분하려는 태도에서 비롯된다. 이러한 태도로 프랑스어권 지역 내 언어순수주의적 담론은 점차 감소한다.

프랑스어의 언어순수주의는 17세기 프랑스에서 시작되었지만, 프랑스어권으로 옮겨오면서 프랑스와는 또 다른 발전 양상을 보이게 된다. 물론 시기나 모습이 지역에 따라 조금씩 다르긴 하지만, 위의 세 가지 특징들은 벨기에, 스위스, 퀘벡에서 모두 확인되는 일반적인 것이라 할 수 있다. 사실, 언어순수주의는 언어에 대해 가지는 화자의 다양한 태도를 총칭하는 언어 태도의 한 양상으로, 언어 이데올로기, 언어 표상 등의 다양한 개념을 포함하고 있기도 하다. 언어 태도는 시기나 지역, 계층, 성별 등 사회적 요인들에 따라 매우 다양하게 표출되는데, 앞으로 이러한 다양한 요인과의 관계 하에서 언어순수주의를 바라보는 작업은 흥미로우리라 생각한다. 프랑스어권의 언어순수주의를 분석한 본 연구는 이러한 점에서 그 출발점이 될 것이다.

■ 참고문헌

김동섭(2002), 「17세기의 프랑스 사회와 언어」, 『프랑스문화예술연구』 7, 1-17.
한국사회언어학회(2012), 『사회언어학 사전』, 서울: 소통.
홍미선·박은영(2006), 「19세기 메타언어적 담론을 통해 본 퀘벡프랑스어의 정체성 추구노력(1) - 퀘벡의 언어와 정체성, 그 선행 연구와 연구 방법에 대한 고찰」, 『프랑스문화예술연구』 16, 405-429.
홍미선·박은영(2007), 「19세기 메타언어적 담론을 통해 본 퀘벡프랑스어의 정체성 추구 노력 II」, 『프랑스문화예술연구』 19, 437-461.
Aquino-Weber, Dorothée(2016), Panorama de la description des diatopismes du français de Suisse romande de 1691 à nos jours, in *Repères Dorif* n°11, DoRiF Università. [https://www.dorif.it/ezine/ezine_printarticle.php?id=32]
Aquino-Weber, Dorothée *et al.*(2011), Les recueils de cacologies du XIXe siècle en Suisse romande: entre description et proscription, in *Vox Romanica* 70, 219-243.
Argod-Dutard, Françoise (dir.)(2016), *Le français et les langues d'Europe*, Presses universitaires de Rennes.
Bretegnier, Aude & Ledegen, Gudrun (éds.)(2002), *Sécurité / insécurité*

linguistique. Terrains et approches diversifiés, propositions théoriques et méthodologiques, L'Harmattan.

Burke, Peter(1988), Langage de la pureté et pureté du langage, in *Terrain* 31. [http://terrain.revues.org/document3142.html]

Cajolet-Laganière, Hélène & Martel, Pierre(1993), Entre le complexe d'infériorité linguistique et le désir d'affirmation des Québécois et Québécoises, in *CILL (Cahiers de l'Institut de Linguistique de Louvain)* 19, 3-4, 169-185.

Canut, Cécile(1998), Pour une analyse des productions épilinguistiques, in *Cahiers de praxématique* 31, 69-90.

Canut, Cécile(2002), Activité épilinguistique, insécurité et changement linguistique, in Aude Bretegnier & Gudrun Ledegen (éds.), 105-122.

Caron, Philippe (dir.)(2004), *Les remarqueurs sur la langue française du XVIe siècle à nos jours*. Presses universitaires de Rennes.

Francard, Michel(1993a), Trois proches pour ne pas être différents. Profils de l'insécurité linguistique dans la Communauté française de Belgique, in *CILL (Cahiers de l'Institut de Linguistique de Louvain)* 19, 3-4, 61-70.

Francard, Michel (en collaboration avec Joëlle Lambert et Françoise Masuy)(1993b), *L'insécurité linguistique en Communauté française de Belgique*, Français et société n°6, Service de la langue française.

Francard, Michel(2017), Belgique, in Ursula Reutner, 180-203.

Klein, Jean-René(2004), De l'esthétique du centre à la laideur de la périphérie. Réflexions sur les remarqueurs belges du XIXe et du début du XXe siècles, in Philippe Caron (dir.), 201-209.

Knecht, Pierre(2004), Le plus ancien commentaire du discours provincial en Suisse romande, in Philippe Caron (dir.), 119-124.

Lapierre, André(1981), Le manuel de l'abbé Thomas Maguire et la langue québécoise au XIXe siècle, *Revue d'histoire de l'Amérique française* 35(3), 337-354.

Mercier, Louis ; Remysen, Wim ; Cajolet-Laganière, Hélène(2017), Québec, in Ursula Reutner (éd.), 277-310.

Moreau, Marie-Louise (éd.)(1997), *Sociolinguistique. Concepts de base*, Mardaga.

Paveau, Anne-Marie & Rosier, Laurence(2008), *La langue française: passions et polémiques*, Vuibert.

Pöll, Bernhard(2016), Le français en Belgique et en Suisse romande: du purisme franco-français à quelques fonctionnements pluricentriques, in Françoise Argod-Dutard (dir.). [https://books.openedition.org/pur/33067?lang=fr]

Pöll, Bernhard(2017), Normes endogènes, variétés de prestige et pluralité normative, in Ursula Reutner (éd.), 65-86.

Polzin-Haumann, Claudia & Schweickard, Wolfgang (éds.)(2015), *Manuel de linguistique française*, De Gruyter.

Reutner, Ursula(2009), Rendez donc à César ce qui est à César ? Remarques comparatives sur l'auto-perception linguistique belge et québécois, in Beatrice Bagola & Hans-Josef Niederehe (éds.), *Français du Canada, français de France*, Actes du huitième Colloque international de Trèves du 12 au 15 avril 2007, Tübingen, Niemeyer, 81-100.

Reutner, Ursula(2017), Vers une typologie pluridimensionnelle des francophonies, in Ursula Reutner (éd.), 9-64.

Reutner, Ursula (éd.)(2017), *Manuel des francophonies*, De Gruyter.

Schmitt, Christian(2015), Le français dans l'histoire: du XVIIIe siécle à nos jours, in Claudia Polzin-Haumann & Wolfgang Schweickard (éds.), 39-71.

Swiggers, Pierre(1993), L'insécurité linguistique: du complexe (problématique) à la complexité du problème, in *CILL (Cahiers de l'Institut de Linguistique de Louvain)* 19, 3-4, 19-29.

Szlezák, Edith(2015), Le français dans le monde: Canada, in Claudia Polzin-Haumann & Wolfgang Schweickard (éds.), 478-504.

Thibault, André(2003), Histoire externe du français au Canada, en Nouvelle-Angleterre et à Saint-Pierre-et-Miquelon, in Gerhard Ernst et *al.*, (éds.), *Histoire linguistique de la Romania*, vol. I, De Gruyter, 895-911.

Thibault, André(2017), Suisse, in Ursula Reutner (éd.), 204-225.

■ 인터넷 사이트

표준국어대사전: http://stdweb2.korean.go.kr/main.jsp
TLFi: http://atilf.atilf.fr

---

* 이 글은 아래의 논문을 이 책의 기획과 형식에 따라 수정한 것임을 밝힌다.
김민채(2019), 「프랑스어권 국가 내 언어 순수주의의 발현과 전개 양상 - 18세기~20세기 벨기에, 스위스, 퀘벡을 중심으로」, 『프랑스문화예술연구』 제67집, 프랑스문화예술학회, 368-397.

용법과 올바른 용법
- 영어 차용어의 범람과 vous 사용의 감소

발레리 소즈라(Valérie Saugera)

1. 머리말

올바른 용법(bon usage)이 신화 같은 것임을 인정하면서도 이 개념은 여전히 프랑스에서 다른 어떤 나라에서보다 더 견고하게 뿌리 내린 것으로 보인다. 이런 프랑스식의 순수주의(purisme)는 프랑스의 문화적, 언어적 유산 속에 자리 잡은 이상적이고 신성한 언어를 집전하는 것으로 프랑스는 이를 보존하는 것을 의무로 삼고 있다. 프랑스에는 집단적 순수주의가 존재하고 있는데, 이런 순수주의는 자신들의 언어에 대한 독창적이면서 강박적인 집착이라는 그 유명한 결과를 낳는다. 일상적이면서도 독특한 언어적 순수주의의 많은 결과물 중에서 다음과 같은 것들로 예를 들어 볼 수 있겠다. 사전이 갖는 권위[1], 공식 시험 과목인 받아쓰기, 언어적 오

---

[1] 문학 저널리스트인 베르나르 피보(Bernard Pivot)는 어린 시절 단 두 권의 책만을 가졌다고 말한다. 하나는 *Petit Larousse*의 예전 판이고 다른 선택은 라퐁텐(La Fontaine)의 우화였다. 결과적으로 그는 소설책들을 읽기 전에 사전을 읽었고, 피보는 이를 행운이라고 말한다. "왜냐하면 나의 언어에 대해 내 머릿속에 제대로 자리 잡은 단어에 대한 기호가 절대로 나를 떠나지 않았기 때문이다." (Pivot 2018: 35-36) 사전학자인 장 프뤼보스트(Jean Pruvost)(2009: 147)는 사전에 대한 우리의 전통적 관념이 "권위적 독단의 일종"이며, 오늘날 이는 위키피디아나 오픈 사전과 같은 다른 모형에 의해 권위가 흔들리고 있음을 거론한다.

류에 대한 수치심, 타인의 오류에 대한 '공공연한' 수정, 동사 변화의 바이블이라 할 수 있는 Bescherelle 시리즈의 건재함, 어원 게임, 많이 쓰이지 않는 표현이나 단어의 보호, 철자 논쟁, 유명한 문학 논쟁, 문학상을 둘러싼 논쟁2, 위대한 작가들의 죽음에 '슬픔이여 안녕(bonjour la tristesse)'이라고 작별 고하기, 아카데미 프랑세즈(Académie française)의 흔들림이 없는 명성 같은 것들이 있다.

  관리해야만 하는 명성의 대상이라는 프랑스어에 대한 이미지가 4세기 전부터 이어지고 있다는 것은 놀라운 일이다. 알고 있듯이 프랑스에서 순수주의의 토대가 마련된 것은 고전주의 시대이다. 다른 어떤 곳에서도 언어를 통일시키기 위해 이처럼 애쓴 곳은 없었다. 프랑스에서는 언어를 감시하고 규칙을 부여한다. 정치적 중앙집권화의 도구로서 프랑스어의 기술과 사용은 국가적인 일이었고, 리슐리외(Richelieu) 추기경은 1635년에 아카데미 프랑세즈를 창설한다. 이 협회 구성원의 임무에는 정신력이 필수적이었다. "아카데미 프랑세즈의 주요한 임무는 매우 세심하고 가능한 한 신속하게 우리 언어에 확실한 규칙을 부여하고, 그것을 순수하고 웅변적이며 예술과 학문을 다룰 수 있게끔 만드는 것이다."(아카데미 프랑세즈 정관 XXIV 항목). 아카데미 회원들은 통일된 철자를 채택하고, 정확한 단어들을 찾고, 발음을 확립하고, 통사를 규정하고, 사전을 만든다. 이들의 권위는 프랑스어의 통일 모형을 부여하고, 이는 앙리에트 발테르(Henriette Walter)의 "우리는 코르셋 안에 언어를 넣는다 *on met la langue dans une corset*."라는 문구가 얼마나 딱 맞는지 보여준다.

---

2 로맹 가리(Romain Gary)의 『하늘의 뿌리 *les Racines du ciel*』는 1956년에 공쿠르 상을 받았는데 당시 비평가들은 복잡한 소설이며 문체가 무겁다고 판단한다. 1956년 12월 19일 *Lectures pour tous*라는 방송에서 이런 공격에 대해 질문을 받은 로맹 가리는 이런 비평이 결국 상의 가치를 인정한 게 되었고, 하나의 책이 심오한 논쟁, 적의와 앙심, 협박으로 가득한 원한까지 불러일으킬 수 있음에 놀랐다고 평가한다. 외국에서 거주하던 그는 이런 행동이 프랑스적인 특징이라고 덧붙인다.

발테르의 문장이 정확하게 목표로 하고 있는 것은 언어를 속박하고, 정화시키는 것이 언어를 규정하고, 사용되지 않는 언어가 되는 것을 막는 변화와 창조성을 비난하는 것임을 보여주기 위한 것은 아니었다. 그것보다는 오히려 "올바른 용법"까지 언급할 것 없이, 그저 하나의 용법을 정당하게 옹호할 수 있다 하더라도 우리가 이 용법을 결정화(結晶化) 할 수는 없음을 보여주고자 했던 것이다. 아카데미 프랑세즈는 언어를 정돈하는 임무를 수행하고, 오늘날 신조어나 영어 차용어, 모두에게 너(tu)라고 부르기, 잘못 사용된 의미들이 확장되는 것, 포괄적인 글쓰기3, 동음이의어의 혼동과 같은 것들에 경종을 울린다. 아카데미 회원들은 이런 언어 문제들에 대하여 아카데미 웹 사이트의 짤막한 기사나 시평에 그들의 입장을 밝히고 이를 배포한다. 이 중에서 우리는 오래전부터 논쟁의 대상이 었던 영어 차용어의 추방과 좀 더 최근의 이슈이며, 매우 섬세한 문제인 존칭 vous 사용의 옹호에 대하여 검토해보고자 한다.

2. 올바른 용법과 용법

프랑스어 규범의 역사를 되짚어 보는 것보다 올바른 용법(bon usage)을 정의하는 것이 나을 것 같은데 올바른 용법에 대한 관심과 옹호에는 나쁜 용법, 즉 그냥 용법과 맞서야 하는 논쟁이 포함되어 있다.

---

3 포괄적 글쓰기란 성에 대한 고정 관념이나 남녀 사이의 불평등을 제거하기 위한 것으로 몇몇 명사와 형용사의 남성형과 여성형을 동시에 볼 수 있도록 형태적인 활자 인쇄상의 표지들을 붙이는 방식이라 할 수 있다. *Cher.ère.s académicien.ne.s* 같은 예가 있다. 아카데미 프랑세즈는 이에 대해 "*aberration* 상식에서 벗어남" 또는 "*péril mortel* 치명적 위기"라고 선언한다.

2.1. 제도화된 프랑스어

어쩔 수 없이 올바른 용법이란 문법학자이자 아카데미 프랑세즈 회원이었던 클로드 파브르 드 보줄라(Claude Favre de Vaugelas)와 결부될 수밖에 없다. 보줄라는『잘 말하고, 잘 쓰기를 원하는 사람들에게 유용한 프랑스어에 대한 고찰 *Remarques sur la langue française utiles à ceux qui veulent bien parler et bien écrire*』(1647)의 서문에서 올바른 용법에 대한 그 유명한 정의를 내린다.

> 의심의 여지없이 두 가지 종류의 용법이 있다. 올바른 용법 그리고 나쁜 용법. 나쁜 용법은 대다수의 사람들에 의해 만들어 지는 것으로, 거의 모든 경우에 있어서 가장 좋은 것은 아닌 것이다. 그리고 좋은 용법은 반대로 다수가 아니라 소수 엘리트에 의해 만들어지는 것으로, 이들은 진정한 언어의 대가라고 칭할 수 있다. (...) 그렇다면 우리는 올바른 용법을 이렇게 정의할 수 있다. 프랑스 궁정의 가장 건전한 일부의 말하는 방법이며 이는 당대 작가들의 가장 건전한 일부의 글을 쓰는 방식과 일치한다.

이런 정의는 많은 해석과 분석을 불러 일으켰다. 우리는 여기서 Zygmunt Marzys(2010: 193)의 주석을 채택하고자 하는데, 그는 올바른 용법을 만들어 낸 시대적 문맥을 정확히 이해하고 있다. "프랑스어의 규범은 사회문화적으로는 귀족적인 분위기에 우위를 두고 있는 가장 위엄있는 계층의 구어에 기반을 두고 있는 것으로, 이는 당대의 작가들 중 가장 명성이 높은 작가들에 의해 사용된 것이다." Wendy Ayres-Bennette(2010)는 다음과 같은 사회문화적 분위기 안에서 보줄라의『고찰』의 편리성을 설명한다.

> 사회적 대 변동의 시기에 신흥 부자들은 귀족 직위를 구매할 수 있었다. 이 때 보줄라의『고찰』은 일종의 언어 예절 가이드북으로 기능했다. 처음

으로 왕의 궁정에 오게 된 사람은 어떻게 옷을 입고, 어떻게 교양있게 먹을 것인가 뿐만 아니라 아마도 무엇보다 예의를 지켜야 하는 사교계에서 무례를 저지르지 않도록 어떻게 정확하게 말을 할 것인가를 알아야 할 필요가 있었을 것이다.[4]
(http://www.academie-francaise.fr/reponse-au-discours-de-reception-de-m-renegirard)

보줄라가 파리 귀족의 어투 같은 것을 올바른 용법으로 체계화하기 위해 노력했다 할지라도, Jean-Pierre Seguin(1999: 237)은 보줄라가 절대 이런 용법이 정태적이라고 주장하지는 않았다는 사실을 강조한다. "『고찰』의 저자는 절대 하나의 용법을 고정시키고자 하지 않았다. 그는 하나의 용법이 삼십년 후에는 동일한 것이 아닐 것임을 알고 있었다. 우리가 보줄라의 저서에서 프랑스어의 이상적 이미지를 보았던 것은 잘못된 것이다." Wendy Ayres-Benette(2016)는 보줄라의 고찰이 규범적이기만 한 것은 아니어서, 어떤 규범들은 용법의 가변성을 인정하는 기술적 속성만을 띠기도 한다는 것을 지적하면서 다음과 같은 관점을 전개시킨다. "바닷가에 사는 모든 사람들은 *naviguer*라고 말하지만, 궁정에서는 *naviger*, 그리고 모든 대가들도 이렇게 말한다." (Vaugelas 1647: 66) 따라서 (보줄라가 올바른 용법을 만든 사람이기는 해도) 보줄라를 올바른 용법의 수호자라고 여기는 것은 과장된 것으로 보인다. 순수주의는 그러므로 신화로 여겨질 만한 특징을 지니고 있다.

올바른 용법과 나쁜 용법을 대립시키는 고전주의 시기의 언어관은 국가의 기억과 문화 유산에 여전히 존재하고 있다. 프랑스에서는 국가적 정체성이 언어에 의해 웅변적으로 표현되는 것이 명백하다. 풍자적으로 말해보자면 보줄라의 『고찰』은 오늘날에도 아카데미 프랑세즈 사이트의

---

4 2010년 1월 1일 캠브리지 대학 사이트의 블로그에 올라 온 글이다.

dire, ne pas dire (말해야 하는 표현과 말하면 안 되는 표현)[5]과 같은 항목에서 계승되고 있다. 이 항목은 정기적으로 비평 형태의 짧은 기사들을 게재하는데, 특히 사용해서는 안되는 표현으로 영어 차용어를 꼽고 있고, 그보다는 등가의 프랑스어 표현을 올바른 표현으로 선호한다. 우리는 여기에서 어원적인 역사, 그리고 무엇보다 차용어의 사용에 저항하며 동일한 기능을 행한다면 프랑스어 등가 표현을 좋은 것으로 제안하는 지적을 발견한다. 이 기사들은 한 열에는 나쁜 영어 단어 리스트를 다른 열에는 좋은 프랑스어 신조어를 제시하는데, 이런 리스트들은 언어적 순수주의에서 나온 전형적인 결과물로 그 원칙은 "오직 단 하나의 언어 형태만이 올바른 또는 완벽한 형태이며 일반적으로 이 형태가 표준 형태이다."라는 데 두고 있다.(Walsh 2014: 425)

2.2. 자유롭고 가변적인 프랑스어

올바른 용법에 대해 고찰하면서 나쁜 용법은 어떻게 해야 하는 걸까? 나쁜 용법은 우리가 실제로 그리고 습관적으로 말하는 것으로 제도적인 구속이 없는 자유로운 언어이다. 올바른 용법과 나쁜 용법의 공존을 평가하기 위해서 우리는 아카데미 프랑세즈 웹 사이트에 게재된 기사들에서 영어 차용어의 범람과 vous 사용의 감소라는 주제에 대해 행해진 논쟁을 선택해 보았다. 매우 도식적으로 외국에서, 좀 더 정확히는 미국에서 차용된 언어가 득세하는 것은 나쁜 용법을 나타내고, 영어 차용어는 올바른 용법인 프랑스어의 자리를 차지하기 위해 온 것이다. Vous에 대해서, 그것이 사라졌다고 말할 수는 없더라도 프랑스어에서 예절, 존대, 거리감을 나타내는 형태인 vous가 전통적으로는 사용이 되어야 하는 문맥에서 친밀

---

[5] http://www.academie-francaise.fr/dire-ne-pas-dire 온라인 사이트의 *dre, ne pas dire* 항목의 내용들을 종이책으로 출판한 *dire, ne pas dire*의 성공도 덧붙여 말해야 할 것 같다.

감, 동급의 친숙함, 의도적인 모욕 같은 것을 나타내는 tu가 대신 사용될 때, 우리는 올바른 용법이 위협을 받고 있다고 할 수 있다.

이 두 언어 상황은 명백하게 프랑스어의 규범과 멀어지고 있는 변화의 양상을 보여준다. 외부적인 요인으로 인한 영어 차용(세계적 공용어로서의 미국 영어)과 내부적인 요인으로 인한 vous 사용의 감소(화자들이 그들의 발화상대자들과 맺고 있는 관계의 정의 문제). 간략하게나마 이 두 현상의 분석을 통해 보여주고자 하는 것은 올바른 용법에 대한 정당한 옹호가 궁극적으로는 단호하게 보수주의 입장을 취할 수는 없다는 것이다.

3. 영어 차용어의 범람

영어 차용어들은 빠른 속도로 유럽 언어들의 어휘망에 통합되었으나, 어떤 언어도 프랑스어만큼 반향을 일으키며 국가적 차원의 저항을 겪지는 않았다. 프랑스에서는 언어가 국가적인 차원의 일이며, 아카데미 프랑세즈가[6] 지휘하는 영어 차용어에 대한 반대는 명시적으로는 언어적인 문제이며 (무익하고 잉여적인 영어 차용어은 프랑스어 단어로 교체되어야만 한다), 암시적으로는 정치적인 문제에 속한다. (영어 차용어들은 초강대국 미국에서 유입되는 것이다.) 언어를 오염시키는 것이건, 프랑스어에 침범한 것이건, 영어 차용어는 그럼에도 그리고 무엇보다 단기간이든 장

---

[6] 전문용어 위원회만을 언급하고자 한다(언어에 관한 입법 역사에 대해서는 Judge 1993 참조). 프랑스어의 풍부함을 위한 위원회(Commission d'enrichissement de la langue française)는 전문가들이 매년 만들어내는 새로운 용어들의 목록을 발표한다. 이런 용어들은 *Journal officiel*와 *FranceTerme* 데이터 베이스에 기재된다. 언어에 대한 순수한 집착은 이런 새로운 단어들의 수용에 제동을 걸고, 화자들 입장에서는 이런 용어들을 보고 비웃는 것이 일상이다. Candel과 Humbley(2017: 59)의 지적을 보자. "공식적인 권한이 언어 변화에서 있어서 유용한 역할을 한다고 할지라도 언어는 기본적으로 매우 민주적이다. 언어의 운명을 결정하는 것은 결국은 화자들이다."

기간이든 필요에 의해 어휘 수를 증가시키는 새로운 단어들이다.

보줄라가 말한 올바른 용법에 대한 정의에서처럼 영어 차용에 대한 두려움을 환경과 시대를 고려하여 다시 정의해보아야 한다. 이 논쟁의 근원으로 Dubois(2003:464)는 매우 이데올로기적인 이유를 확인한다. "1950년대 후반부터 시작해서 이런 차용어들은 새로운 제국주의의 수단인 것처럼 점점 더 비난을 받게 되었고, 이는 마치 프랑스가 미국에게 침범이라도 당하는 것 같았다." 영어는 외국어이고, 유럽의 언어들은 영어에 가장 많은 영향을 받고 있는데, 그 이유는 미국이 전세계 국가[7]들에게 행하는 정치적, 경제적, 문화적 헤게모니의 산물인 영어가 세계어라는 지위를 갖기 때문이다. 따라서 영어 차용어는 이러한 미국의 헤게모니가 갖는 상징과 유사하다. 왜냐하면 이는 영어가 공용어로 승격된 것에서 기인하며 결국 프랑스어가 갖는 국제적 차원에서의 영역을 축소시키는 손실을 입혔기 때문이다. 2014년 12월 16일 아카데미 프랑세즈 사이트에 게시된 글을 보면, 종신 서기관인 역사학자 Hélène Carrère d'Encausse는 다음과 같은 정치 언어학적인 관점을 파악하고 있다.

> "이는 우리 시대를 규정하는 매우 빠른 속도의 과학 기술 혁명이 주로 영어 또는 정확히는 미국 영어로 행해지기 때문이다. 나는 미국어라고 조차 말하지 않으려 하고, 빈약한 언어 또는 프랑스어가 18세기, 19세기에 그러했던 모습으로 되고자 하는 언어, 전세계적인 언어, 모든 사람이 표현하는 언어라고 하고 싶은데, 프랑스어는 확실히 이 언어와의 경쟁으로 피해를 입고 있다. 프랑스어는 한편으로는 이 언어와 경쟁중인데, 이것은 미국 언어라는 것이 유용한 의사소통의 수단이며, 프랑스어는 많은 영국-미국식 단어들에 뚫려버렸기 때문이다."
> (http://www.academie-francaise.fr/lapresence-de-la-langue-francaise)

---

7 Régis Debray(2017)는 우리 프랑스 '문화(culture)'에 미국식 '문명(civilisation)'의 확산에 대한 시론을 제안한다.

Carrère d'Encausse는 이처럼 미국 영어를 '빈약한 언어'로 규정하며, 프랑스어와 영어를 경쟁관계에 놓는다. 이런 경쟁관계에서 영어는 언어로서의 지위와 전세계에 단어를 부여하는 자격으로 인하여 승자가 될 것이다. 2018년 3월 20일 국제 프랑코포니의 날, 프랑스의 대통령 엠마뉴엘 마크롱은 아카데미 프랑세즈에서 다음과 같은 연설을 한다. "프랑스어는 기본적으로 프랑스에서 해방되었고, 세계적인 언어, 열도의 언어가 되었다. 왜냐하면 어떤 언어들은 거대한 대륙에서 말해지고, 우리의 많은 동료 시민들은 그 언어를 공유하지만, 우리의 열도의 세계에서 말해지는 언어들은 매우 적기 때문이다."[8] 확실히 하나의 프랑스어로 편입시키려는 회원들 앞에서 복수의 프랑스어를 선언하는 일은 용감한 일이었다. 이와 같이 프랑스어의 (통공간적) 변이들을 포용하려는 시도는 프랑스어를 세계적인 언어로 재정복하려는 것이다.

영어 차용어가 순수하게 언어적인 속성에 의해 비난을 받는 것은 아니다. 그럼에도 우리가 이 외국어 단어들을 사용한다는 것은 사실이다. *Global English*(Northrup, 2013)라는 전례 없는 가치 상승의 역사를 거슬러 올라가지 않고도 우리는 그 영역을 그려볼 수 있다. 다양한 영역에 대한 조사에서 경제학자 Jacques Melitz(2016)는 영어가 링구아 프랑카(lingua franca)를 대신하는 영역들을 확인하였다. 국제 안보, 국제 정치 기구, 사적 분야의 국제 조직, 국제적 출판물, 국제 스포츠와 과학 분야에서 영어는 프랑스어를 대신하고 있다. 방대한 언어 접촉이라는 이런 시나리오의 결과, 영어는 모든 유럽 언어들에 주목할 만한 어휘의 자취를 남겼고 이는 *Dictionary of European Anglicisms*(Görlach, 2001)[9]에 상세하

---

8   http://www.academie-francaise.fr/sites/academiefrancaise.fr/files/discours_de_m._emmanuel_macron.pdf
9   *The Global Anglicisme Database*(GLAD) *Network* 프로젝트는 영어의 영향으로 변화하는 지위와 직면한 사전의 역할을 대체한다. "면대면 상호작용과 원거리 접촉 상황, 이 둘을 통하여 영어는 전세계적으로 어휘, 형태, 통사, 어법 그리고 화용론적 차원에 걸쳐서 언어

게 기록되어있다. 순수주의자들과 아카데미가 주도해서 비난하는 다수의 영어 차용어들이 프랑스어가 이 영어 단어들을 프랑스어로 만들 때 보여 줄 수 있는 창조적인 힘과 동화 능력을 가려서는 안 된다.

영어 차용의 언어적 작용에 초점을 맞춘 우리의 작업(Saugera, 2017a, 2017b)은 프랑스어가 영국-미국식 단어들을 프랑스어 어휘에 영입할 때 많은 단어들을 해석하고, 조작하고, 재창조하는 것을 보여준다. *Dire, ne pas dire*에 게시된 항목들이 근거를 두고 있는 올바른 용법과 나쁜 용법 들에 대한 양가적 접근은 복잡하지 않다고는 할 수 없는 고유한 언어적 속성을 지니고 있는 언어 현상을 단순하게 해버리는 단점이 있다. 영어의 영향력이 전세계적으로 확산되면서 새롭고 더 심오한 접촉의 결과가 문 제로 나타난다. 이런 결과는 잘 알려져 있는 문화적인 차용어들 *(cupcake, pompom girl)*이나 전산 용어나 인터넷과 관련된 차용어들(*like, open source, retweeter*)을 뛰어 넘는 새롭고 심오한 접촉에서 생겨난다. 1990 년대로[10] 거슬러 올라가는 프랑스어 또는 다른 언어와 영어의 최근 접촉 은 독특한 어휘적 결과물과 현상들을 보여준다. 다음에서 그 예들을 살펴 보자.

세계화의 징후라 할 수 있는 영어는 많은 수의 차용어를 도입했는데, 이는 많은 영역에서 "영어가 너무 많이" 사용된다는 사람들의 지각을 설 명한다. 그렇지만 일간지 리베라시옹 *Libération*에서 추출한 일 년치 자 료의 코퍼스를 보면 사전에 의해 승인되지 않는 영어 차용어의 유형은 많지만, 그 출현소는 극히 적은 것을 보여주고 있다. (일반적으로 3개 이 하) 영어 차용어의 생존 기간은 일반적으로 짧아서 프랑스어 어휘를 대신

들에게 영향을 주고 있다. 따라서 예전에는 다른 언어들을 수용하는 언어였던 영어가 이제는 대단히 뛰어난 수여 언어로 변화하게 된다." 이런 프로젝트는 온라인 상으로 사용 가능한 영어 차용어의 세계적 데이터 베이스를 구축하는 데 주요 목표를 두고 있다.
10 *E-mail*이라는 차용 형태는 우리가 "잠재적"이라고 규정할 수 있는 새로운 접촉 시기를 상징하는 형태이다.

하고 스며들 수 있는 기회는 매우 적다. 그럼에도 영어 차용어가 짧은 기간만 존재한다는 사실이 영어를 빌려 쓰는 프랑스어에서 실질적인 어휘적 생명력을 생성해 내기도 한다. 또한 한 용어가 매우 빈번하게 사용된다 하더라도 어휘에서 긴 생명력이 보장되는 것도 아니다. 그래서 *hedge fund* 같은 2010년 *libération*에서 백 번 가깝게 출현한 차용어는 2015년에는 여덟 번 정도 밖에 사용이 안 되었고, 2010년에 이렇게 많이 사용이 된 것은 2007년과 2008년의 세계적인 금융 위기 때문이라고 설명할 수 있다.

이제는 잘 사용하지 않는 형태인 *drink*에 대해 게재한 최근 기사가 보여주듯이, 아카데미 프랑세즈는 프랑스어에서 영어 차용이 일시적인 유행 같은 것일 수 있다는 것을 알고 있다. (아래 도표 1) 실제로 기사 제목이 보여주듯이 2018년 리베라시옹에는 *drink*가 단 두 번밖에 나오지 않는다. 아카데미 프랑세즈는 이 단어가 열광적으로 사용되다가 쇠퇴한 것은 유행의 여파라고 분석한다. 19세기 말의 영어에 대한 열광이 이 때 다시 한 번 찾아오고, 프루스트의『스완의 집 쪽으로』(1913)에 사용된 몇몇 영어 차용어 중 잘 알려진 *fishing for compliment* 같은 것들이 떠오를 수밖에 없다. 유행은 생겨나고, 새로워지고, 사라지며 영어 차용어도 유행과 같다. 그럼에도 아카데미 프랑세즈는 그 생명력이 짧다는 기준으로 영어 차용어가 프랑스어에 미치는 영향력을 축소하려는 것에는 반박한다.

도표 1. 아카데미 프랑세즈의 *drink* 기사
Drink
2019년 2월 8일
신조어와 영어 차용어

조금씩 조금씩 우리 언어와 우리 거리에 있는 상점들의 쇼윈도를 침범하는 많은 수의 영어 차용어들을 보는 것은 가끔 절망적이다. 이런 영어 차용어들은 수명이 짧다고 말하면서 안심을 할 수도 있을 것이다. *Drink* 같은 단어가 보여주는 몇몇 예가 그러하다. *Drink*는 19세기 말에 처음으로 영어 문맥에 등장했는데, 두 번의 세계 대전을 겪으면서 사용이 늘어났고 약간은 속물적으로 영어에 대한 열광을 나타내는 형태로 사용되게 되었다. 자크 타티의 영화, '축제날(Jour de fête)'의 등장인물인 우체부 프랑수아의 말을 빌려보자면, 이 표현은 "미국 사람 같아 보이는" 것이었다. 그런데 이 표현이 이제는 유행에 뒤처졌거나, 좀 더 일상적인 언어로 표현해 보면 낡은 표현이 되었다. 이런 사실의 확인을 통해 우리로 하여금 영어 차용과의 투쟁을 그만해도 된다거나, 시간이 지나면 서서히 이런 표현들이 사라질 것이라고 하지는 말자. 반대로 이런 사실의 확인이 언어도 다른 것들처럼 상황이란 것이 좋아질 수 있음을 깨닫고 좀 더 과감하게 투쟁해야 한다고 격려하도록 하자.

on dit	On ne dit pas
prendre un verre *la boisson à la mode*	*prendre un drink* *Le drink à la mode*

(http://academie-française.fr/drink)

이렇게 영어와의 접촉이 유지되는 동안에도 프랑스어에 차용된 영어에 대해서 정의를 내리는 것은 유례없는 현상의 이질성으로 인하여 쉬운 일이 아니다. 이를 설명하기 위하여, 디지털 출판물에서 찾은 프랑스어 어휘 중 현재 사용되는 영어 차용어의 예를 보자.

running shoes 복합어의 축약형인 *des running*과 *start-up*에 프랑스어 접미사 -*eur*가 붙은 *start-upeur*로 영어 어기에 프랑스어 접사를 붙이는 경우, *e-mail*처럼 영어 *electronic*의 *e*-를 접두사로 차용한 *e-santé*, *e-déchets*, 노골적인 솔직함을 의미하는 *cash*, *QR code*를 의미하는 애매한 영어차용어 *flashcode, time is money, bleu marine is the new black* 같은 속담이나 슬로건

형태의 단어 군을 차용한 경우, *THE grossiste en viande du marché de Rungis* 같은 육류 유통업자의 페이스 북 페이지에서 강조된 정관사 The의 차용.

우리는 코퍼스에서 이런 영어 차용어가 인터넷이나 스포츠 같은 전문화된 영역에만 해당하지 않은 것을 발견하였다. 모든 영역에서 영어가 차용될 수 있다. *Girl next door, healthy, now, pink* 등. 물론 이런 유형의 일상생활에 사용되는 차용어는 아카데미 프랑세즈의 마음에 들지 않을 것이다. "우리는 또한 오래전부터 프랑스어로 명명되던 대상들을 가리키는 차용어가 우리 언어에 넘쳐나는 것을 볼 수 있다. 특히 *시간 heure, 날 jour, 주 semaine*처럼 시간을 측정하는 단위 표현에서 이런 현상을 발견할 수 있다. *happy hour, shopping day, fashion week*에서의 *hour, day, week*가 그러하다. 반면, 연 *année*이나 월 *mois*은 지금으로서는 프랑스어로 남아있다." 그럼에도 *hour, day, week* 같은 형태들이 어휘화된 복합어에 포함되는 것에 주목해야 한다.

영어 단어들은 자기들을 차용한 언어에서 새로운 생명 주기를 갖기 시작했고, 그렇기 때문에 하나의 언어에서 다른 언어로 넘겨가면서 생긴 변화가 예외적인 것도 아니다. 형태는 새로운 의미를 지닐 수 있고, 문법 범주를 바꿀 수 있고, 새로운 문체(예를 들어 구어체)를 획득할 수 있고, 해학적인 내포 의미를 지닐 수도 있다. 예를 들어, 형용사로 쓰이는 대문자 약자인 *XXL*는 2014년 판 *Petit Robert* 사전에 기재되었는데 두 가지 의미를 갖고 있다. 문자 그대로의 원래 의미로 *pull XXL* 같은 큰 옷 사이즈를 가리키기도 하고 다른 하나는 비유적 의미로 프랑스어에서 새롭게 의상 분야가 아닌 곳에서 지시대상을 갖게 되었다. *Obsèques XXL, recrutement XXL, saga XXL ..* 이런 약자들이 출판물에서 넘쳐나고 있다.

혼질적인 또는 이중 언어가 사용된 합성어들은 생산적인 조작 과정을 보여준다. 하나의 영어 합성어가 프랑스어에서 새로운 단어를 만들어내는데 모형으로 사용이 되는 순간 이러한 합성어들이 불시에 나타나게 될 것이다. 영어 합성어들은 프랑스어에서 두 언어가 사용된 일련의 합성어 계열을 위한 틀을 제공한다. 예를 들어보자. *serial killer* > *serial bouffon*, *serial entrepreneur*, *it girl* > *it chaussures*, *it Pâques*, *Watergate* > *Penelopegate*[11]. 이외에도 한시적으로 사용되는, 즉 생성 모형에서 만들어진 것이 아닌 합성어들도 있다. *Swimming pool* > *swimming cool*. 이런 영어 차용어들은 프랑스어에서 흔히 사용되며 온전한 프랑스어 단어로서의 지위를 강화시키는 어휘 생성 과정과 어휘적 혁신을 방해할 수 있다.

영어 차용어는 어휘의 개방적인 속성을 보여주며 동시에 개별적인 단어들의 한시적인 속성과 차용의 재생산성을 보여준다. 십년 안에 우리는 현재 사용 중인 많은 영어 차용어들이 사라질 것이며, 새로운 단어와 차용어의 모티브들이 나타날 것이라고 말할 수 있다. 영어의 영향력이 프랑스어의 가치를 떨어뜨리는 것이 절대 아니며, 우리가 자주 주장하였듯이 예를 들어 즉각적이며 한시적인 의사소통의 요구에 응답하거나, 해학적이거나 경멸적인 내포 의미를 접목시키거나, 구어나 은어 프랑스어를 풍부하게 하는 것과 같은 독특한 기능을 통해 프랑스어에 활력을 부여할 것이다.

우리의 의도는 확실히 4세기 전부터 최선봉에 서서 프랑스어의 수호자 역할을 훌륭하게 해내고 있는 아카데미 프랑세즈가 이끄는 논쟁의 합당성을 인정하지 않으려는 것이 아니다. 우리가 목표로 하는 것은 작용 중인 언어 기제를 파악하기 위하여 영어 차용어의 언어적 기능을 관찰하려는 데 있다. 당연히 신중해야만 하고, 몇몇 영어 차용어는 프랑스어를 전혀 사용하지 않는 것도 인정해야만 한다. 우리는 2019년 1월 26일 르몽드 *Le Monde*지의 좌담회에서 심지어 파리 도서 전시회에서 사용된

---

11 이 사건은 2017년 프랑스 대통령 선거 후보였던 프랑수아 피용이 부인인 페넬로프 (Penelope)의 위장 취업과 관련해 고소된 사건을 말한다.

'globish'(역주: global english의 혼성어, 브로큰 잉글리쉬)인 *Yonug Adult*(역주: 12-18세 정도의 청소년을 대상으로 하는 소설 장르)라는 단어를 보고 항의한 사람들의 발언을 마지막으로 남겨두고자 한다.

지식인, 작가, 교사, 언론인과 여러 방면에서 프랑스어를 사랑하는 우리들에게 'young adult'는 우리의 관용, 때로는 우리 운명의 물병을 넘치게 해 버리는 한 방울의 물을 나타낸다. 'young adult'는 프랑스어권의 문학을 말하고, 읽을거리를 찾는 프랑스어권의 젊은이들을 상대하는 것이기에 달갑지 않다. 이건 어느 순간 갑자기 공격, 욕설, 참을 수 없는 문화적 범죄 행위가 된다.

4. Vous 사용의 감소

프랑스어는 2인칭에서 동일한 화자에게도 *tu*와 *vous*라는 두 호칭 대명사를 사용한다. 이 두 짧은 형태는 일반적이지 않은 복잡한 체계 안에서 변화한다. 누군가를 tu라고 부르고, vous라고 부르는 것에 합의된 사회적 규칙이 있다고 할지라도, 이런 규칙을 무효로 만들어버리는 반례가 주기적으로 출현한다. 하나의 용법이 언어적 전통에서 벗어나게 되면, 문제의 대명사는 새로운 의미와 해석을 접목하게 된다. Tu와 vous 사이의 선택을 결정하는 다양한 요소들은 이것들이 인칭이기 때문에 또는 사교적인 변화에서 기인하는 것이기 때문에 더 미묘하다. 화자는 자신의 발화상대자와의 관계 유형을 의도에 따라 정하곤 한다. 올바른 용법(bon usage)을 대신할 사용 방법이 없다고 할지라도 이 언어 현상의 변화하는 모습을 보여주도록 노력해보자.

Brown과 Gilman(1960)은 분석의 토대가 된 논문에서 이에 대한 역사적 분석을 제안하고, 권력(vous)과 연대(tu)의 이분법이란 관점으로 대명사를 거론한다. 논문의 저자들은 두 형태 중 하나를 선택할 때 작용하는 사회언어학적인 변이형을 주장한다.

> V 형태의 수신자는 T의 수신자와는 힘, 나이, 부, 출생, 성 또는 직업에서 다를 것이다. 권력 차원에서 두 사람이 분리되어 있다면, 그들 중 하나는 V 형태로 말하기 시작할 것이다. 일반적으로 V 형태는 사람들 사이의 차이에서 비롯된다. (p. 257)

Clyne, Norrby와 Warren(2009: 4-5)은 1960년대 vous 호칭과 tu 호칭의 전형적인 용법을 다음과 같이 요약한다. Vous는 임의적인 호칭 대명사이고, 모르는 사람 그리고 나이가 많은 사람에게 사용한다. Tu는 가족과 친구 영역에서 사용된다. 아이들에게는 tu라고 말한다. Tu는 좌파의 이상을 실현할 것이고 이와 대조적으로 vous는 부르주아의 지위를 실현한다. Tu와 vous는 비대칭적으로 사용된다. 교사는 학생에게 tu라고 말하고, 학생은 교사에게 vous라고 대답한다. 저자들이 전체적으로는 이 제도적인 도식이 21세기 초반에도 지속된다는 것을 관찰한다 할지라도, tu의 사용이 vous의 사용과 비교하여 점점 더 만연하고 있음을 확인할 수 밖에 없을 것이다.

68년 5월 혁명을 vous 호칭이 줄어드는 역사적, 상징적인 기준점으로 보는 것이 보통이다. 68년 5월 혁명은 사태와 정신으로 정의된다. 학생들의 대규모 시위와 노동자들의 파업은 자유, 평등주의, 관습으로부터의 해방을 열망하던 프랑스 사회를 변화시켰다. 이 사회적 운동은 젊은 세대들의 언어에 tu를 사용하고, 남용하도록 영향을 미쳤다. 일상의 사회적인 교류라는 면에서 68년 5월 혁명은 프랑스어에서 언어의 층위와 문체의 분포에 변화를 일으켰다. 언어학자 Pierre Encrevé는 2008년 4월 19일

*Libération*에 실린 담화에서 매우 설득적인 묘사를 한다.

> 1968년 5월까지 대학의 교수를 tu라고 부르거나, 이름으로 부르는 것은 있을 수 없었다. 우리의 훌륭한 철학 선생님인 Robert-Léon Wagner는 좌파 엘리트였는데, 소르본느를 점령한 첫날 대형 강의실로 호기심에 가득 찬 얼굴로 들어왔다. 한 학생이 그를 부르고는 "*Qu'en penses-tu, Bob-Léon?*"(역주: Bob-Léon이라는 애칭과 tu로 68혁명에 대한 의견을 묻는 질문)이라고 물었다. 그는 반가워했으며, 아카데믹한 호칭 체계는 한 순간에 무너졌다.

2017년 8월 7일, France Culture에서 방송된 *Les Masterclasses*에서 감독인 아녜스 바르다는 알고 지낸지 오래 된 기자가 그녀를 vous로 부르는 것에 놀란다. 이 기자는 아녜스 바르다를 tu라고 부르는 것은 청취자들을 고려하지 않는 것이라고 대답한다. 그러나 아녜스 바르다는 tu의 사용을 고집하고 다음과 같이 주장한다. "68년부터 나는 모든 사람을 tu라고 부르는 경향이 약간 있네요." 이런 친밀감을 표현하는 경향을 모든 사람이 좋아하는 것은 아니어서, 밀란 쿤데라의 『농담』의 등장인물은 68혁명 바로 이전에 타인을 부르는 대명사를 선택해야 할 때 개개인에게 고유한 특징적인 선호 경향을 강조한다.

> 고백하건데, tu로 누군가를 부르는 것에 대해 혐오감을 느낀다. 원래 tu라는 호칭은 믿을만한 친밀한 사이를 반영해야 하는데, 서로 tu라고 부르는 사람들이 친밀하지 않으면 그 때는 갑자기 정반대의 의미가 생겨버려서 무례함의 표현이 돼버리고, 따라서 tu라고 부르는 것이 일상이 되는 세계는 일반적인 우정의 세계가 아니라, 만연한 무례의 세계라 할 수 있다. (밀란 쿤데라, 『농담』, 1967)

Clyne, Norrby와 Warren(2009: 5)은 68혁명 이후의 시기는 vous라는 호

칭이 회귀한 것으로 규정할 수 있다고 적고 있다. "1970년대가 오자, (Coffen 2002: 235) tu를 광범위하게 사용하던 움직임은 일시적인 현상으로 드러났고 vous가 재등장한다. 이는 무엇보다 사회적 계층이 다시 효력을 발휘했기 때문으로 볼 수 있다." 위협적이라고 할 수는 없겠지만, 현재 vous의 사용이 줄어들고 있는 상황에서 우리는 2017년에 석사 과정에 있는 학생과 문과대학 교수에게서 수집한 개인적인 자료를 공유하고자 한다.

(교수(여), 60세)
Vous라고 부르는 것이 나의 기본적인 입장이다. 자연스럽게는 사람들을 tu라고 부르지 않는다. 예를 들어 학부생들을 절대로 tu라고 부르지 않는다. 나는 대학원생 몇몇만, 나와 논문을 쓰는 몇몇하고만 여러 해가 지난 후에야 tu라고 부르고 있다. 그들은 이렇게 되는데 시간 이상의 것이 있었다고 생각하는 것으로 보인다.
나는 40년 넘게 알고 지낸 친구들이 있는데 아직도 그들을 vous라고 부르고 있거나, 몇 년의 시간이 지난 후에 tu라고 불러보자고 노력을 한 후에야 그들의 열광적인 동의를 얻어 겨우 tu라고 부르기 시작하였다. 그리고 나는 나에게 가장 중요한 두 사람도 tu라고 부르지 않았다. 한 사람은 그걸 매우 자연스럽게 생각했고, 다른 한 사람은 그것에 대해서 매우 만족스러워 하지 않았었다. 뭐, 합당한 이유는 없다.

(대학생(여), 23세)
나는 모든 사람을 tu라고 부르는 경향이 있다.

두 사람의 설명은 두 사람의 세대를 반영하는 것으로, 호칭 대명사의 의미를 두 사람이 다르게 해석하는 것을 보여주고 있다. 이 대학 교수는 1957년에 태어났고, 아녜스 바르다나 68 운동 당사자들의 다음 세대를 대표한다. 따라서 vous의 부활에 동참하고 있다. 이 사람의 대명사 사용은 개인적일뿐 아니라 깊게는 언어 현상에 대한 명확한 성찰을 보여주기도 한다. 1994년에 태어난 학생은 새로운 젊은 세대를 대표하는데, 그들에게 사회적 관계라는 것은 특히 친밀성을 갖는 것으로 드러난다. 일반화된 tu의 사용이라던가,[12] 소셜 네트워크에서의 무례한 표현 같은 다른 언어 현상들이 이를 입증한다. "매우 계층적인 프랑스 사회에 강하게 뿌리 내린 vous의 사용은 평등을 나타내는 tu가 규범이 되는 트위터 Twitter에게 위협을 받고 있다."(Crédeville 2013: 27). 대명사의 사용 증가, 예절을 갖춘 호칭 monsieur, madame, mademoiselle [13]의 쇠퇴 같은 것들도 모두 이를 입증한다. 일상적인 예절 규범을 더 이상 지키지 않는 경향을 보여주는 최근의 일화가 하나 있다. 2018년 6월 18일, 몽 발레리앙(Mont Valérien)의 1940년 6월 18일 동원 호출 방송 기념식에서 엠마뉘엘 마크롱은 중학생들에게 인사를 하려고 다가가는데, 학생들 중 누군가가 대통령에게 다음과 같은 질문을 던진다. "*Ça va, Manu?*"(역주: 안녕, 마누-엠마뉘엘의 애칭). 이 어린 학생은 직함을 사용하지도 않았고, 대통령의 이름을 애칭으로 부르기까지 하였다. 대통령은 학생을 다시 불러서 학생이 무시했던 조건적 변이형을 환기시켜준다. "너는 공식적인 행사에 와있으니 예의바르게 행동해야 하고, 나를 대통령님 또는 *monsieur*라고 불러야 한단다 *Tu es dans une cérémonie officielle, tu te comportes comme il faut, tu m'appelles monsieur le président de la République ou monsieur*." 이 대화는 매우 안정적이라 생각했던 vous 호칭, 심지어 대통령에게 vous 라고 해야 하는 것이 예상도 못한 구속이라는 것과 동시에 공적인 분위기

---

12 Conveney(2010: 142)는 호칭대명사에 대한 사회언어학적 성찰에서 영어 대명사 you가 tu의 사용이 확장되는 데에 의심스럽기는 하지만, 잠재적인 영향을 주었다고 적고 있다. "비한정적인 tu의 확산은 영어의 비한정인 you의 영향에서 기인하는 것일 수 있다고 생각한다. 특히 퀘벡 지방에서 그러하다. 영어에는 예절과 친밀감을 나타내는 대조적인 이인칭이 사용되지 않는 것이 다른 언어들도 단수 V형태를 포기하더라도 이 방향으로 변화하게 이끄는 것일 수도 있다. 이런 경향은 비공식성이라는 트렌드의 국제적인 확산 현상의 일부일 수 있다."(cf. Hickey and Stewart, 2005).
13 성차별적인 표현으로 판단된 *mademoiselle*은 2012년부터 행정 분야에서 사용할 수 없다.

에서는 예절을 지켜야 한다는 것을 공식적으로 요청해야 한다는 것을 상 징적으로 보여준다. 이전 대통령인 니콜라 사르코지의 격식을 차리지 않는 대화도 잘 기억하리라 생각한다. 그는 확실하게 모욕을 하기 위해 tu를 사용했고, 격식을 갖춰 말해야 하는 등급은 매우 높았던 것이 사람들을 놀라게 했다. 그는 이전 대통령들의 웅변적인 글쓰기나 품위있는 문체와는 완전히 단절했음을 보여줬었다.

아카데미 프랑세즈 사이트에 올라온 2013년 6월 6일의 기사를 보면, 작가이자 기자인 Frédéric Vitoux는 일상적인 대화에서 vous의 사용이 감소하고 있음을 지적하며 한탄을 하고 있다. 다음 내용은 이런 현상에 경종을 울리고, vous의 사용을 옹호하기 위해 Vitoux가 쓴 글을 발췌한 것이다.

> 사실상 대화를 할 때 또는 예의를 지켜야 할 때 또는 인간관계의 '섬세함'을 지켜야 할 때, 정중함과 친밀함, 공손과 우정, 존경과 동조 사이에서의 뉘앙스를 표현해야 할 때, tu와 vous 사이에서 망설이고, 선택하고, 균형을 맞춘다는 것은 무엇인가 재미나면서도 한없이 의미심장한 것을 제공한다. 누군가를 유혹할 때의 vous와 그 후에 연인들끼리 주고받은 tu 모두 똑같이 아껴야만 한다. 누군가를 vous라고 부를 때, 또는 vous라고 부르는 것을 그만 둘 때의 에로티시즘이 존재한다. 이런 섬세함을 모르는 사람들, 그리고 이를 모르는 언어의 불행함을 한탄해야 한다. 대담한 신조어를 만들어내는 위험을 무릅쓰고, 나는 tutoielitarisme(역주: 어느 상황에서건 tu를 쓰겠다는 주장)은 totalitarisme(전체주의)라고 말하고자 한다.
> (http://www.academie-francaise.fr/elogedu-vouvoiement-ou-du-voussoiement-0)

아카데미 프랑세즈 입장에서 vous가 빠른 속도로 사라지고 있는 것은 마치 사회적 관계의 평준화와 같은 것이어서 그 결과 공존하는 두 호칭

대명사의 다양한 사용이 구축해 놓은 뉘앙스와 기발함, 언어적 전통이 사라지는 것과 마찬가지일 것이다. 그렇다면 우리는 vous의 사용이 감소하면 무엇을 잃게 될 것인가? Vous는 공손함의 거리감을 나타내며, 예의를 지키고 있음을 즉각적으로 나타내고 세대 간 존중이나 의무로 여겨지는 계층 간 분리, 규범과의 독특한 거리감(vous를 친밀하게 사용할 때)을 보여준다. Tu와 vous의 사이에서의 동요가 나타내는 것은 사회 안에서 타인, 개인의 복수성이다. 특히 일상적이지 않으며 예상할 수 없는 사용에서 동요가 일어난다. 여기에서 프랑스어의 tu와 vous의 독특한 속성을 강조해보자. 화자들은 흔히 vous보다는 tu를 선택했을 때 이에 대한 동의를 얻기 위하여 의도적으로 상위언어적인 주석을 부여하고자 한다. 다른 말로, 화자들은 그들이 보기에 적합한 이유에 의해서 tu나 vous를 사용했음을 설명하고 정당화할 필요성을 느낀다. 정해진 규칙이 없을 때, 화자들은 그들의 사용이 규범이나 관습에서 벗어난 것처럼 느껴질 수 있기에 특히 이를 설명하는 것이 낫겠다고 생각한다. 화자들이 의식적으로 비일상적이거나, 독특하거나, 고심한 끝에 대명사를 사용한 것을 설명하기 위하여 주석을 단 아래의 두 경우를 보자. 첫 번째 예는 20세기 근대 소아과의 창시자인 Robert Debré가 이 분야에서는 어렵고 혁신적이었던 자신의 초창기 시절을 이야기할 때 vous를 노골적으로 사용한 경우이다.

> 나는 동료들, 주변인들에게 아이들을 그 자체로 대하고, 개인적으로 말을 걸고, 그들의 아픔, 고민거리, 건강, 생활, 학교에 대해 질문하는 습관을 가지도록 하였다. 나는 이런 존중의 원칙을 위하여 아동들에게도 vous를 사용하는 습관을 갖게 되었다. (Patrice Debré 2018: 165)

두 번째 예는 아카데미 프랑세즈 회원이자 철학가인 미셸 세르(Michel Serres)의 2005년 12월 15일에 아카데미 프랑세즈 회원이 된 르네 지라르

(René Girard)의 입회 연설에 대한 답변 장면이다. 매우 격식을 갖춘 상황에서 Serres는 예식에서 사용되는 vous 대신에 동료애를 담은 tu를 명확하게 사용한다.

> 종신서기관님, 마지막으로 이제 제가 규칙을 어겨서 의례적으로 사용해야 할 vous를 쓰지 않는 것을 허락해주시기 바랍니다. 우리의 동료여, 너와 함께 하게 되어 자랑스럽도다 *fière de te compter parmi nous*, 이제 들어오라 형제여...
> (http://www.academie-francaise.fr/reponse-au-discours-de-reception-de-m-renegirard)

앞서 언급했던 vous를 선호했던 교수가 "합리적 이유는 없음"이라는 메시지로 글을 마무리했던 것과 비교해보자. 자신이 vous를 사용하는 것을 정당화하기 위한 정확한 주석에 합리적 이유는 없다고 했음에도 이는 합리적이었다. 미셸 세르와 로베르 드브레가 일부러 작정하고 tu와 vous를 잘못 사용한 것과 같은 범주 안에서 의미를 지니고 있기 때문이다. 위에서 언급한 tu와 vous의 사용은 규제를 위한 안정적인 규칙이나 원칙의 부재를 설명하고 정당화한다. "부정확한" 사용이란 없다. 언제이고 개별 화자의 논거와 기준으로 인해서 재해석될 수 있기 때문에 두 형태 사이의 선택이 어떤 규범에도 속하지 않는 사회 언어학적 현상이 존재한다.

5. 결론

올바른 용법(bon usage)은 신화에 근거를 두고 있으며, 용법(usage)은 항상 결정권을 가질 것이라고 말하는 것은 당연한 사실을 말하는 것에 불과하다. 우리는 그럼에도 순수한 프랑스어가 지배하는 *dire, ne pas* *dire*라는 신화가 놀라운 정도로 완고한 것을 확인할 수 있다. *Ne pas dire, dire* 항복에 가장 많이 기재되는 프랑스어에 존재하는 다수의 영어 차용어와 vous 사용의 감소라는 동시대의 언어현상에 대하여 우리의 짤막한 연구가 보여주는 것은 무엇일까?

언어는 세상과 맺고 있는 관계를 반영한다. 프랑스어는 다른 유럽 언어들처럼 어쩔 수 없이 1990년대부터 전 세계적인 단어 수여자가 되어버린 *Global English*에서 단어들을 차용하고 있다. 순수주의자들이 영어 차용에 대해서 주도하는 논쟁은 매우 확고한 비언어적인 토대에 근거를 두고 있다. 프랑스어가 가장 많이 영어에서 단어를 차용한다는 사실은 부분적으로는 국제적인 차원에서 프랑스어의 약세를 지적하고 상징화하는 것이다. 아카데미 프랑세즈 사이트의 시평들은 차용어를 ne pas dire로, 그에 상응하는 프랑스어를 dire로 옹호함으로써 차용어를 추방하고 있다. 어떤 영어 차용어들, 예를 들어 *Young Adult* 같은 것들은 프랑스 어휘의 풍요로움을 위해서 전혀 옹호할 수 있는 여지가 없지만, 다른 차용어들은 어휘 생성적인 자원이나, 근원은 영어와 미국어에 두고 있는 이 형태들을 프랑스어로 만들기 위하여 동일시하고, 채택하고, 재창조하는 프랑스어의 창조력에 가치를 부여하기도 한다. 언어는 또한 풍속상을 반영한다. Tu의 사용이 새롭게 도약하는 것은 68 혁명의 부분적인 계승으로 사회적 관계를 평등화하려는 의지와 화자들이 그들의 발화상대자들과 맺고 있는 관계를 재정의하겠다는 것을 나타낸다. Vous에게 전통적으로 할애돼있던 문맥들에서 vous의 사용이 감소한 것은 순수주의자들에게 슬픔을 안겨주는데, 그들은 이런 현상에서 인간 관계의 섬세함이 사라지는 것을 본다. 우리는 법률가이자 수필가인 Frédéric Rouvillois의 조서(2016: 8)에서 다른 동기를 잠깐이나마 언급할 수 있다. "예절은 항상 일종의 향수(鄕愁)와 약간씩 관련을 맺고 있다."

언어는 가치 변화와 사회적 계층, 사람들 사이의 관계를 나타내는 척도로서 불변의 사용 규칙의 방식을 따를 수 없다. 피할 수 없는 언어적 변이와 변화는 규범과도 거리가 있지만, 자의적이거나, 부정확한 것과도 거리가 있다. 영어 차용어와 tu 대명사의 "잘못된" 출현은 체계적으로 언어적인 동기를 발견한다. 언어적 변화와 변이라는 현실과 올바른 용법(bon usage)의 철학과 존속은 우리가 규범이 변한다는 것을 받아들이면 전적으로 병행할 수 없는 개념인 것이 아니다.

아카데미 프랑세즈의 시각은 그것이 불어이건, 외국어이건 신조어와 언어 변화 일반에 대해서 단호하게 보수적이라 할지라도, 어떤 주제들에 대해서는 개방성을 띠고 있다. 문헌학자이자 철학자이며, 최근에 아카데미 프랑세즈 회원에 선출된 바르바라 카생(Barbara Cassin)은 2018년 12월 14일 *Libération*과의 대화에서 다음과 같이 선언한다. "언어는 정태적이지 않고, 변화하고 있습니다. 언어는 밀물 같은 것입니다. 프랑스어는 다른 모든 언어들처럼 역사를 지니고 있습니다. 이 역사의 이런 저런 순간들이 이제는 과거에만 해당될 뿐일 정도로요." 아카데미 프랑세즈 사이트의 시평에서 발췌한 다음의 부분들도 이런 방향을 보여준다.

> 아카데미 프랑세즈는 언어 경찰이 되려는 것이 절대로 아니고, 프랑스어의 풍요로움에 대한 필요성, 그리고 어휘의 빈곤에 대한 투쟁에 똑같은 관심을 두고 있다.
>
> 영어 단어가 프랑스어를 침범했다고 말하는 것은 과도하다. 영어 차용어는 오래된 현상이다.
>
> 다른 말로 해보자. 일종의 삼각 욕망 안에서 다른 것이 자신과 동일한 것을 원하도록 할 수 있는 능력. 이것이 사람들이 명성, 위엄, 교양에 토대를 둔 *soft power*라고 부르는 것이다. (감히 아카데미 프랑세즈에서 영어 차

용어를 써보자면...)

대담한 신조어를 만들어내는 위험을 무릅쓰고, 나는 tutoielitarisme(역주: 어느 상황에서건 tu를 쓰겠다는 주장)은 totalitarisme(전체주의)라고 말하고자 한다.

종신서기관님, 마지막으로 이제 제가 규칙을 어겨서 의례적으로 사용해야 할 vous를 쓰지 않는 것을 허락해주시기 바랍니다. 우리의 동료여, 너와 함께 하게 되어 자랑스럽도다 *fière de te compter parmi nous*, 이제 들어오라 형제여...

아카데미 프랑세즈가 생산해낸 이 풍부한 자료체 안에서 순수주의 제국의 신화에 대해 질문을 던지고, 변화하고 있는 규범에 대한 찬사도 엿볼 수 있게 해주는 덜 규범적인 논평과 메타언어를 수집하고 분석하는 일은 타당하리라 본다.

■ 참고문헌

Ayres-Bennett, Wendy(2016), Codification and prescription in linguistic standardisation Myths and Models. In F. Feliu and J.M. Nadal (eds.), *Constructing Languages. Norms, myths and emotions,* Amsterdam: John Benjamins. 99-129.
Brown, Roger and Gilman, Albert(1960), The Pronouns avec Power and Solidarity. In T. A. Sebeok (ed.), *Style in Language,* MIT Press. 253-276.
Candel, Danielle et Humbley, John(2017), *Les anglicismes. Entre réalité linguistique et fait culturel,* Paris: Garnier.
Clyne, Michael, Norrby, Catrin, and Warren, Jane(2009), *Language and Human Relations. Styles of Address in Contemporary Language,* Cambridge: Cambridge University Press.

Coveney, Aidan(2010), *Vouvoiement* and *tutoiement*: sociolinguistic reflections. *Journal of French Language Studies* (20)2: 127-150.

Crédeville, Anne-Élisabeth(2013), À *tu* et à *vous*, ou la diachronie des pronoms d'adresse à l'ère du numérique. *Annales des Mines - Réalités industrielles*, mai 2013(2), 25-28.

Debray, Régis(2017), *Civilisation. Comment nous sommes devenus américains*, Paris: Gallimard.

Debré, Patrice(2018), *Robert Debré, une vocation française*, Paris: Odile Jacob.

Dubois, Vincent(2003), Comment la langue devient une affaire d'État: la défense de la langue française au milieu des années 1960. In J. Lagroye (ed.), *La politisation*, Paris: Belin. 461-74.

Görlach, Manfred (ed.)(2001), *A Dictionary of European Anglicisms*, Oxford: Oxford University Press.

Judge, Anne(1993), French: a planned language? *French Today: Language in Its Social Context*. Ed. by Carol Sanders, Cambridge: Cambridge University Press. 7-26.

Marzys, Zygmunt(2010), Le bon usage et la plus saine partie dans les *Remarques* de Vaugelas, *Vox Romanica* 69, 188-205.

Northrup, David(2013), *How English Became the Global Language,* New York: Palgrave Macmillan.

Paveau, Anne-Marie et Rosier, Laurence(2008), *La langue française. Passions et polémiques,* Paris: Vuibert.

Pivot, Bernard et Pivot, Cécile(2018), *Lire !,* Paris: Flammarion.

Pruvost, Jean(2009), Quelques perspectives lexicographiques à mesurer à l'aune lexiculturelle. *Ela. Études de linguistique appliquée*, 154(2), 137-153.

Rouvillois, Frédéric(2016), *Dictionnaire nostalgique de la politesse,* Paris: Flammarion.

Saugera, Valérie(2017a), *Remade in France: Anglicisms in the Lexicon and Morphology of French,* Oxford: Oxford University Press.

Saugera, Valérie(2017b), La fabrique des anglicismes. *Travaux de linguistique* 75(2), 59-79.

Seguin, Jean-Pierre(1999), La langue française aux XVIIe et VIIIe siècle. De la Renaissance à l'âge classique. In J. Chaurand (ed.), *Nouvelle histoire de la langue française,* Paris: Seuil. 227-344.

Vaugelas, Claude Favre de(1647), *Remarques sur la langue françoise utiles à ceux qui veulent bien parler et bien escrire,* Paris: Veuve Jean Camusat et Pierre Le Petit.

Walsh, Olivia(2014), 'Les anglicismes polluent la langue française': Purist Attitudes in France and Quebec, *Journal of French Language Studies* 24(3): 423-49.

Walter, Henriette(1988), *Le français dans tous les sens,* Paris: Robert Laffont.

L'usage et le bon usage :
déferlante des anglicismes et recul du vouvoiement

Valérie Saugera

1. Introduction

S'il est indéniable que le bon usage s'apparente à un mythe, ce concept semble pourtant encore solidement ancré en France — et sans doute plus qu'ailleurs. Ce purisme à la française, c'est la célébration d'une langue idéale et intangible enracinée dans le patrimoine culturel et linguistique de la nation qui se fait un devoir de le préserver. Il existe en France un purisme collectif dont l'une des conséquences notables est un attachement unique, voire obsessionnel, à la langue. On peut citer un grand nombre de ses manifestations ordinaires et singulières, à l'exemple de celles qui suivent : le dictionnaire comme autorité[1] ; l'épreuve solennelle de la dictée ; la honte de la faute ; la correction « publique »

---

[1] Bernard Pivot, journaliste littéraire, raconte n'avoir eu que deux ouvrages à sa disposition dans son enfance, une ancienne édition du *Petit Larousse* et un choix des *Fables* de La Fontaine ; il a donc lu un dictionnaire avant d'avoir lu des romans, ce qu'il déclare être une chance : « Car le goût des mots, bien installé dans ma tête sur ma langue, ne m'a jamais quitté » (Pivot, 2018: 35-36). Le lexicographe Jean Pruvost (2009: 147) évoque toutefois notre traditionnelle conception du dictionnaire comme « *une sorte de magister dixit* » aujourd'hui bousculée par d'autres modèles comme Wikipedia et les dictionnaires contributifs.

des erreurs de l'autre ; la longévité du Bescherelle, bible de conjugaison ; le jeu de l'étymologie ; la préservation du mot ou de l'expression rare ; la querelle de l'orthographe ; les célèbres batailles littéraires ; les polémiques autour des prix littéraires[2] ; *bonjour tristesse* à la mort des grands écrivains ; et la notoriété inébranlable de l'Académie française.

Étonnant que cette image de la langue française, objet de prestige dont il faut prendre soin, perdure depuis quatre siècles. On rappelle que c'est l'âge classique qui pose le fondement du purisme en France — nulle part ailleurs on a autant porté la langue vers l'uniformisation : on la surveille et on lui impose des règles. Instrument de centralisation politique, la description et l'utilisation de la langue deviennent affaire d'État : le cardinal de Richelieu fonde l'Académie française en 1635. La mission des membres de cette société ne manque pas de force d'âme : « La principale fonction de l'Académie sera de travailler, avec tout le soin et toute la diligence possibles, à donner des règles certaines à notre langue et à la rendre pure, éloquente et capable de traiter les arts et les sciences » (article XXIV de ses statuts). Les académiciens adoptent une orthographe unique, recherchent les mots justes, fixent la prononciation, immobilisent la syntaxe et confectionnent un dictionnaire. L'autorité impose un modèle unique de langue, ce qui justifie l'heureuse formule d'Henriette Walter : « On met la langue dans un corset. »

---

[2] *Les Racines du ciel* de Romain Gary reçut le prix Goncourt en 1956 quand les critiques de l'époque jugent le roman touffu et le style lourd. Interviewé dans l'émission « Lectures pour tous » (19 décembre 1956) sur ces attaques, Gary estime qu'elles valident en quelque sorte son prix et s'émerveille qu'un livre puisse « soulever des polémiques profondes, des animosités de haine, de rancune, des menaces » ; résidant à l'étranger, il ajoute que ce comportement singularise la France.

L'objectif de cet essai n'est pas exactement de démontrer que corseter, épurer la langue, c'est condamner la variation et l'inventivité qui la définissent et l'empêchent de devenir une langue morte. Plutôt, on voudrait montrer que si on peut légitimement défendre un usage — pour ne pas dire un « bon usage » — , on ne peut guère cristalliser un usage. L'Académie française poursuit sa mission d'ordonner la langue et sonne aujourd'hui la charge contre les néologismes, les anglicismes, « le *tutoielitarisme* totalitarisme », les extensions de sens abusives, l'écriture inclusive[3], la confusion des homonymes, etc. Les académiciens présentent et diffusent leurs positions sur ces faits de langue dans des billets et des chroniques publiés sur le site web de l'institution. Parmi ces faits, on examinera la chasse aux anglicismes, un combat de longue date, et la défense du vouvoiement, un combat plus récent et véritablement arachnéen.

2. Le bon usage et l'usage

Sans bien sûr retracer l'histoire de la norme du français, il convient de définir le bon usage dont le souci et la défense impliquent qu'il existe des combats à mener de front contre le mauvais usage, c'est-à-dire l'usage, tout court.

---

[3] Cette écriture se voudrait d'éliminer les stéréotypes de sexe et les inégalités entre les hommes et les femmes, notamment par des marques morphologiques et typographiques afin de rendre visibles en même temps le masculin et le féminin de certains noms et adjectifs (*cher.ère.s académicien.ne.s*). « Aberration » et « péril mortel », déclare l'Académie.

2.1 Une langue française institutionnalisée

On associe infailliblement le bon usage au grammairien et académicien Claude Favre de Vaugelas qui en a donné cette célèbre définition dans la préface de ses influentes *Remarques sur la langue françoise utiles à ceux qui veulent bien parler et bien escrire* (1647) :

> Il y a sans doute deux sortes *d'Usages, un bon et un mauvais*. Le mauvais se forme du plus grand nombre de personnes, qui presque en toutes choses n'est pas le meilleur, et le bon au contraire est composé non pas de la pluralité, mais de l'élite des voix, et c'est véritablement celuy que l'on nomme le Maistre des langues [...] Voicy donc comme on definit le bon Usage. C'est la façon de parler de la plus saine partie de la Cour, conformément à la façon d'escrire de la plus saine partie des Autheurs du temps.

Cette définition a suscité un grand nombre de lectures et d'analyses. On retiendra en particulier le commentaire de Zygmunt Marzys (2010: 193) qui rend compte du bon usage dans le contexte précis de l'époque qui l'a façonné : « La norme du français est fondée sur le code oral des secteurs les plus prestigieux du milieu socioculturellement dominant à prépondérance aristocratique, tel qu'il est mis en œuvre par les plus prestigieux des écrivains contemporains ». Wendy Ayres-Bennett (2010) précise la praticité des *Remarques* dans ce milieu socioculturel qu'elle particularise ainsi :

> In a period of great social mobility, when nobility could be purchased by the newly rich, the volumes acted as a kind of linguistic courtesy book.

> Someone arriving new to the King's court would need to know not only how to dress and eat properly, but perhaps above all how to speak correctly, so as not to offend polite society.
> (https://www.cam.ac.uk/research/news/le-bon-usage-using-french-correctly[4])

Si Vaugelas s'efforce de codifier le bon usage — soit la parlure de l'aristocratie parisienne, — Jean-Pierre Seguin (1999: 237) insiste sur le fait que le grammairien n'a jamais affirmé que cet usage était statique : « L'auteur des *Remarques* n'a jamais prétendu fixer et immobiliser un Usage, dont il savait et disait qu'il ne serait plus le même trente ans plus tard ; c'est abusivement qu'on a vu dans son ouvrage l'image idéale de la langue française. » Wendy Ayres-Benett (2016) poursuit cette idée quand elle relève que les remarques de Vaugelas ne sont pas que normatives ; certaines ne revêtent qu'un caractère descriptif qui reconnaît d'ailleurs la variabilité de l'usage, comme l'exemplifie l'entrée suivante : « Tous les gens de mer, disent, *naviguer*, mais à la Cour on dit, *naviger*, et tous les bons Autheurs l'escrivent ainsi. (Vaugelas 1647: 66). » Il apparaît donc exagéré de considérer Vaugelas souverain du bon usage (même s'il en est l'inventeur). Le purisme porte donc une empreinte digne du mythe.

Toujours est-il que la conception de la langue de l'âge classique qui oppose un bon usage et un mauvais usage subsiste dans la mémoire et le legs culturel de la nation. Il est une évidence qu'en France l'identité nationale s'exprime éloquemment par la langue. Non sans caricature, les *Remarques* de Vaugelas trouvent aujourd'hui comme héritières les

---
4 Article publié sur le site de l'Université de Cambridge (blog) le 1er janvier 2010.

chroniques du site de l'Académie française, en particulier la rubrique *Dire, ne pas dire*[5]. Cette rubrique publie périodiquement de courts articles sous forme de critiques, notamment d'anglicismes (*ne pas dire*), où on leur préfère un équivalent français (*dire*). On y trouve des histoires étymologiques mais avant tout des remarques qui défient l'emploi d'un mot emprunté et proposent un équivalent français en conséquence, supposant que ce dernier remplisse les mêmes fonctions. Les articles incluent des listes mettant les mauvais mots anglais dans une colonne et les bons néologismes français dans une autre colonne ; de telles listes sont des résultats typiques du purisme linguistique dont le principe est que « only one form of the language is the correct (or even the 'perfect') form (generally this form is the standard form) » (Walsh 2014: 425).

2.2 Une langue française libre et variable

Que faisons-nous du mauvais usage dans une réflexion sur le bon usage ? Le mauvais usage, c'est aussi l'usage, ce qu'on dit vraiment et habituellement, c'est la langue libre sans son corset institutionnel. Pour évaluer la coexistence du bon usage et du mauvais usage dans la langue, on a choisi, dans les articles publiés sur le site web de l'Académie française, le combat qu'elle mène contre la déferlante des anglicismes et le recul du vouvoiement : très schématiquement, la prise de pouvoir de l'anglicisme, le mot venu d'ailleurs, — plus exactement des États-Unis, — représente le mauvais usage qui vient prendre la place d'un mot français,

---

5 On ajoutera d'ailleurs le succès des volumes *Dire, ne pas dire*, c'est-à-dire le transfert sur papier des entrées de la rubrique en ligne (http://www.academie-francaise.fr/dire-ne-pas-dire).

le bon usage ; quant au vouvoiement, si on ne peut en aucun cas parler de sa disparition, on constate toutefois que le *vous*, la forme porteuse de formalité, de respect et de distance, menace le bon usage quand il remplace dans ses contextes d'occurrence traditionnels le *tu*, le pronom d'intimité, de familiarité égalitaire et d'insulte intentionnelle.

Ces deux faits de langue illustrent clairement des changements en cours qui s'éloignent de la norme du français : les anglicismes en raison de facteurs externes (ainsi l'anglais américain comme langue de la mondialisation) et le recul du vouvoiement en raison de facteurs internes (la définition que les locuteurs ont de leur relation avec leurs interlocuteurs). Malgré sa brièveté, l'analyse de ces deux phénomènes voudrait montrer que la défense légitime du bon usage ne peut résolument avoir son immobilisme pour finalité.

3. La déferlante des anglicismes

Les emprunts à l'anglais intègrent rapidement le lexique des langues européennes, mais aucune langue n'a connu une résistance nationale aussi retentissante que le français. En France, où la langue est une affaire d'État, l'opposition aux anglicismes, orchestrée par l'Académie française[6],

---

6 On ne fera que mentionner les commissions de terminologie (V. Judge 1993 pour un historique de la législation linguistique – à titre d'exemple, la Commission d'enrichissement de la langue française publie des listes de termes nouveaux que ses experts forgent annuellement ; ces termes paraissent dans le *Journal officiel* et la base de données *FranceTerme*. L'attachement puriste à la langue freine l'acceptation de ces mots nouveaux et il est de coutume pour les locuteurs de les railler. Comme le rappellent à juste titre Danielle Candel et John Humbley (2017: 59) : « Si les commissions officielles jouent un rôle utile dans l'évolution d'une langue,

est explicitement linguistique (les anglicismes oiseux, superflus, doivent être remplacés par des mots français) et implicitement politique (les anglicismes sont importés des États-Unis, superpuissance planétaire). Qu'ils soient perçus comme des mots polluants ou des mots envahissants, les anglicismes restent néanmoins et avant tout des mots nouveaux qui viennent augmenter le lexique, souvent pour des besoins à court terme, parfois pour des besoins à long terme.

Comme pour le bon usage de Vaugelas, il faut restituer la crainte des anglicismes dans son milieu et son époque. À la racine de ce combat, Dubois (2003: 464) identifie une raison fortement idéologique : « À partir de la fin des années 1950, ces emprunts sont de plus en plus dénoncés, comme les vecteurs d'une nouvelle "colonisation" : celle que les États-Unis feraient subir à la France. » L'anglais est la langue étrangère dont les langues européennes se nourrissent le plus en raison de son statut de langue mondiale, produit de l'hégémonie politique, économique et culturelle qu'exercent les États-Unis sur le reste du monde[7]. L'anglicisme s'apparente alors à un emblème de cette hégémonie américaine parce qu'il résulte de l'ascension de la langue anglaise comme langue commune au détriment de la langue française dont la dimension sur le plan international s'est réduite. Dans un article publié sur le site de l'Académie le 16 décembre 2014, l'historienne Hélène Carrère d'Encausse, sa secrétaire perpétuelle, rend compte de ce point de vue

---

celle-ci, fondamentalement, est très démocratique : ce sont les locuteurs qui décident du sort de leur langue. »

7 Régis Debray (2017) propose un essai sur l'imprégnation de la "civilisation" américaine sur notre "culture" française.

politico-linguistique :

> « [...] c'est que la révolution scientifique et technique très rapide qui caractérise notre temps est une révolution qui s'opère essentiellement en langue anglaise ou plutôt en américain. Je ne dirais même pas en américain, mais dans une langue appauvrie, mais qui tend à devenir ce que le français a presque été au XVIIIe siècle et au XIXe siècle, une langue universelle, la langue dans laquelle tout le monde s'exprime, et évidemment le français souffre de la compétition avec cette langue. Il est en compétition d'une part parce que cette langue américaine est utile, elle est un moyen de communication et le français se laisse pénétrer par beaucoup de mots anglo-américains ».
> (http://www.academie-francaise.fr/la-presence-de-la-langue-francaise)

H. Carrère d'Encausse qualifie ainsi l'anglais américain de « langue appauvrie » et place le français et l'anglais dans une situation de rivalité de laquelle l'anglais sortirait vainqueur en raison de son statut de langue et donneur universels. Lors de la Journée internationale de la Francophonie du 20 mars 2018, le président Emmanuel Macron a prononcé un discours sous la coupole de l'Académie française dont on retiendra pour notre propos la déclaration suivante : « Le français s'est au fond émancipé de la France, il est devenu cette langue monde, cette langue archipel parce que d'autres langues se parlent dans des continents immenses et des centaines de millions de nos concitoyens la partagent, mais il est peu de langues qui se parlent dans cet archipel monde qui est le nôtre[8]. » Il est certainement audacieux de déclarer le français

---

8 http://www.academie-francaise.fr/sites/academie-francaise.fr/files/discours_de_m._emmanuel_macron.pdf

pluriel devant ceux qui s'efforcent de codifier *une* langue française ; cette invitation à embrasser la variation (diatopique) sonne aussi la reconquête du français comme langue mondiale.

La dénonciation de l'anglicisme ne serait donc pas à la racine d'ordre strictement linguistique. Pourtant, le fait est qu'on utilise ces mots étrangers. Sans retracer l'histoire de la montée sans précédent du Global English (Northrup, 2013), on esquissera son territoire. À partir de recherches de disciplines variées, l'économiste Jacques Melitz (2016) a identifié les domaines où l'anglais sert de lingua franca : la sécurité internationale, les organisations politiques internationales, les associations internationales du secteur privé, la presse internationale, le sport international et les sciences. En conséquence de ce scénario de contact linguistique intensif, l'anglais laisse une empreinte lexicale notable sur toutes les langues européennes, une empreinte minutieusement enregistrée dans le *Dictionary of European Anglicisms* (Görlach, 2001)[9]. La légion d'anglicismes que dénoncent les puristes et l'Académie en figure de proue ne doit pas non plus masquer la force créatrice et la capacité d'assimilation que peut déployer le français quand il fait sien ces mots anglais.

Nos travaux (Saugera 2017a, 2017b), concentrés sur le comportement linguistique des anglicismes, démontrent que le français interprète,

---

[9] Le projet *The Global Anglicism Database (GLAD) Network* prend la relève lexicographique face au changement de statut de l'influence anglaise : « Both through face-to face interaction and via distant contact situations, the English language affects languages globally at lexical, morphological, syntactic, phraseological and pragmatic levels, thus turning English, a recipient language by tradition, into the donor language par excellence ». Un objectif majeur de ce projet consiste à produire une base de données mondiale d'anglicismes, disponible en ligne.

manipule, recrée de nombreux mots anglo-américains quand il les fait entrer dans son lexique. L'approche binaire du bon usage/mauvais usage sur laquelle reposent les entrées publiées dans *Dire, ne pas dire* présente l'inconvénient de simplifier un phénomène de langue qui possède — non sans complexité — sa propre caractérisation linguistique. L'influence mondiale croissante de l'anglais soulève la question des résultats de contact nouveaux et plus profonds qui vont au-delà des prêts culturels bien connus (*cupcake*, *pom-pom girl*) et de ceux liés à la terminologie informatique et à l'internet (*like*, *open source*, *retweeter*). La dernière période de contact entre le français (et d'autres langues) et l'anglais remontant aux années 1990[10] présente des résultats/phénomènes lexicaux singuliers dont on présentera ci-après un échantillon.

L'anglais, symptôme de la mondialisation, a introduit le plus grand volume de mots d'emprunt, ce qui explique en grande partie la perception du « trop d'anglais ». Cependant, le nombre d'occurrences dans notre corpus d'une année de données puisées dans le quotidien *Libération* indique que les anglicismes non sanctionnés par le dictionnaire correspondent à de nombreux types mais à très peu d'occurrences (généralement moins de trois). La durée de vie des anglicismes, généralement courte, ne leur fournit qu'une faible chance de remplacer ou d'imprégner le lexique du français ; pourtant, leur brève existence produit une réelle vitalité lexicale dans la langue emprunteuse. Et même la haute fréquence d'un terme n'en garantit pas sa longévité dans le lexique. Ainsi, l'emprunt *hedge fund* qui comptait près de cent

---

10 La forme empruntée *e-mail* symbolise cette nouvelle période de contact que l'on peut qualifier de « virtuelle ».

occurrences dans *Libération* en 2010, n'en comptait plus que huit en 2015 — cette forte présence en 2010 s'explique par la crise financière mondiale de 2007-2008.

L'Académie française reconnaît la nature éventuellement passagère des anglicismes dans la langue, comme le montre un billet récemment publié pour la forme désormais vieillie *drink* (figure 1 ci-dessous). Effectivement, à titre indicateur, on ne trouve que deux occurrences de *drink* dans *Libération* en 2018. L'Académie précise que l'engouement et le déclin de ce mot s'expliquent par des effets de mode — il s'agit ici de la deuxième période d'anglomania de la fin du XIXe siècle et on pense immanquablement au roman *Du côté de chez Swann* de Proust (1913) avec quelques anglicismes bien connus dont le fameux *fishing for compliment*. Les modes apparaissent, se renouvellent et disparaissent, et les anglicismes avec elles. Néanmoins, l'Académie réfute la courte espérance de vie comme un critère qui amoindrirait l'influence de l'anglicisation sur la langue française.

Figure 1. Entrée de l'Académie française pour *drink*

Drink

Le 8 février 2019

Néologismes & anglicismes

S'il est parfois désespérant de voir le nombre des anglicismes qui, peu à peu, envahissent notre langue et les devantures des boutiques de nos quartiers, il est sans doute possible de se rassurer en se disant que ces formes n'ont peut-être qu'une courte espérance de vie. Il est quelques exemples qui le montrent, comme le nom *drink*. Ce dernier, apparu à la fin du XIXe siècle, d'abord dans un contexte anglais, s'est répandu entre les deux guerres, le plus souvent porté par une forme d'anglomanie un peu snob ou, pour reprendre le mot de François, le facteur incarné par Jacques Tati dans *Jour de fête*, « pour faire américain ». Mais il est aujourd'hui désuet ou, pour user d'un terme plus familier, ringard. Que cette constatation ne nous amène pas à cesser de lutter contre ces anglicismes, en attendant que le temps, peu à peu, les efface, mais que, au contraire, elle nous pousse à les combattre plus hardiment, en sachant qu'en matière de langue, comme ailleurs, le pire n'est jamais sûr.

on dit	On ne dit pas
Prendre un verre	*Prendre un drink*
La boisson à la mode	*Le drink à la mode*

http://academie-francaise.fr/drink

Dans cette période de contact soutenu avec l'anglais, il est difficile de fixer une définition pour un anglicisme français en raison de l'hétérogénéité sans précédent du phénomène. Pour l'illustrer, voici des exemples d'anglicisation contemporaine du lexique français puisés dans la presse digitale : *des runnings* : troncation du mot composé *running shoes* ; *start-upeur* (*start-up* + suffixe *-eur*) : suffixe français sur une base anglaise ; *e-santé, e-déchets* : emprunt du préfix anglais *e-* 'electronic' < *e-mail*) ; *cash* (dans le sens de 'franc et blessant'), *flashcode* : faux anglicismes ; *time is money, bleu marine is the new black !* : emprunt de groupes de mots (proverbes, slogans, etc.) ; *THE grossiste en viande du marché de Rungis* (page Facebook d'un négociant en viande) : emprunt de l'article défini accentué ('stressed') *THE*.

On relève aussi dans notre corpus que ces anglicismes ne correspondent pas à des domaines spécialisés (vocabulaire de l'internet, du sport, etc.) ; tout serait donc empruntable à l'anglais : *girl next door*, *healthy*, *now*, *pink*, etc. D'ailleurs, ce type d'emprunt pour des réalités du quotidien n'est pas pour plaire à l'Académie française : « Mais on assiste également à un envahissement de notre langue par des termes désignant des réalités nommées depuis de nombreux siècles en français. C'est particulièrement le cas aujourd'hui avec les unités de mesures du temps : les termes *heure*, *jour* et *semaine* semblent avoir disparu au profit de *hour* (*happy hour*), *day* (*shopping day*) et *week* (*fashion week*), tandis qu'*année* et plus encore *mois* sont, pour l'instant à tout le moins, épargnés. » On note toutefois que les formes *hour*, *day* et *week* appartiennent à des composés lexicalisés.

Les mots anglais commencent un nouveau cycle de vie dans la langue qui les accueille et les changements opérés quand ils passent d'une langue à une autre ne sont guère exceptionnels. Les formes peuvent prendre un nouveau sens, changer de catégorie grammaticale, acquérir un nouveau style (familier), porter une connotation humoristique, etc. Le sigle adjectival *XXL*, par exemple, a fait son entrée dans l'édition 2014 du dictionnaire *Petit Robert* avec deux sens : son sens original littéral qui désigne la grande taille d'un vêtement (*pull XXL*) et un sens plus figuré qui s'est enrichi en français de nouveaux référents à l'extérieur de la sphère du vêtement : *obsèques XXL*, *recrutement XXL*, *saga XXL*. Ce sigle pullule dans la presse.

Les composés hybrides/bilingues représentent un procédé productif de manipulation. Ils surviennent lorsqu'un composé anglais est utilisé comme modèle pour la création de nouveaux mots en français. Ces composés anglais fournissent des moules pour des séries ouvertes de composés bilingues en français : *serial killer* > *serial bouffon*, *serial entrepreneur* ; *it girl* > *it chaussures*, *it Pâques* ; *Watergate* > *Penelopegate*[11]. On trouve aussi des formations passagères, c'est-à-dire qui ne proviennent pas d'un modèle productif : *swimming pool* > *swimming cool*. Ces anglicismes enferment des procédés lexicogéniques et des innovations lexicales qui ont cours dans la langue française et renforcent ainsi leur statut de mots français à part entière.

Les anglicismes montrent le caractère ouvert du lexique et témoignent à la fois de la nature éphémère des mots individuels et de la nature reproductible de l'emprunt. Dans dix ans, on peut formuler l'hypothèse que nombre des anglicismes en circulation auront disparu et que de nouveaux mots et motifs d'emprunt auront apparu. L'influence anglaise, loin de déprécier le français, comme on le prétend souvent, contribue aussi à sa vitalité, tout en remplissant des fonctions particulières — par exemple, répondre à un besoin de communication immédiat et passager, greffer une connotation humoristique ou péjorative ou encore enrichir le français familier/argotique.

Notre propos n'est évidemment pas de récuser la légitimité du combat que mènent ces défenseurs de la langue française, au premier rang desquels l'Académie, qui, depuis quatre siècles, joue éminemment son rôle. Notre propos est d'observer le fonctionnement linguistique des

---

11 Cette affaire met en scène et en accusation François Fillon, alors candidat à l'élection présidentielle en 2017, pour avoir fourni un faux emploi à son épouse Penelope.

anglicismes pour y déceler les mécanismes linguistiques à l'œuvre. Il faut bien sûr faire preuve de prudence et convenir que certains anglicismes ne servent guère le français. On laissera le dernier mot à ceux qui dans une tribune collective au journal *Le Monde* du 26 janvier 2019 s'insurgent de voir le "globish" en usage, même au salon Livre Paris :

> Pour nous, intellectuels, écrivains, enseignants, journalistes et amoureux de cette langue venus de tous les horizons, « Young Adult » représente la goutte d'eau qui fait déborder le vase de notre indulgence, de notre fatalisme parfois. Ce « Young Adult », parce qu'il parle ici de littérature francophone, parce qu'il s'adresse délibérément à la jeunesse francophone en quête de lectures, est de trop. Il devient soudain une agression, une insulte, un acte insupportable de délinquance culturelle.

4. Le recul du vouvoiement

Pour un même locuteur, le français dispose de deux pronoms d'adresse à la deuxième personne, *tu* et *vous*. Ces deux courtes formes évoluent dans un système d'une complexité rare. Même s'il existe des règles sociales convenues pour le tutoiement et le vouvoiement, des contre-exemples viennent régulièrement invalider ces règles. Lorsqu'un usage dévie de la tradition linguistique, le pronom en question se voit greffer un nouveau sens, une nouvelle interprétation. Les facteurs multiples qui déterminent le choix entre le *tu* et le *vous* sont d'autant plus délicats qu'ils sont personnels — le locuteur définit à dessein le type de relation avec son locuteur — ou résultent de changements sociétaux. Sans mode d'emploi qui tiendrait lieu de *bon usage*, efforçons-nous de démontrer la nature mouvante de ce phénomène linguistique.

Dans un article fondateur, Brown and Gilman (1960) propose une analyse historique et évoque les pronoms sous l'angle de la dichotomie pouvoir (*vous*)/solidarité (*tu*). Les auteurs mettent en avant les variantes sociolinguistiques qui entrent en jeu dans le choix d'une forme ou de l'autre :

> The recipient of *V* may differ from the recipient of *T* in strength, age, wealth, birth, sex, or profession. As two people move apart on these power-laden dimensions, one of them begins to say *V*. In general terms, the *V* form is linked with differences between persons. (p. 257)

Clyne, Norrby et Warren (2009: 4-5) résument les usages représentatifs du vouvoiement et du tutoiement dans les années 1960 : le *vous* est le pronom d'adresse par défaut, réservé aux personnes qu'on ne connaît pas et aux personnes âgées ; le *tu* appartient au cercle de la famille et des amis ; on tutoie les enfants ; le *tu* incarnerait des idéaux de gauche en contraste au statut bourgeois du *vous* (le vouvoiement des parents) ; on compte des usages asymétriques du *tu/vous* (les enseignants tutoient leurs élèves qui les vouvoient en retour). Si les auteurs font observer que, dans l'ensemble, ces schémas institutionnels perdurent au début du XXIe siècle, force est de constater que le tutoiement se propage de plus en plus en conquérant certains usages du vouvoiement.

Il est habituel de considérer le mouvement de Mai 68 comme le point de repère historique et symbolique du recul du vouvoiement. Mai 68 se définit par des événements et un esprit : de grandes manifestations étudiantes et des grèves ouvrières font basculer la société française alors en quête de libertés, d'égalitarisme, de libéralisation des mœurs. Ce mouvement social déteint sur la langue de la jeune génération qui use et abuse du tutoiement. Dans les échanges sociaux quotidiens, Mai 68 marque un changement dans la distribution des niveaux, des styles de langue en français ; le linguiste Pierre Encrevé, dans un entretien publié dans *Libération* le 19 avril 2008, en offre une illustration des plus éloquentes :

> Jusqu'en Mai 68, il était exclu de tutoyer un professeur d'université et de l'appeler par son prénom. Mon génial professeur de philologie, Robert-Léon Wagner, élitiste de gauche [...] entre, en curieux, dans un amphithéâtre le premier jour d'occupation de la Sorbonne ; un étudiant l'interpelle : « *Qu'en penses-tu, Bob-Léon ?* » Il était enchanté : d'un coup le système d'adresse académique s'effondrait.

Dans l'émission radiophonique *Les Masterclasses* diffusée sur France Culture le 7 août 2017, la réalisatrice Agnès Varda s'étonne que le journaliste qui la connaît depuis longtemps la vouvoie. Ce dernier lui répond que le tutoiement exclurait les auditeurs. Elle insiste et précise son usage : « Depuis 68, j'ai un peu tendance à dire *tu* à tout le monde. » Cette tendance à la familiarité ne plaît pas à tous les locuteurs, ainsi à ce personnage de Kundera dont les réflexions soulignaient (juste avant 68) les préférences identitaires et singulières propres à chacun quand s'opère le choix délibéré d'un pronom sur l'autre :

> J'avoue ressentir, depuis, une aversion pour le tutoiement ; à l'origine, il doit traduire une intimité confiante, mais si les gens qui se tutoient ne sont pas intimes, il prend subitement une signification opposée, il est l'expression de la grossièreté, de sorte que le monde où le tutoiement est d'usage commun n'est pas un monde d'amitié générale, mais un monde d'omniprésent irrespect.
> (Milan Kundera, *La plaisanterie*, 1967)

D'ailleurs, Clyne, Norrby et Warren (2009: 5) rapportent que la période suivante (post-Mai 68) se caractérise par un retour au vouvoiement : « As the 1970s wore on (Coffen 2002: 235), the movement towards widespread use of *tu* turned out to be a temporary phenomenon and *vous* made a reappearance, due in the main to social hierarchies reasserting themseleves ». Dans le contexte actuel d'un recul du vouvoiement — sans être pour autant menacé — (Coveney 2010), nous partagerons des données personnelles recueillies en 2017 auprès d'une professeure de lettres et de son étudiante en master :

> Le vouvoiement est ma position par défaut. Spontanément, je ne tutoie pas les gens ; je ne tutoie jamais les étudiants *undergrads*, par exemple, et je ne tutoie quelques-uns des *grads*, ceux qui font une thèse avec moi, qu'après plusieurs années, en général quand ils semblent penser que c'est plus que temps qu'on en passe par là.
> J'ai des amis de plus de quarante ans que je n'ai jamais cessé de vouvoyer, ou même que je me suis mise à vouvoyer, avec leur accord enthousiaste d'ailleurs, après quelques années, d'efforts de tutoiement. Et

je n'ai jamais tutoyé les deux personnes qui ont le plus compté pour moi (l'une le trouvait tout naturel, l'autre n'en était pas très heureuse). Pas de raison raisonnable, donc.

(Professeure, 60 ans)

J'ai tendance à tutoyer tout le monde.

(Étudiante, 23 ans)

Ces commentaires reflètent deux générations, deux interprétations différentes du sens des pronoms d'adresse. Cette professeure d'université, née en 1957, symbolise la génération qui suit celle d'Agnès Varda et des acteurs de 68, et contribue à la renaissance du *vous*. Son usage du pronom est non seulement profondément personnel mais il vient avec une réflexion évidente sur ce phénomène de langue. L'étudiante, née en 1994, représente quant à elle, la nouvelle jeune génération pour qui les relations sociales s'avèrent particulièrement empreintes de familiarité, comme l'atteste son tutoiement généralisé[12] et d'autres manifestations langagières, tels que l'incivilité des réseaux sociaux : « [l]e vouvoiement, fortement ancré dans une société française très hiérarchisée, est menacée par Twitter où le *tu* égalitariste est la norme » (Crédeville 2013: 27), l'utilisation accrue du prénom et le déclin des titres de civilité (*monsieur, madame, mademoiselle*[13]). Une anecdote récente illustrera ces tendances

---

12 Coveney (2010: 142) dans ses réflexions sociolinguistiques sur les pronoms d'adresse rapporte cette influence potentielle, bien que douteuse, du pronom anglais you sur l'usage accru du *tu* : « Some have speculated that the spread (though not the original introduction) of indefinite *tu* may be due to the influence of English indefinite you, especially in Quebec [...]. It is also conceivable that the absence of a polite/familiar second-person contrast in English may be influencing other languages to move in the same direction, albeit by abandoning singular V (rather than T, as English has done). This could be seen as part of an international trend towards greater informality (cf. Hickeyand Stewart, 2005) ».

qui ne respectent plus les codes de politesse ordinaires. Le 18 juin 2018, après les commémorations de l'appel du 18 Juin 1940 au Mont Valérien, Emmanuel Macron part saluer une foule de collégiens. L'un d'entre eux lui lance : « Ça va, Manu ? ». Le jeune homme a non seulement occulté le titre mais utilisé le diminutif du prénom du président ; ce dernier lui rappelle la variante conditionnée qu'il vient de négliger : « Tu es dans une cérémonie officielle, tu te comportes comme il faut [...] tu m'appelles monsieur le président de la République ou monsieur ». Cet échange symbolise à la fois une entrave inenvisageable au vouvoiement le plus stable, celui au président, et un appel officiel au retour à la civilité au sein de la sphère publique. On se souvient des échanges familiers de l'ancien chef de l'État, Nicolas Sarkozy, où son *tu* pour l'insulte délibérée et son fort degré de formalité avaient surpris ; il avait marqué une rupture majeure en se détachant de l'éloquence de la plume et du style soutenu de ses prédécesseurs.

Dans un bel article que publie le site de l'Académie française, le 6 juin 2013, Frédéric Vitoux, écrivain et journaliste, constate et déplore le déclin du vouvoiement dans les échanges quotidiens. Voici un extrait de son cri d'alarme ou plutôt de sa défense du vouvoiement :

> En vérité, l'hésitation, le choix, le balancement entre le « vous » et le « tu » offre quelque chose de délicieux et d'infiniment significatif dans la conversation, dans cette politesse ou, mieux, dans cette *délicatesse* des rapports humains, dans l'établissement de ces nuances entre la courtoisie

---

13 La suppression du titre *mademoiselle*, jugé sexiste, est en vigueur dans l'administration depuis 2012.

et l'intimité, la déférence et l'amitié, le respect et la complicité. Il faut aimer tout autant le « vous » de la séduction que le « tu » qu'échangent ensuite les amants ; il existe un érotisme du vouvoiement ou de son abandon comme il y en a un du dévoilement... Plaignons, plus généralement, ceux qui méconnaissent ces subtilités, et malheur aux langues qui les ignorent ! [...] Au risque d'inventer un néologisme intrépide, je dirais que le *tutoielitarisme* est un totalitarisme.
(http://www.academie-francaise.fr/eloge-du-vouvoiement-ou-du-voussoiement-0)

Pour l'académicien, la perte de vitesse du *vous* s'apparente à un nivellement des rapports sociaux et en conséquence à la perte des nuances, des excentricités, des traditions langagières, etc., que les multiples usages des deux pronoms d'adresse concurrents établissent. Que perd-on avec le recul du *vous* ? Le *vous*, c'est la distance courtoise, une manifestation immédiate de politesse, le respect générationnel, la séparation hiérarchique obligée, l'éloignement singulier de la norme (vouvoiement familial), etc. L'oscillation entre le vouvoiement et le tutoiement exprime la pluralité de l'autre, de l'individu dans la société. Et surtout, cette oscillation porte des usages inhabituels, imprévisibles. Soulignons ici un trait singulier du tutoiement et du vouvoiement français : il est usuel que les locuteurs fournissent des commentaires métalinguistiques afin de convenir intentionnellement de leur choix du *tu* plutôt que du *vous*. En d'autres termes, ils ont besoin d'expliquer et de justifier leur usage, souvent en fonction de motifs qui leur sont propres. En l'absence de règles fixes, les locuteurs pensent opportun de commenter leur usage surtout si celui-ci pouvait être perçu comme déviant de la norme, des conventions. Deux commentaires de locuteurs suivent pour illustrer leur usage conscient (inhabituel, singulier, recherché, etc.) d'un pronom plutôt que l'autre. On prend le premier exemple chez Robert Debré, père fondateur de la pédiatrie moderne au XXe siècle, lorsqu'il raconte ses débuts innovateurs, difficiles dans cette discipline, avec un usage truculent du vouvoiement :

> Il m'a fallu donner l'habitude à mes collaborateurs, à mon entourage, de considérer l'enfant lui-même, de lui parler personnellement, de l'interroger sur ses souffrances, ses troubles, sur sa santé, sur sa vie, sur son école [...]. J'avais pris l'habitude, pour ce principe du respect, de vouvoyer les enfants. (Patrice Debré 2018: 165).

Le second exemple met en scène l'académicien et philosophe Michel Serres dans sa réponse au discours de réception de son confrère M. René Girard, reçu à l'Académie française le 15 décembre 2005 ; dans un contexte hautement corseté, M. Serres annonce explicitement son recours au tutoiement fraternel au lieu du vouvoiement cérémoniel :

> Madame la Secrétaire perpétuelle, permettez-moi maintenant, comme entorse au règlement, de quitter, sur le mot terminal, le vouvoiement cérémoniel. En notre compagnie, fière de te compter parmi nous, entre, maintenant, mon frère.
> (http://www.academie-francaise.fr/reponse-au-discours-de-reception-de-m-rene-girard)

Rapprochons ces propos de ceux de la professeure déjà mentionnée qui clôt sa démonstration en faveur du *vous* avec la morale : « Pas de raison raisonnable. » Toutefois, son commentaire précis pour justifier son usage délibéré du vouvoiement est raisonnable parce que porteur, vecteur de sens, dans la même veine des usages faussement licencieux de Michel Serres et Robert Debré. Ces usages du *tu* et du *vous* expliquent et légitiment d'ailleurs l'absence de règles et de principes stables pour les régir. Il n'y a pas d'emploi « fautif. » Voilà un phénomène sociolinguistique où le choix entre deux formes n'appartient à aucune norme parce qu'il peut sans cesse être (ré)interprété grâce aux arguments et critères d'un locuteur particulier.

5. Conclusion : la norme de l'usage

Dire que le bon usage repose sur un mythe et que l'usage aura toujours le dernier mot est une lapalissade. On ne peut toutefois que constater l'admirable ténacité du mythe du *dire, ne pas dire* qui ferait régner une langue française pure. Que démontre notre courte étude sur la légion des anglicismes et la régression du vouvoiement en français, deux faits de langue contemporains qui s'inscrivent plus dans la colonne du *ne pas dire* que du *dire* ?

Une langue reflète forcément sa relation avec le reste du monde : le français, comme les autres langues européennes, puise inévitablement dans le *Global English* devenu depuis les années 1990 le donneur de mots universel. L'opposition que les puristes mènent à l'encontre des anglicismes a des racines non-linguistiques bien établies : le fait que le français emprunte le plus à l'anglais indique et symbolise en partie l'affaiblissement de la langue française sur le plan international. Les chroniques de l'Académie française bannissent les emprunts (*ne pas dire*) pour leur préférer des équivalents français (*dire*) ; il est clair que certains anglicismes — comme *Young Adult* — ne sont guère défendables en terme d'enrichissement lexical, mais d'autres mettent en valeur les ressources lexicogéniques et la force inventive du français qui assimilent, adaptent ou recréent ces formes d'origine anglo-américaine pour les faire siennes. Une langue reflète également l'état des mœurs : le nouvel élan que prend le tutoiement, partiel héritage de Mai 68, marque une volonté de niveler les rapports sociaux et un changement dans la définition des relations que les locuteurs tissent avec leurs interlocuteurs. Le déclin du vouvoiement, dans des contextes qui lui sont traditionnellement réservés, chagrine les puristes qui y voit une perte des subtilités des rapports humains et on peut aussi effleurer un autre motif dans le constat du juriste et essayiste Frédéric Rouvillois (2016: 8) : « La politesse a toujours eu partie liée avec une certaine nostalgie. »

La langue, baromètre des changements des valeurs, des hiérarchies sociales, des relations entre les peuples, etc., ne peut donc correspondre à un mode d'emploi de règles immuables. La variation et les changements linguistiques inévitables sont loin d'être arbitraires ou fautifs malgré leur éloignement de la norme. L'occurrence « abusive » des anglicismes et du pronom *tu* trouve systématiquement des motivations linguistiques. La réalité de la variation et du changement linguistiques et la philosophie et la survivance du bon usage ne sont pas des notions totalement incompatibles si on accepte une norme qui change.

Si le point de vue des académiciens demeure résolument conservateur à l'égard du néologisme, qu'il soit d'origine française ou étrangère, et du changement en général, certains propos constituent une sorte d'ouverture. Barbara Cassin, philologue et philosophe, récemment élue à l'Académie française, déclare dans un entretien accordé au journal *Libération* du 14 décembre 2018 : « Une langue n'est pas statique, elle évolue, c'est un flux. La langue française, comme toutes les autres, est chargée d'histoire, jusqu'à ce que tel ou tel moment de cette histoire n'appartienne plus qu'au passé. » Extraits des chroniques publiées sur le site de l'Académie, la sélection de commentaires qui suit — certains déjà mentionnés — va dans ce sens.

Car l'Académie française, loin d'être un gendarme de la langue, est autant attentive à la nécessité d'enrichissement de la langue française qu'à la lutte contre l'appauvrissement du vocabulaire.

Il est excessif de parler d'une *invasion* de la langue française par les mots anglais. Les emprunts à l'anglais sont un phénomène ancien.

En d'autres termes : la capacité de faire en sorte que l'autre veuille la même chose que soi, dans une sorte de désir triangulaire. C'est ce qu'on nomme le « *soft power* » (j'ose cet anglicisme sous cette coupole), fondé sur la réputation, le prestige, la culture.

Au risque d'inventer un néologisme intrépide, je dirais que le *tutoielitarisme* est un totalitarisme.

Madame la Secrétaire perpétuelle, permettez-moi maintenant, comme entorse au règlement, de quitter, sur le mot terminal, le vouvoiement cérémoniel. En notre compagnie, fière de te compter parmi nous, entre, maintenant, mon frère.

Il serait pertinent de recueillir et d'analyser dans ce riche corpus de chroniques produites par l'Académie les exemples de métalangue et de commentaires moins normatifs qui questionnent le mythe de la tyrannie du purisme et laissent entrevoir l'éloge d'une norme qui bouge et évolue.

독일 언어정화주의 담론의 역사
— 17세기부터 1945년까지 —

최경은

1. 머리말

다른 언어와의 접촉이 언어의 발전과 형성에 영향을 미친다는 사실은 자명하다. 그러나 이런 영향에 자국어가 어떻게 대처하는지는 논란의 여지가 많다. 이런 질문은 이미 오래 전에 '언어육성'(Sprachpflege) 문제의 중심에 있다. 독일어사를 살펴보면, 외래어 문제에 대해서 각 시대에 따라 아주 다양한 의견들이 제시되어왔음을 알 수 있다. 그런데 이런 다양한 의견들은 크게 보아 두 가지 상이한 평가를 기반으로 하고 있다. 즉, 외래어는 자국어와 문화를 풍성하게 해주는 요소로 이해되기도 하지만, 가치 없고 과도한 것으로 거부되기도 하고, 그 때문에 모국어에서 외래어를 몰아내려고 시도한다. 외래어 사용에 반대하는 시도는 '언어순화'(Sprachreinigung), '언어정화주의'(Sprachpurismus), '정화주의'(Purismus) 등과 같은 용어로 독어사에서 사용되어 왔다. 18세기 초 아이러니하게도 프랑스어 어휘 'purée'에서 차용했던 어휘 '정화주의'(Purismus)는 "언어순화열정, 외국 어휘로부터 언어를 순화하려는 과도한 노력"(Grimm, 1854ff: 2255) 혹은 "소위 언어순수를 향한 과도한 노력, 특히 외래어에 반대하는 투쟁"(Duden, 1989: 2070)을 의미한다.

언어순화주의자 혹은 언어정화주의자, 즉 외래어 반대자는 대부분의 독어사 서술에서 피상적으로만 언급되는데 그치고 있다. 정화주의는 과도한 애국주의 혹은 '멍청한 소인배'로 무시된다. 그럼에도 불구하고 17세기 이래 정화주의자들은 역사적으로 더 이상 무시되어서는 안 된다. 2차 세계대전이 끝난 후 독일에서 '정화주의'라는 주제는 그 어휘가 담고 있는 정치적 의미 때문에 학문적으로 거의 터부시 되어 왔다. 1966년에야 비로소 영국의 독어독문학자인 알랜 키르크니스가 자신의 옥스퍼드대학 학위논문『19세기 독일의 정화주의』[1]에서 이 주제를 상세히 다루었다. 이 때부터 '정화주의'에 대한 논문이 자주 등장하게 된다.

언어순화는 독일의 현상으로 국한되는 주제는 아니다. 언어순화는 여러 시대에 예컨대 프랑스어나 한국어 등, 다른 언어의 역사에서도 등장하는 문제이다. 여기서 프랑스어의 언어정화를 사례를 들어 간단하게 살펴보자. 프랑스에는 300년 전에 이미 '프랑스어 아카데미'(Académie Française)가 창설되었다. 이 단체는 창설 초기부터 프랑스어의 정화에 매진하고 있다. 또한 오늘날에도 프랑스에는 여전히 영향력 있고 인기 있는 외래어 비판이 존재한다. 예컨대 프랑스어 어휘에 점차 증가하고 있는 영미어에서 유래한 외래어에 대해 에티앙블레(R. Étiemble)가 저술한 풍자적 논쟁 작품인『프랑글레를 말할 줄 아십니까?』(Parlez-vous franglais)[2]는 출간 이후 곧 베스트셀러가 되었다. 이 책은 3백만 부 이상이 팔렸다. 프랑스에는 심지어 영어나 미국어 표현의 사용에 반대하는 관공서 규정이 존재하기까지 한다. 예컨대 '프랑스어의 사용'에 대한 1975년 12월 31일의 법령은 특히 관공서

---

[1] 독일어 개정판은 다음과 같다. Zur Sprachreinigung im Deutschen 1789-1871. Eine historische Dokumentation. B. I u. B. II, Tübingen 1975.
[2] 프랑스의 '플랑글레'와 마찬가지로 한국에는 '콩글리쉬', 독일에는 '뎅글리쉬'(Denglisch)라는 즉, 자국어와 영어의 '잘못된' 혼용을 의미하는 용어가 현재 많이 사용되고 있다.

의 모든 서류에서 외래어 사용을 금지하고 있다(Dietrich, 1976).

프랑스의 사례에서 분명히 보여주고 있는 것처럼 정화주의에 대한 이런 긍정적인 입장은 독일의 정화주의 노력에서도 무리 없이 그대로 옮겨질 수 있다. 여기서 정화주의적 노력들은 17세기 초에서 20세기에 이르기까지 고지독일어의 발전뿐만 아니라, 독일의 정치와 정신사와도 많이 연관되어 있다. 이런 의미에서 페터 폰 폴렌츠는 독일에서의 정화주의 운동을 다음과 같이 정확하게 평가하고 있다.

> 언어정화주의는 독일에서 항상 민족감정이 정치적으로 활발하게 논의될 때 정점에 올랐다. 즉, 30년 전쟁 후, 나폴레옹 지배가 소멸되고 난 후, 1871년 제국건국이 끝난 후, 그리고 1차 세계대전이 발발하고 난 후 정점에 올랐다.
> Der Sprachpurismus hat sich in Deutschland (…) immer im Zusammenhang mit einer politischen Aktivierung des Nationalgefühls zu Höhepunkten gesteigert: nach dem Dreißigjährigen Krieg, nach dem Niedergang der Napoleonischen Herrschaft, nach der Reichsgründung von 1871 und beim Ausbruch des 1. Weltkrieges(Polenz, 1967: 80).

이런 정치적 관계에서 1945년 이전까지의 독일 정화주의 역사는 3단계로 구분될 수 있다. 즉, 초기 단계는 1617년에서 1789년까지, 중기는 1789년에서 1871년까지, 그리고 마지막 단계는 1890년 정화주의의 정점을 찍었던 시기가 포함된 1871년에서 1945년까지이다.

2. 언어협회의 창립에서 프랑스혁명까지 (1617~1789)

17세기는 '30년 전쟁'(1618~1648)의 시기일 뿐만 아니라, 일반적으로 변혁의 시대이기도 했다. 이 시기에 외래어의 사용은 사회적 계층을 구분하는 인기 있는 수단이었다. 특히 궁중 생활권에서 외국어 어휘의 사용은 피할 수 없는 현상이었다. 고상함과 높은 신분을 연출하는데 즐겨 사용된 프랑스어는 사회적 상류층뿐만 아니라, 교양시민계급 전체를 사로잡았다. 프랑스어 유래의 외래어가 독일어권으로 밀려들은 중요한 역사적 상황은 프랑스 시민들, 즉 위그노라 일컬어지는 프랑스 캘빈주의자들의 이주였다. 그 당시 약 3만 명의 위그노가 독일로 이주했는데, 그들의 언어는 특히 요리와 유행 분야의 독일어 어휘에 영향을 미쳤다. 예컨대, Fricassée(프리카세), Dessert(디저트), Gelée(젤리), grillen(그릴하다), candieren(설탕을 치다), manchette(소맷부리), Cravatte(넥타이), Brillant(마름모꼴 보석), Gazé(가제) 등을 그 사례로 들 수 있다(Olt, 1987: 302f.). 1643년에 발행된 신문은 외래어가 너무 많이 사용되고 있음을 다음과 같이 서술하고 있다.

> 작금에 신문을 읽으려 하는 자는 자신에게 낯선 어휘를 해석해 줄 사람, 즉 오른편에 프랑스인, 왼편에 라틴어 구사자 등 두 명의 남자를 곁에 두는 것이 반드시 필요할 것이다.
> Es were von nöthen bey jetzigen zeit/ daß/ wann einer die Zeittungen lesen will/ er zween Männer bey sich stehen habe/ auff der rechten seiten einen Frantzosen/ auff der lincken/ einen Lateiner/ welche ihm die frembde Wörter auslegten.[3]

어쨌든 17세기에는 대부분의 전문인은 적당한 정화주의를 필연적인 것으로 받아들이고 있었다고 추정될 수 있다. 이런 배경 하에 비로소 외래어 사용을 반대하는 투쟁에 대한 동기들이 인식될 수 있다. 17세기 정

---

[3] Der Vnartig Teutscher Sprach=Verderber, 36; Ingen 1986, 141에서 재인용.

화주의는 무엇보다도 프랑스어에 반대하는 문화 애국주의에 뿌리를 내리고 있다. 프랑스 문화의 우세는 부인될 수 없었다. 정화주의는 순수 언어적인 것을 넘어서는 분명 호소적인 특성을 갖고 있다. 소위 '언어협회들'(Sprachgesellschaften)에서 이런 정화주의 운동이 기관화되었다. 이 운동은 물론 외래어 사용의 회피뿐만 아니라 넓은 의미에서 언어육성이 주 관심사였다.

'언어협회들'은 "독일어를 외국의 영향(예를 들면 외래어와 알라모드 문화)을 없애고 시문학에서 독일어의 표현력을 고양하고 언어와 정치의 법칙들을 연구하는 목표를 설정한 17, 18세기의 단체들이었다. 그들의 모범은 1582년에 창설된 이탈리아의 '아카데미아 델라'였다"(Brockhaus, 1973: 770). 특히 '결실을 가져오는 협회'(Fruchtbringende Gesellschaft, 1617), '올곧은 전나무 협회'(Aufrichtge Tannengesellschaft, 1633), '독일어 한마음 동지회'(Deutschgesinnte Genossenschaft, 1642) 등을 대표적 협회로 들 수 있다[4]. 그 당시 정화주의의 대표자로서는 '언어협회들'에서 시학, 정서법, 문법, 어휘 등의 문제를 집중적으로 논의했던 필립 폰 체젠(Philipp von Zesen, 1619~1689)을 꼽을 수 있다. 그러나 무엇보다도 그들의 핵심 주제는 언어순수와 언어순화였다. 반 잉엔에 따르면 17세기 정화주의는 몇 가지 점, 예컨대, 정화주의자가 프랑스와 이탈리아 문학의 수많은 번역과 자신들에 의해 강력히 요구된 독일 민족의 윤리적 문화적 개혁을 통해 문화 중개자로서 중요한 역할을 담당했다는 관점에서는 긍정적으로 평가될 수 있다(Ingen, 1986: 145).

외래어 사용을 피하려는 이런 실용주의적 정화주의 노력은 18세기에

---

[4] 언어협회 중 '결실을 가져오는 협회'가 가장 많이 알려져 있고, 현대에까지 영향을 미치고 있다. 이 협회는 종교개혁 100주년(1617)에 창립되어 1680년까지 활발하게 활동하였으며, 특히 종교개혁의 이념을 문명개화의 이념으로 연결시키려고 시도했다(Comermann, 2017: 19).

[그림 1] 필립 폰 체젠

점차 증가했다. 특히 라틴어에서 유래한 수많은 외래어는 이해될 수 없거나 문체적으로 어울리지 않는 표현으로 골라내어 실생활에서 제외되었다. 물론 이것은 라틴어 텍스트와 비교해 독일어 텍스트의 많은 증가, 그리고 거기에 표현된 독서층의 확산과 관련이 있다. 예컨대 1518년 독일 서적 생산에서 라틴어 책이 90%에 달했으나 1770년에는 14%까지 떨어졌다(Polenz, 1991: 223).

라이프니츠의 제자인 볼프(Christian Wolff, 1679~1754)는 라틴어로 된 철학 용어들을 독일어로 바꾸려고 시도했다. 이것은 부분적으로나마 성공했는데, 예컨대 Beweggrund(동기), Bewußtsein(의식), Begriff(개념), Aufmerksamkeit(注意), Verständnis(오성), Umfang(범위) 등은 지금도 사용되는 독일어 철학 용어 중 대표적 사례이다(Bach, 1970: 331). 정화주의 노력의 대표자 중 하나는 고트체트(J. C. Gottsched, 1700~1766)였다. 그 또한 외래어 문제에 대해 17세기 정화주의자들의 과도한 신조어를 비판했을 뿐만 아니라 "비이성적인 언어혼합"(Kirkness, 1975: 57)도 거부하는 실용적인 자세를 취했다.

18세기 중엽에는 이전에 요약된 실용적 태도와 애국주의 모티브로 회귀하려는 움직임이 관찰될 수 있다. 적절한 언어순화의 대표자로서 레싱(G. E. Lessing, 1729~1781)을 들 수 있다. 그는 이미 잊혔거나 더 이상 사용되지 않는 독일어를 재생하려고 시도했고 외래어 사용을 피하기 위해 독일의 여러 지역에서 사용되는 방언에서 적합한 용어를 의식적으로 사용할 것을 제안했다(Kirkness, 1975: 53 참조). 중용의 언어순화자로서 또한 니콜라이

(F. Nicolai, 1733~1811)와 헤르더(J. G. Herder, 1744~1803)가 언급될 수 있다. 언어순화를 위한 이런 실제적 노력 이외에도 바로크 시대 언어순화자의 경우 인문주의에 근간을 둔 자신들의 전통을 이용해서 확신할 수 있었던 모국어에 대한 자긍심도 다시 잠에서 깨어났다. 클롭슈톡(F. G. Klopstock, 1724~1803)은 이런 전통을 수용하여 지속적으로 발전시켰다.

1774년에서 1786년 사이에 엄청난 분량의 독일어 사전을 편찬했던 아델룽(J. C. Adelung, 1732~1806)은 18세기 언어순화에 많은 영향을 끼쳤다. 독일어에서 외래어를 평가하기 위해 그는 다음과 같은 다섯 가지 기준을 제시했다.

1) 차용의 시기
2) 일반적인 이해도
3) 해당 외래어 개념의 필수성
4) 독일어와의 유사성
5) 어휘의 아름다운 소리

3. 프랑스혁명에서 독일제국의 탄생까지 (1789~1871)

1789년 프랑스 혁명, 신성로마제국의 멸망, 유럽의 새로운 질서 등과 관련해서 유럽의 정신문화는 정치와 불가분의 관계로 얽혀져 발전되었다. 1789년에서 1819년 사이에 정화주의는 큰 반향 없이 널리 퍼졌다. 그러나 정화주의는 학술적인 단체, 특히 베를린과 브라운슈바이크에서 집중적으로 논의되어졌다. 그 당시 학교의 언어육성 목표는 고어, 지역어, 신조어, 외래어 등을 표준어(Hochsprache)의 관점에서 '순화'시키는 것이었다. 또한 새로운 어휘, 방언, 고어, 사어 등의 사용에 대한 초창기 부정적인 입장에서 탈피하는 경향도 점차 늘어났다. 낭만주의의 영향으로 오래되고 민속적인 것이 순수 독일적인 것으로 높이 평가받았다. 옛날 언어, 특히 방언에서 유래한 어휘들, 예컨대, Aar(독수리), Brunnen(샘), Degen(검), Fehde(반목), Gau(고대게르만족의 정치적 구역), Ger(투창), Glast(유약), Harm(비탄), Heim(집), Hort(보물), Kämpe(전사), Maid(처녀), Minne(봉건적 연애), Recke(영웅), Rune(루네문자), Tarnkappe(마법의 외투), Ur(야생 소), Wart(수문장)(Nelz 1980, 103 참조)등과 같은 어휘들은 고지독일어의 어휘를 풍요롭게 해주고 거부된 외래어의 대용 어휘로 사용되었다. 키르크니스에 따르면 그 당시 정화주의적 노력은 4가지 주요 노선으로 구분될 수 있다(Kirkness, 1984: 294).

   1) 계몽적·교육적 노선 (캄페 Joachim Heinrich Campe, 1746~1818)
   2) 언어 구조적 노선 (콜베 Carl Wilhelm Kolbe, 1757~1835)
   3) 급진적·궤변적 노선 (크라우제 Karl Christian Krause, 1781~1832)
   4) 정치적·민족주의적 노선 (Friedrich Ludwig Jahn, 1778~1852)

교육학자인 캄페의 경우 언어는 일차적으로 언어공동체의 필수품으로 사용되는 실질적인 의사소통 수단이었다. 그가 원래 설정한 목표는 모든 민중의 계몽이었다. 이론적으로 모든 어휘 형태는 각각의 언어에 따라 모두 만들어져 있을 경우에만 일반적인 이해가 가능하다. 따라서 그는 "모든 언어, 아주 빈약하고 불완전한 언어조차도 인간의 모든 감정, 그리고 그 어떤 다른 언어로 표현될 수 있는 개념을 표현하기 위해서는 그와 마찬가지로 하나의 기호를 가지기 위해 거기에 맞는 어휘가 만들어지는 것이 필요하다"(Campe, 1970: 23)고 주장한다. 그래서 그는 외래어를 독일 어휘로 바꾸려고 시도했다. 그가 저술한 『우리 언어로 침입한 낯선 표현에 대한 설명과 독일어화를 위한 사전』은 브라운슈바이크에서 1813년 출간되었다. 이 사전은 3천개 이상의 독일 어화된 어휘를 제시하고 있는데, 그 중 10% 정도가 오늘날에 이르기까지 일상생활에서 사용되고 있다(Kirkness, 1975: 16). 예컨대 realisieren(실현하다) → verwirklichen, completieren(완전하게 하다) → vervollständigen, Acquition(취득) → Erwerb, Anthropomorphismus(의인화) → Vermenschlichung 등이 이에 속한다.5

[그림 2] 요아힘 하인리히 캄페

캄페의 시도가 분명 언어 창조적 업적이었음에도 불구하고 당대에는 많은 비판을 받았다. 그 이유는 첫째, 그가 독일어 시스템에 이미 적응된 외래어, 예컨대 Literatur(문학), Publikum(관객), Energie(에너지) 등을 각각 Bücherkunde(서적학), Gemeinwesen(공동체), Vollkraft(온힘)로 무리해서 바꾸려 했고, 둘째, 그에 의해 제안된 독일어 어휘들이 특히 종교용어의 경우, 예컨대 Abbé(가톨릭 신부 호칭), Katholik(가톨릭 신자), Protestant(개신교 신자), Soldat(군인) 등을 각각 Pfaffenblendling(신부 변종), Zwangsgläubiger(강제로 믿는 신도), Freigläubiger(자유 의지로 믿는 신도), Menschenschlacher(인간 도축자) 등과 같이 그 자신의 주관적 판단이나 견해가 많이 들어갔기 때문이었다(Kirkness, 1975: 157). 그림(J. Grimm)은 캄페의 독일어화 노력을 다음과 같이 비판하고 있다.

> 캄페는 단순한 bote(심부름꾼)나 sprange(분출)로는 충분하지 않다고 생각하는지 apostel(사도)을 lehrbote(교사 심부름꾼)로, agraffe(걸쇠)를

---

5 Kirkness, 1975: 430쪽 이하에서 다른 사례들을 찾을 수 있다.

sprangenhaken(돌출꺾쇠)으로 바꾸길 원한다. 그는 maskerade(가장무도회)를 larventanz(가면 춤)라는 독일어로 바꾸었는데, larve(가면)라는 단어 자체도 외래어이며, tanz(춤)는 외국어에서 유래한 독일어 어휘 형태이다. 가장 나쁜 것은 외형에서 알 수 있듯이 maschera와 maske에서도 독일 어휘가 숨겨져 있으며, 독일어로 울린다는 사실이다. 만약 oper(오페라) 대신에 singeschauspiel(노래연극), façade(건물 전면) 대신에 antlitzseite(얼굴 면)로 (단순히 stirne(이마)로 하는 것이 더 적당하지 않을까) 추천한다는 말을 듣는다면 그것은 독일어가 아니다 (Grimm, 1854: sp. XXVIII).

그림과 같은 학자들의 날선 비판에도 불구하고 캄페는 가장 많이 언급되는 정화주의자이며 "독일 정화주의의 네스토르[6]"로 간주되고 있다 (Kirkness, 1975: 16). 몇몇 연구자는 그가 제안한 독일어 어휘를 아주 긍정적으로 평가한다. 예컨대, 시베는 캄페가 "프랑스 혁명의 문화 중계자"로 간주될 수 있다고 주장했는데, 왜냐하면 그가 기울인 독일어화 노력은 "공공 이해의 공시적인 관점"에 기인하고 있고, "프랑스 혁명의 자유주의 이념이 이해하기 쉬운 어휘의 형태로 독일로 전달되는 목적을 이루었기"(Schiewe, 1988: 17) 때문이다. 이런 주장으로 그는 캄페를 긍정적으로 평가하려고 노력했다.

베를린 출신의 예술가인 콜베는 "언어를 일차적으로 개별 언어에 따라 특별한 내용적 형식적 구조를 지닌 통일적인 전체"로 보았다. "언어의 이런 통일성 내지는 순수함은 유지되어야 하는데, 왜냐하면 낯선 것을 통한 모든 침해가 잠재적으로는 중요한 구조 변화 혹은 심지어는 해당 언어의 사멸로까지 나아가게하기 때문이다"(Kirkness, 1984: 295). 오직 정화주의를 통해서만 독일 민족어의 고유성과 정체성이 유지될 수 있다고 콜베는

---

[6] 그리스 신화에 나오는 영웅. 트로이 전쟁에 참가하여 아가멤논 휘하에서 활약하였고, 여러 왕 사이에서 중재 역할을 하거나 고문 구실을 하였다고 한다.

주장했다. 그가 어휘에 대해 단 한 편의 논문도 발표하지 않은 사실로 비추어 이론적 지식을 장착한 언어정화주의자로 간주될 수는 없다. 그러나 다른 관점에서 보면 "외래어 문제에 대한 그의 논평은 전반적으로 매우 이성적이며, 애국주의 모티브에서 유발된 진부한 주장보다는 언어정화주의자들에게 진정성 있고 확신적인 언어학적 논거들을 제공했다"(Kirkness, 1975: 180).

철학자인 크라우제는 소위 '언어의 이성적 특성'(Vernunftsprachtum)을 주장한 대표적 학자였다. 그에 따르면 이성만이 모든 언어적 요구에서 최고의 심급기관으로 인정되는 것을 의미한다. 표현과 내용의 동질성이 언어의 순수성을 보장한다. 따라서 정화주의의 목적은 외래어를 그 어떤 예외도 없이 모두 없애는 것이었다. 예컨대, Tugend(덕성), Religion(종교), individuell(개인적), Accusativ(목적격)와 같이 독일어 시스템에 정착한 어휘들을 각각 Wesenlebheit(본질적 생동성), Gottvereinleben(신이 생활 속으로 들어감), eigenleblich(고유의 삶으로), Angeursachtfall(원인 제공 경우) 등으로 바꾸었다(Kirkness, 1975: 233). 그 때문에 그의 정화주의는 '체계적 정화주의'(Olt, 1987: 311)로 표시된다. 그밖에도 그는 복합어 'Fremdwörter'(외래어)라는 단어를 처음(1815년)으로 사용했다. 그 이전에 'Fremdwörter'는 'ausländische Wörter' 혹은 'fremde Wörter'로 표시되었다.

F. W. 얀은 독일의 모든 것을 사랑하고 외국의 모든 것을 거부함으로써 급진적 정화주의를 주장하였다. 외래어는 의미 변화, 차용 번역이 아닌 차용 창조, 방언 어휘에서 차용된 어휘 등으로 대체될 수 있다고 그는 주장한다. 예컨대, Estafette(파발꾼), Nation(국가), Nationalität(국적), Chaos(혼란), Gymnastik(체조) 등을 각각 Eilbrief(급행편지), Volkstum(민족), Volkstümlichkeit(민족성), Wirrsal(혼돈), Turnen(체조) 등으로 바

꾸었다. 얀은 프랑스의 지배에 대항하는 민족 봉기라는 생각에서 자신의 정화주의를 언어의 '해방전쟁'으로 간주했다(Kirkness, 1975: 235).

이 단계에서는 정화주의자들은 자신들을 독일어의 수호자로 생각했다. 초기에 이미 확고하게 정해진 정화주의 운동의 정치화는 비록 그것이 그렇게 강력하진 못했지만 이 시기에 완벽했다. 이 시기부터 정화주의는 민족 감정에 의해 규정되었다. 1819년 '카를스바트의 결의'(Karlsbader Beschlüsse)를 통해 모든 종류의 민족주의 운동은 메테르니히가 주도한 보수 반동세력의 희생양이 되었다.

독일 민족정신의 원천으로 추앙받는 마르틴 루터도 자신의 성서 번역에서 순수 독일어의 사용을 선호했다고 몇몇 민족주의 성향의 학자들[7]은 주장하였다. 급기야 루터의 번역에 그 어떤 정화주의적 경향도 입증되고 있지 않음을 독어학자인 크뤼거(Krüger, 1955)가 입증하기에 이르렀다. 루터와 마찬가지로 괴테와 그림 형제도 정화주의자들은 자신들의 주장을 대변해 주고 있다고 주장했다. 그러나 괴테와 그림 형제(Gebrüder Grimm)는 정화주의에 반대하는 자신들의 입장을 분명히 피력하였다. 괴테는 외래어 수용 담론에 적극적으로 참여했지만, 자신의 주장과는 반대로 자신의 텍스트에 외래어를 독일의 고유어로 대체한 부분들이 쉽게 발견되고 있다. 예컨대, 그의 소설 『빌헬름 마이스터의 수업시대』에서 extendieren(확장하다), Rigorist(엄숙주의자), chancelant(흔들리는) 등의 외래어를 각각 ausweiten(넓히다), Strengling(엄격한 사람), schwankflüssig(흔들리는) 등으로 바꾸었다(Kirkness, 1975: 270). 그러나 괴테는 외래어의 사용의 반대자는 분명 아니었다. 그는 『잠언과 성찰』(Maximen und Reflexionen)에서 외래어 문제에 대해 다음과 같이 직접적으로 언급하고 있다.

---

7 에두아르드 엥엘(1851~1938)과 같은 학자들을 예로 들 수 있다.

언어의 힘은 낯선 것을 거부하는 것이 아니라, 그것을 내 것으로 흡수하는 것이다. 나는 많은 것 혹은 보다 세심한 것을 담고 있는 다른 언어의 단어를 필요로 하지 않는다는 모든 종류의 부정적 정화주의를 아주 싫어한다. 내가 주장하는 것은 생산적인 긍정적 정화주의이다. 우리가 바꾸어 써야만 하는 곳, 그리고 이웃이 거기에 적합한 단어를 갖고 있다는 점에서만 출발해야 하는 것이 바로 긍정적 정화주의이다.

Die Gewalt einer Sprache ist nicht, daß sie das Fremde abweist, sondern daß sie es verschlingt. Ich verfluche allen negativen Purismus, daß man ein Wort nicht brauchen soll, in welchem eine andere Sprache vieles oder Zarteres gefaßt hat. Meine Sache ist der affirmative Purismus, der produktiv ist und nur davon ausgeht: wo müssen wir umschreiben und der Nachbar hat ein entscheidendes Wort(Goethe, 1982: 508).

야콥 그림 또한 정화주의자들에 의해 자주 언급되었다. 그들은 자신들이 동의하지 않았음에도 불구하고 베를린이나 프랑크푸르트에 있는 정화주의 성향의 언어협회 회원으로 임명되었다. 그러나 야콥 그림은 괴테보다 더 분명하게 정화주의적 노력에 반대하는 입장을 여러 번 언급했다.

원래 한 통속이기도 한 소인배와 정화주의자들은 나에겐 경작지와 목초지에서 자신들의 구덩이를 파서 농부를 화나게 만드는 두더지와 같은 존재이다. 그들은 언어라는 땅을 마구잡이로 개간하고 파헤치고 있다.
Pedanten und puristen, was eigentlich eine brut ist, sind mir so oft vorkekommen wie maulwürfe, die dem landmanne zu ärger auf feld und wiese ihre hügel aufwerfen und blind in der oberfläche der sprache herum reuten und wühlen(Kirkness, 1975: 282에서 재인용)

이미 독일어 시스템에 적응한 외래어를 없애버리는 것이 "어휘를 빈약하게 만들고 자연적인 발전을 저해하는 행위"(Kirkness, 1975: 295)라고 그림은 주장한다. 여기서 그림의 주장은 다른 학자들의 주장보다도 더 구체화 되어있다. 그도 동화되지 않은 외래어가 독일어에 너무 많다는 견해는 가지고 있었다. 그는 delicat(맛좋은), heterogen(이질적인), stagniert(정체된) 등의 외래어를 대체할 수 있는 독일어 zart(미묘한), ungleichartig(동일하지 않은), versumpft(늪에 빠진) 등을 예로 들며, 이런 경우에는 독일어가 오래 전부터 사용되어 왔기 때문에 외래어보다는 독일어의 사용을 추천하였다.

19세기 중엽 정화주의는 민족 감정과 정치적 통일을 위한 노력을 새롭게 시작하였다. 예컨대 알려지지 않은 몇몇 학자들은 외국어에서 유래한 단어들을 사용하지 말자고 주장하였다. "의지가 있는 곳에 길이 있다"라는 슬로건에 따라 가톨릭 사제인 브루거(J. D. Brugger, 1796~1865)는 낯선 단어들을 차용창조(Lehnschöpfung), 방언, 독일고어 등으로 대체하려고 시도했다. 예컨대, Katholismus(가톨릭), Protestantismus(프로테스탄트), Polizei(경찰) 등을 각각 Allgemeinglaubtum(일반적 믿음), Verwahrglaubtum(이의를 제기하는 믿음), Gewaltei(폭력)로 바꾸었다. 언어학적으로는 지극히 아마추어적인 그의 외래어 투쟁은 그림 형제와 같은 언어학자들에 의해 거부되었다.

19세기 말 정치적 전환기가 도래한다. 1871년 독일의 통일은 키르크니스(Kirkness, 1984: 296)가 강조한 바 있듯이 독일 정화주의 역사에서 전환점을 찍게 된다.

4. 독일제국의 건국에서 2차 세계대전의 패전까지 (1871-1945)

'공식적인 정화주의'(Wells, 1990: 425), 혹은 '독일어에서 최초의 실질적이고 대중적인 언어정화운동'(Olt, 1987: 317)은 1885년에 시작되었다.

이 해에 '일반독일언어협회'(Allgemeiner Deutscher Sprachverein)가 브라운슈바이크 출신의 예술사학가 리겔(Hermann Riegel, 1834-1900)에 의해 드레스덴에서 창설되었다. 일반독일언어협회는 정관에 따르면 다음과 같이 협회의 목적을 밝히고 있다.

1) 불필요한 낯선 어휘구성 부분으로부터 독일어의 순화를 후원하고,
2) 순수 정신과 독일어의 고유성을 유지하고 재생하는 것을 육성하며,
3) 이런 방식으로 독일 민족에 존재하고 있는 일반민족의식을 강화하는 것이다.

1) die Reinigung der deutschen Sprache von unnöthigen fremden Bestandteilen zu fördern, -
2) die Erhaltung und Wiederherstellung des echten Geistes und eigentümlichen Wesens der deutschen Sprache zu pflegen - und
3) auf diese Weise das allgemeine nationale Bewußtsein im deutschen Volke zu kräftigen.[8]

일반독일언어협회의 운영위원회는 선배들의 노력과 목표 설정이 대중들에게 널리 알려지지 않았기 때문에 실패했다는 사실을 정확히 인식하고 있었다. 그 결과 언어협회는 시작부터 널리 알리는 것을 목표로 자신들의 작업을 구상했다.

여태까지 정화주의자들이 행했던 실수는 일반독일언어협회의 운영진을 통해 다음과 같이 분석되었다(Olt, 1987: 318이하 참조).

1) 초창기 설립된 협회와 개인이 제시한 주장들은 지역적으로 제한되었다. 이런 사실은 1885년 이전까지 언어순화와 언어육성이란 주제로 창설된 협회의 이름을 일별해 보면 드러난다. 예컨대, '베를린 독일어 협회'

---

[8] *Zeitschrift des allgemeinen deutschen Sprachvereins* I, 1886, Sp. 1/2, Bernsmeier 1977, 371에서 재인용.

(크라우제), '베를린 독일어와 고고학 협회'(랑케, 바이간트, 페퍼, 라우머), '프랑크푸르트 독일어 연구자 연맹'(하이제), '포츠담 독일어 연맹'(카일) 등이 이에 속한다.

2) 19세기 협회는 주로 개인적인 활동, 예컨대 창립자만 적극적으로 활동하는데 그쳤다. 이것은 국가 기관이 협회가 희망하는 도움을 거절했던 주된 이유이기도 하였다.

3) 이런 협회들과 개인들의 독일어 순화 작업은 불신을 조장시켰다. 급진적 정화주의자들이 기관에서 모든 것을 알고 있는 학교 선생님처럼 고집스럽게 주장하면 할수록 공신력은 그 만큼 약화되었다.

[그림 3] '일반독일언어협회'의 우편엽서, 1905년

일반독일언어협회 운영진은 그 때문에 창립 단계(1885~1900)에서 이런 실수를 하지 않으려 많은 노력을 기울였다. 일반독일언어협회는 처음부터 초지역적이며 민족적인 성향을 취했으며, 영향력 있는 회원들을 가능한 한 많이 모집하였고 너무 급진적인 정화주의는 피하려 했다. 협회가 실무적으로 강조했던 내용은 다음과 같이 요약할 수 있을 것이다.

1) 독일제국 전역에 걸친 지역분과협회의 창설
2) 협회 작업을 위해 가능한 많은 교사를 회원으로 확보
3) 저명한 인사를 회원으로 확보
4) 관료, 관공서, 정부 기관 등과의 협동 작업

"불필요한 낯선 어휘 요소로부터 독일어를 순화", 다시 말하면 외래어 수용의 문제가 협회 활동의 핵심 주제에 속했다. 협회의 회칙에는 우선 두 가지 외래어 그룹을 정의하고 있다. 리겔, 둥으스, 자라친 등의 견해에 따르면 필요한 외래어란 사물과 더불어 독일어로 수입되었고 그럼으로써 독일어 어휘 체계에 틈을 메워주는 용어를 의미한다. 그밖에도 학술용 전문어와 형태와 소리에서 독일어 시스템에 적응한 소위 차용어도 투쟁으로 없애야할 어휘들은 아니다. 협회의 기본 방향에 따르면 외국어에서 유래한 어휘 중 위 두 사항을 제외한 모든 '불필요한' 어휘는 "깡그리"(Stumpf und Stiel, Kirkness, 1975: 372) 없애야만 하는데, 왜냐하면 그런 어휘를 대신할 독일어 어휘가 존재하고 있기 때문이다.

일반독일언어협회의 실무 작업에서 외래어 문제에 대한 이런 입장은 시작부터 논란의 여지가 많았다. 그리고 이런 입장은 빠르게 바뀌었는데, 이런 현상은 협회의 기관지에서 분명히 감지될 수 있다. 기관지는 학자 외에도 관심 있는 일반인들의 기고문도 실었다. 물론 이런 기고문은 언어학적인 일정 수준을 항상 채울 수는 없었다. 그들은 특히 외래어를 독일어로 바꾸는 작업을 많이 하였다. 여기서 제안된 어휘, 예컨대 'Zigarre' (담배)나 'Auto'(자동차) 대신에 'Rauchrolle'(연기 바퀴)와 'Aut' 등과 같은 어휘는 흔적도 없이 다시 사라졌다. 또한 기관지는 몇몇 개별적인 순화주의 노력이 단행본으로 엮어지기도 했다. 물론 기관지는 최우선으로 의견 교환의 도구였다. 여기서는 정말 엉뚱하기 짝이 없는 제안들도 논의될 수 있었다.

일반독일언어협회와 그 기관지가 거둔 가장 큰 성공은 예컨대 1871년 독일제국건국을 전후해서 정점을 이루었던 민족주의 감정과 같은 그 시대의 분위기를 잘 파악했다는 점이었을 것이다. 일반독일언어협회의 분과협회가 독일 전역뿐만 아니라 해외에서도 셀 수 없을 정도로 설립되었다. 1887년에 일반독일언어협회는 6,000명, 1899년에 13,600명이 215개의 분과협회에 회원으로 등록되어 있었으며, 1910년에 324개의 분과협회에 30,090명, 1917년에 37,210명의 회원이 등록되어 있었다(Bernmeiser, 1977: 388).

일반독일언어협회는 극단적인 외래어 반대자와도 논쟁을 해야만 했는데, 그들의 급진주의가 협회를 내부 혼란으로 몰아 급기야 협회는 둘로 쪼개질 위험에 처해졌다. 예를 들면 협회 내부에서도 외래어를 급진적으로 독일어로 바꾸자고 주장한 자들은 외래어 문제를 "느슨하게 다루는 방식"에 강한 불만을 표출하였다. 이런 이유로 베를린 분과협회가 둘로 쪼개졌다(Olt, 1987: 319). 이런 급진적 순화주의는 공식적인 저항에 부딪혔다. 잡지 「프로이센 연감」은 1899년에 "일반독일언어협회가 소심하며 전횡을 일삼고 있다"고 공격하는 선언문을 실었다. 폰타네(Th. Fontane), 프라이타크(G. Freytag), 그로트(K. Groth), 하이제(P. Heyse), 슈필하겐(F. Spielhagen) 등과 같은 작가와 트라이취케(H. V. Treitschke)와 같은 역사학자가 이 선언문에 서명하였다(Bernsmeier, 1977: 391).

그러나 일반독일언어협회는 위에 언급한 실무적 활동을 통해 관공서의 언어 사용을 결정하는 사람들에게 영향을 끼치기 시작했다. 협회는 학교 교사와 대학 교수 출신의 회원들을 많이 확보하였다. 예컨대 협회는 1890년 5월 27/28일 뮌헨에서 개최되었던 3차 정기총회에 200명의 대학 교수, 1,000명의 김나지움 교사, 1,300명에 이르는 중등학교, 초등학교, 여학교, 전문학교 등의 교사가 참여하였다(Bernsmeier, 1977: 380). 학교와 대학에서 협회의 인기는 꾸준히 증가하였다. 협회 회원으로 등록된 저명한 독어독문학자들 중에는 베하겔(O. Behagel), 클루게(F. Kluge), 잔더스(D. Sanders), 집스(T. Siebs), 분더리히(H. Wunderlich) 등이 있었다.

일반독일언어협회는 그밖에도 정치가들에게도 막강한 영향력을 행사하였다. 빌헬름 2세는 언어에 있어 순수주의를 많이 언급하였고, 그 자신을 비롯하여 정부 관료들은 예컨대 우편이나 군대에서 사용하는 특정 전문용어나 행정용어를 순수 독일어로 바꾸게 했다. 제국건국(1871) 이후 우편, 철도, 교육, 행정 등의 분야에서 독일제국에 상응하는 통일적인 언어규범이 필요하게 되었다. 새로 선정된 전문 용어들은 가능한 한 외래어가 아닌 독일어여야 했다. 제국건국을 통해 새롭게 부활한 민족감정은 이런 소위 '언어 충성'(Sprachloyalität)으로 표현되기에 이르렀다.

이것은 특히 군사 분야에도 적용되었다. 군대 용어의 토대는 여전히 프랑스어였다. 이 분야에서 사용되는 수많은 프랑스어가 독일어로 대체되었는데, 예컨대 Charge(계급), Avancement(진급), Terrain(지형), Detachements(파견부대) 등은 Dienstgrad(계급), Beförderung(승진), Gelände(지형), Ableitung(파생)으로 각각 바뀌었다. 독일 황제 빌헬름 2세는 "짐의 군대에서 사용되는 언어의 순수성"[9]을 강조했다. 군대 용어에 미친 순수주의 영향은 통계적으로 봐도 분명히 드러난다. 라이너스에 따르면 '보병 교육 지침서'(1743)에는 492개의 외래어가 사용되었는데, 그나이제나우(Greisenau)는 외래어를 201개, 몰트케(Moltke)는 102개, 슈리펜(Schlieffen)은 42개로 줄였으며 1943년에는 불과 18개의 외래어만 사용되었다(Reiners, 1943: 476).

우편 용어에서도 독일어화가 성공적으로 이루어졌다. 독일제국 초대 우체국장인 슈테판(H. V. Stephan, 1831~1897)은 우편 용어 중 약 765개의 외래어를 순수 독일어로, 예를 들면 Mandat(지불명령), recommandiert(등기의), Billet(차표), couvert(봉투) 등을 Postanweisung(우편환), eingeschrieben(등기의), Fahrschein(차표), Briefumschlag(봉투)으로 바꾸었다. 후에 일반독일언어협회의 회장을 오랜 기간 역임했던 프로이센의 철도청 위원 자라친(O. Sarrazin)도 건축과 철도 분야의 용어를 순수 독일어화하는 작업에 동참했다. 철도 분야에서만 대략 1,300개의 외래어가 독일어로 바뀌었는데, 예를 들면

---

9 빌헬름 2세는 1899년 1월 1일에 군인의 계급 용어를 독일어로 바꿀 것을 명령했다(Olt 1987, 317).

Coupé(객차), Perron(플랫폼), Passagier(승객) 등이 Abteil(객실), Bahnsteig (플랫폼), Fahrgast(승객)로 바뀐 사례가 여기에 속한다. 그는 건축 행정 분야에서도 수많은 외래어, 예컨대 Nivellelementspläne(수준 측량 계획), Fundament(토대), Details(세목) 등이 Höhenpläne(고도계획), Grundbau, Einzelformen으로 바뀌었다(Nelz, 1980: 73).

이상에서 살펴본 바와 같이 공용어 분야에서의 순수주의는 민족의 자긍심을 상징하고 있다. 이렇게 정화된 공용어는 1871년 제국건립 이후에 성공적으로 통용되었다. 그러나 이런 공용화가 독일제국을 제외한 독일어권 나라들에서는 관철되지 못했다. 예컨대 오스트리아와 스위스는 외래어에서 유래했지만 자신들이 사용했던 관공서 용어를 계속 사용했다(Polenz, 1967: 80 이하).

프랑스와 영국과 전쟁하고 있을 때인 1차 세계대전 시기에는 특히 군사용어에서 적국의 언어에서 유래한 외래어들을 사용하지 말아야 한다는 인식이 강하게 퍼져있었다. 예컨대 언론인인 엥엘(E. Engel)은 '언어혼종'(Sprachmengerei)을 '독일 민족의 수치', '독일 민족성에 종양처럼 자라암을 유발하게 만드는 상처', '정신적 매국노' 등으로 깎아 내렸으며, 일반독일언어협회의 명예 위원으로 선임되었다. 이런 '전투적인 쇼비니즘'(Kirkness, 1984: 297)은 객관적이며 냉정한 관점에서 외래어를 비판하고 있었던 사람들을 협회에서 내모는 결과를 낳았다. 저서 『순수 독일어로 가는 새로운 노정』(*Neue Wege zum reinen Deutsch*, Breslau, 1925)에서 언어사회학, 언어 구조주의, 문체론 등의 이론에 따라 외래어 어휘의 역사와 현재 상황을 저술했던 슈테헤 같은 인물이 위와 같은 이유로 일반독일언어협회를 떠난 대표적 사례이다. 급진적이며 전투적인 순수주의를 더 이상 담고 있지 않지만 민족주의적인 목표를 새로이 확립하고 있는 일반독일언어협회의 새 규정이 1923년부터 효력을 발휘했다. 모국어의 육성은 여전히

'독일성의 보존', '조국에 대한 봉사' 등으로 간주되었다. 일반독일언어협회 잡지의 이름도 1925년부터 「모국어」(Muttersprache)로 바뀌었다.

1930년대 초 괴체(A. Götze) 회장 체제 하의 일반독일언어협회는 나치가 집권에 성공하자 크게 고무되었다. 그러나 나치의 고위 관료들이 외래어를 사용하지 않은 것은 아니었다. 오히려 외래어는 선동정치의 목적으로 많이 사용되었다. 일반독일언어협회는 나치 지도부의 이런 외래어 사용을 강력히 비판하였다. 협회의 많은 회원들은 이런 비판이 나치를 공격하기 위한 것이 아니고, 그들을 돕는 일이라고 믿었다. 그들은 일반독일언어협회가 '우리 모국어의 나치 돌격대'[10]가 되기를 희망했다. 예컨대 Konzentrationslager(유대인 수용소)를 Sammellager(집단수용소)나 Zwangslager(강제수용소), 혹은 Straflager(형벌수용소)로, Sterilisation(단종)을 Unfruchtbarmachung(불임수술)으로 대체하자고 제안했다(Bernsmeier 1983, 52). 그러나 히틀러와 괴벨스는 언어정화주의자들의 목표나 동기에 대해 관심이 없었다. 일반독일언어협회의 활동은 심지어 탄압받기도 했다. 1940년 교육부장관은 외래어에 대한 부자연스런 독일어화를 그만두라는 내용의 행정명령을 내렸다.

> 장관이며 수상청장이 돌린 회람에 따르면 -관공서에서도 마찬가지인데 - 오래 동안 독일어로 수용된 외래어가 대부분 기원이 되는 어휘를 번역하는 과정에서 발견되고 그로 인해 일반적으로 좋지 못한 표현들로 대체되고 있다는 사실이 최근 다양한 채널로 지도자의 주의를 끌었습니다. 지도자께서는 그런 종류의 강압적 독일어화를 원하지 않으시며, 오랜 기간에 걸쳐 독일어 체제에 순응한 외래어를 독일 정신을 타고나지 않았으며 외래어의 의미를 불완전하게 재현한 어휘들로 인위적으로 대체하는 것을 허용하지 않으십니다. 나는 이에 상응하는 주의를 요청하는 바입니다. 이 지시는 단지 독일 학문, 교육, 대중교양의 영역에서만 시달될 것입니다.[11]

---

10 F. Miebach, "Mehr Kampfgeist! Neue Wege für die Zweigvereinsarbeit", in: Zs 1934, Sp. 145-147, hier 146.; Bernsmeier 1983, 52에서 인용.

히틀러의 지시로 독일의 언어순수주의는 종말을 고한다. 히틀러는 자신의 저서 『나의 투쟁』에서 "민족, 혹은 더 나은 표현인 종족은 언어가 아니라 혈통에서 드러난다"(Hilter, 1941: 428)고 확신했다. 위의 지시가 하달된 후 모국어로부터 외래어적 요소를 제거하는 언어의 순수주의 유지는 더 이상 일반독일언어협회의 주요 과제가 되지 않았다. 모국어에서 유대어의 요소를 샅샅이 뒤져 없애고 그 자리를 게르만적 요소로 대체하는 것이 이제 일반독일언어협회의 임무가 되었다. 예컨대 keß('당돌한'), berappen('마지못해 지불하다'), beschummeln('속이다'), Kittchen('감옥'), Kohldampf('허기'), mies('싫은'), mogeln('사기치다'), pleite('파산한'), Schlamassel('곤궁'), Schmu('속임수'), Schofel('폐품'), Stuß('허튼 수작')등과 같은 단어들은 유대어에서 유래되었기 때문에 제거되어야 할 어휘 목록에 등장하기 시작했다(Polenz, 1967: 90).

일반독일언어협회의 역사는 정치와 정화주의가 얼마나 긴밀하게 연관되어 있는지 잘 보여준다. 외래어의 정의가 무엇인지, 훌륭한 문체는 어떻게 작성되는지, 언어가 호소 기능을 통해 어떤 의미를 지니게 되는지 등에 대한 이론적 논의는 거의 행해지지 않았다. 반면, 일반독일언어협회는 독일어의 어휘 형성에 많은 기여를 했고 협회의 영향력은 학교 교육에까지 미쳤다. 폴렌츠(1967)와 베른스마이어(1977, 394 이하)와는 달리 넬츠(1980)는 언어협회의 활동을 긍정적으로 평가하고 있다. 그의 주장에 따르면 "언어 육성의 유의미한 사고는 문화의 보존과 확산을 위한 노력의 일부"라는 사실을 인식시켜주는데 기여했다. "일반독일언어협회는 19세기 말 문학어의 어휘적 규범을 확정하는데 상당히 기여했고 독일어의 어휘 분야에서 분명히 인식될 수 있는 흔적을 남겼다"(Nelz, 1980: 111).

2차 세계대전이 끝난 후 일반독일언어협회의 후신인 독일언어협회

---

11 "Deutsche Wissenschaft, Erziehung und Volksbildung", *Amtsblatt* 6, 1940, 534.; Polenz 1967, 96에서 재인용됨.

(Gesellschaft für deutsche Sprache)가 바흘러(M. Wachler)에 의해 뤼네부르크에서 1947년 창립되었다. 독일언어협회는 외래어 사용을 더 이상 금지하지는 않았다. 협회의 목표는 독일어가 명료한 언어로 발전되기를 육성하는 것, 즉 외래어를 콘텍스트에 어울리게 적절히 사용하는 것이다(Hensen, 1957).

5. 결론

독일어 발전은 외국어의 영향, 예컨대 고대고지독어 시대에 라틴어의 영향, 중세고지독어 시대에는 프랑스어의 영향을 받았다. 근대고지독어 시대에 이르면 외국어의 영향은 더욱 두드러진다. 즉, 인문주의시대에 라틴어, 알라모드시대에 프랑스어, 근대에 영미어는 독일어의 발전에 많은 영향을 미쳤다. 외국어의 영향으로 외래어가 생성되었으며, 외래어의 수용은 찬반 논쟁을 끊임없이 불러왔다. 특히 이런 논쟁은 중요한 사건을 계기로 역사의 전면에 등장하게 되는데, 예컨대 '30년 전쟁'의 시작(1618), 프랑스 혁명(1789), 독일제국의 건국(1871), 나치 집권(1933) 등은 독어사에서 외래어 논쟁의 정점을 찍던 계기가 되었다. 이처럼 외래어라는 '특정 문자의 사용과 정치의 상호관련성'은 독일어 발전을 통시적으로 관찰해보면 일목요연하게 드러난다.

독일어 발달사에서 외래어의 수용은 특히 간과될 수 없는 한 가지 중요한 결과를 낳았다. 그것은 외래어 수용의 강도에 따라 독일어를 모국어로 사용하는 오스트리아와 스위스 독일어가 독일의 고지독일어와 구분되는 중요한 하나의 기준을 제공하였다는 사실이다. 그 외에도 1945년 패전으로 분단된 동서독의 정치적 상황은 외래어 수용에 따라 영미어를 많아 받아들인 서독 특수어와 러시아어에서 유래한 외래어를 많이 사용한 동독 특수어가 서로 나누어져 발달하게 되었다. 1990년 독일의 통일로 인해 동서독의 언어도 통일되었는데, 그 과정에서 동독 특수어, 특히 어휘 분야에서 러시아어 유래의 외래어들이 사라지게 되었다.

■ 참고문헌

Bach, A.(1979), *Geschichte der deutschen Sprache*, Heidelberg.
Bernsmeier, H.(1977), "Der Allgemeine Deutsche Sprachverein in seiner Gründungsphase", in: *Muttersprache* 87, 369-395.
Bernsmeier, H.(1980), "Der Allgemeine Deutsche Sprachverein in der Zeit von 1912 bis 1932", in: *Muttersprache* 90, 117-140.
Bernsmeier, H.(1980), "Der Allgemeine Deutsche Sprachverein im Dritten Reich", in: *Muttersprache* 93, 35-58.
Campe, J. H.(1970), *Wörterbuch zur Erläuterung und Verdeutschung der unserer Sprache aufgedrungenen fremden Ausdrücke. Ein Ergänzungsband zu Adelung's und Campe's Wörterbüchern.* Reprografischer Nachdruck der Ausgabe Braunschweig(1813), Hildesheim/New York.
Conermann, Klaus(2017), "Einführung. 400 Jahre Fruchtbringende Gesellschaft. Sprachreform - Friedesstreben - Zivile Gesellschaft", in: G. Ball/K. Conermann/A. Herz/H. Schmidt-Glintzer, Fruchtbringende Gesellschaft (1617-1680). Hundert Jahre nach der Reformation. Wiesbaden, 19-34.
Dietrich, M.(1976), "Das Fremdwort in der Arbeit der Gesellschaft für deutsche Sprache", in: *Sprachdienst,* 78-80.
Duden(1989), *Deutsches Universal Wörterbuch*, 2. Aufl., Mannheim/Wien/Zürich.
Engel, E.(1912), *Deutsche Stilistik*, Leipzig.
Grimm, J. u. W.(1854-1954), *Deutsches Wörterbuch*, Leipzig.
Hensen, W.(1957), "Gedanken über die Aufgaben der Gesellschaft für deutsche Sprache", in: *Muttersprache* 67, 2-6.

Hitler, A.(1941), *Mein Kampf*, München.
Ingen, F. v.(1986), "Die Sprachgesellschaften des 17. Jahrhunderts. Zwischen Kulturpatriotismus und Kulturvermittlung", in: *Muttersprache* 96, 137-146.
Kirkness, A.(1975), *Zur Sprachreinigung im Deutschen 1789-1871. Eine historische Dokumentation.* Bd. I u. II, Tübingen.
Kirkness, A.(1984), "Das Phänomen des Purismus in der Geschichte des Deutschen", in: W. Besch/O. Reichmann/S. Sonderegger (Hrsg.), *Sprachgeschichte. 1/II. Eine Handbuch zur Geschichte der deutschen Sprache und ihrer Erforschung,* Berlin/New York, 290-299.
Nelz, D.(1980), "Zum Einfluß des Allgemeinen Deutschen Sprachvereins auf die lexikalische Norm der Literatursparche im 19. Jahrhundert", in: *Liguistische Studien* 66/V, Berlin, 68-115.
Olt, R.(1987), "Was ist fremd im Deutschen?" In: *Muttersprache* 97, 300-322.
Polenz, P. v.(1967), "Sprachpurismus und Nationalsozialismus. Die Fremdwort-Frage gestern und heute", in: B. v. Wiese/R. Henß (Hrsg.), *Nationalsozialismus in Germanistik und Dichtung. Dokumentation des Germanistentages in München vom 17.-22. Okt. 1966,* Berlin, 79-112.
Polenz, P. v.(1991), *Deutsche Sprachgeschichte vom Mittelalter bis zur Gegenwart.* Bd. I, Berlin/New York.
Schiewe, J.(1988), "Joachim Heinrich Campes Verdeutschungsprogramm. Überlegungen zu einer Neuinterpretation des Purismus um 1800", in: *Deutsche Sprache* 16, 17-33.
Wells, C. J.(1990), *Deutsch: eine Sprachgeschichte bis 1945,* Tübingen.

* 이 글은 아래의 논문을 이 책의 기획과 형식에 따라 수정한 것임을 밝힌다.
  최경은, 「독일 언어정화주의 담론의 역사」, 『유럽사회문화』 20호, 187~212쪽.

러시아에서 언어순수주의의 발현과 전개 양상
— 18세기에서 20세기까지 —

남혜현

1. 머리말

순수주의는 문화에 대한 일종의 간섭, 교정 활동이며, 언어순수주의는 순수주의의 넓은 현상 가운데 언어에 한정되는 현상을 지칭한다. 따라서 언어순수주의는 대개 문학, 건축, 음악과 같은 문화의 여러 영역에서의 순수주의적 경향과 병행한다.

언어순수주의는 고전과의 연속성에서 문학어(literary language)의 전통성을 강조하므로 모든 혁신적인 언어 사용을 위협적인 것으로 인지하며 언어 간 접촉에 의한 변화를 문화적 결핍의 결과로 간주한다. 즉 순수주의는 언어의 순수성을 훼손한다고 여겨지는 모든 종류의 변화를 거부한다. 그러나 순수주의의 발흥 동기와 목적은 다양하며, 이에 따라 그 구체적인 내용도 달라질 수 있다. 토마스는 순수주의를 자극하는 요소로 이방공포증(xenophobia), 의고화(archaization), 현대화(modernization), 민속성(folkishness), 엘리트주의(elitism)를 지적했다(Thomas, 1988: 101-104). 이방공포증이란 단일한 언어의 위상과 통합성에 위협이 되는 외적 요소로부터 언어를 지키려는 노력이다. 의고화는 과거의 언어를 가장 순수한 것으로 여기므로, 모든 언어의 변화를 순수성에 해가 되는 것으로 간주한다. 반대로 현대화는 과거에 만들어진 어휘는 잘 이해되거나 사용되지 않으므로 부정하고 제거하려는 경향이다. 민속성이란 방언, 민요, 속담 등을 어휘적 풍요의 원천으로 보고, 특히 방언을 차용어의 영향에 가장 덜 노출된 순수한 어휘로 평가한다. 반대로 엘리트주의는 문학어의 위상을 중요시하여 사회 방언 및 지역 방언을 비표준적 요소로 간주하고 거부한다. 즉 현대화와 의고화, 그리고 민속성과 엘리트주의처럼 상반되는 동기와 목적이 모두 순수주의라는 이름으로 포괄되며, 투쟁의 대상으로 삼는 언어요소는 극단적으로 다르다.

그러나 모든 경우 순수주의는 특정 언어 요소의 수용과 거부를 통해 언어 발전에 인위적으로 개입하며, 이러한 목적을 달성하기 위해 구분(identification), 검열(censorship), 제거(eradication), 금지(prevention), 대체(replacement)와 같은 처방적(prescriptive) 행위를 한다는 공통점을 갖는다(Thomas, 1988: 99-101). 따라서 순수주의는 언어의 규범화와 성문화와도 관련되는데, 그것은 순수주의와 규범화가 모두 특정한 경계를 중심으로 포함과 배제의 활동을 전제로 하기 때문이다.

토마스는 순수주의의 발현을 자극하는 가장 강력한 동기로 민족주의적 미학의식을 제시한다(Thomas, 1991: 39). 민족주의적 미학의식은 무엇이 민족문화와 민족의 정체성을 형성하는지를 규정하며 민족적인 것은 순수한 것으로, 비민족적인 것은 불순한 것으로 간주한다. 그리하여 민족어가 내, 외부로부터의 위협에 처해있다는 불안감은 언어순수주의를 자극한다는 것이다. 즉 순수주의는 집단 정체성 논의와 불가분의 관계에 놓여있으며, 정체성의 모색이 활발할 때 언어에 대한 담론에서 순수주의 경향도 강화된다.

고햄에 따르면, 급격한 사회적 변화는 언어 문화의 변화, 곧 글쓰기와 말하기의 오래된 모델을 폐기하고 언어적 혁신과 새로운 질서의 형성으로 이끈다. 그리고 이러한 격변은 대개 언어적 순수주의라는 반응을 낳는다고 강조한다(Gorham, 2000: 133-153). 그것은 급격한 사회 변화는 필연적으로 언어 규범을 포함한 전반적인 사회 질서를 재설정할 필요를 가져오기 때문일 것이다.

러시아에서도 중요한 역사적 변곡점에서는 여러 차례 '오래된 언어'와 '새로운 언어' 간의 갈등과 언어를 둘러싼 논쟁이 벌어졌다. 러시아의 민족적, 문화적 정체성 확립 과정에서 가장 결정적인 국면은 단연 18세기 초반 표트르 대제의 서구화 개혁이다. 표트르 대제의 주도로 1703년 발트 해 연안의 불모지 위에 세워진 페테르부르크는 그 자체로 '근대' 러시아 문화의 새로운 방향성을 표상하는 상징적인 기호였다. 언어의 영역에서도 서구화 개혁은 프랑스어, 독일어, 네덜란드어, 영어 등 여러 유럽어와의 전례 없는 언어접촉을 가져왔으며, 이에 많은 차용어가 러시아로 유입되었다. 특히 프랑스어는 상류사회의 실질적인 소통어로 기능했으며 이는 러시아어의 위상에 대한 많은 작가들과 지식인들의 우려를 낳았다.

또한 사회의 세속화로 인해 이전까지 문학어로 기능하던 교회슬라브어의 사용영역이 축소되고, 러시아어에 기반을 둔 상용어(chancery Russian)의 사용이 확산되었다. 이와 같은 혼란스러운 상황 속에서 통일된 규범을 갖춘 단일한 문학어 형성의 필요성이 대두되었으며, 전통적인 문어체인 교회슬라브어와 상류사회의 회화체 가운데 무엇이 향후 러시아 문학어의 근간이 되어야 할지에 대한 격렬한 언어 논쟁이 시작되었다. 특히 이 시기 러시아어에 대한 담론은 서유럽 문화의 일방적인 확산에 대한 찬반의 논의와 밀접한 관련 속에 전개되었으며, 러시아가 나아가야 할 길에 대한 사회 전반적인 논쟁의 흐름에서 중요한 위치를 차지했다.[1] 그리하여 18세기 중엽 이후 19세기 초까지 지속되었던 러시아어에 대한 논쟁은 당시의 중요한 문화적 현상이었으며, 특히 집단 정체성에 대한 논의, 민족어의 위상이 위협받는다는 우려, 단일한 규범어의 필요성 등은 이 시기 언어논쟁에서 순수주의 담론의 발현 동기가 된다.

1917년 혁명과 소비에트 체제의 출발도 러시아에서 순수주의를 또 다시 언어 논쟁의 중심에 놓았다. 전체주의 소비에트는 대중을 동원하고 이들의 에너지를 응집할 수 있는 실제의 혹은 가상의 적을 필요로 했다. 당은 언어를 통한 대중의식의 조작 가능성을 주목했으며 언어순수성 개념은 이러한 프로파간다적 목적에 잘 부합했다. 따라서 특정 언어요소들을 언어의 적으로 간주하는 언어순수성 투쟁은 소비에트 전 시기에 걸쳐 대중매체에서 적극적으로 선전되었으며 언어 정책의 중요한 부분이 되었다.

본 연구는 18세기 중반부터 20세기 소비에트 시기까지 러시아어를 둘러싼 담론에서 순수주의의 발현과 전개 양상을 살펴보는 것을 목적으로 한다. 2장에서는 러시아에서 언어순수주의가 등장한 역사적 배경을 간략히 살펴보고, 3장에서는 18세기의 지식인 트레디야콥스키의 언어관, 4장에서는 19세기 초 카람진과 쉬쉬코프의 언어논쟁, 그리고 5장에서는 소비에트의 언어정책에서 나타난 순수주의적 경향을 살펴본다.

---

1 표트르 대제 시대 문화와 사회적 패러다임의 변화는 언어 논쟁을 가져왔으며, 이는 15~16세기 르네상스시기에 이탈리아에서 고전어 인문주의자들과 속어 인문주의자들 사이의 "언어문제 Questione della lingua" 논쟁을 상기시킨다(Cracraft 2004: 256). 당시 브루니(Leonardo Bruni)를 비롯하여 라틴어를 지지하는 고전어 인문주의자들은 민중이 사용하는 속어의 다양성은 규범과 문법을 갖춘 라틴어에 대조되는 불행한 현상으로 간주했다. 그들에게 라틴어는 잃어버린 완전한 문명의 산물로 특권적인 위상을 지니고 있었다. 반면 레온 바티스타 알베르티(Leon Battista Alberti)를 비롯한 속어 인문주의자들은 속어의 권리와 문학어의 민주화를 주장했으며 이는 모든 시민들의 평등한 권리와도 연결되었다. 15세기 중반까지 고전인문주의는 속어를 멸시했지만, 후반에는 속어인문주의를 통해 그리스 고전어와 토스카나어의 연구가 일어났다. 속어인문주의의 성공은 15세기 중반부터 인쇄술의 발달과 깊은 연관을 갖는다(김명배, 2003: 15-18).

2. 러시아에서 언어순수주의의 등장 배경

러시아 언어상황의 가장 큰 특징은 오랫동안 지속하여 온 교회슬라브어(церковнославянский язык)와 러시아어의 공존 관계이다. 교회슬라브어는 그 명칭에서도 알 수 있듯이 종교적 언어이다. 교회슬라브어는 정교(Orthodox Church)를 받아들인 많은 슬라브 지역에서 예배와 종교 문헌의 언어로 사용되는 전통적인 슬라브어이다. 이 언어는 슬라브인의 전도를 위해 9세기에 최초의 슬라브 문자를 창제했다고 알려진 그리스 수도사 키릴과 메포디가 원형으로 삼았던 그리스어와 불가리어 등 남슬라브어의 요소를 다수 포함한다.

교회 슬라브어는 정교를 국교로 삼았던 러시아, 불가리아, 세르비아에서 민족을 초월한 교회어이자 문화어로 기능한 동시에, 각 지역적 민족어와 융합하며 점차 분화되었다. 그러나 이 언어는 주로 문어로만 사용되었으므로 일상 구어와는 매우 구별되었다. 러시아의 고대 국가인 키예프 루시도 988년 비잔틴 제국으로부터 그리스 정교를 받아들인 이래로 교회슬라브어는 수 세기에 걸쳐 러시아어의 발달에 강력한 영향을 주었다.

키예프 루시에서 교회슬라브어는 문어적 전통과 관련되며 높은 위상을 누렸다.[2] 반면 러시아어(혹은 당시의 동슬라브어)는 주로 행정문서와 일상의 소통 영역에서 사용되었다. 이러한 점에 근거하여 우스펜스키는 키예프 루시 시대부터 17세기까지 교회슬라브어와 러시아어(혹은 동슬라브어)사이에 양층언어 상황이 존재했다고 주장한다(Успенский 1994: 54-

---

[2] 교회슬라브어를 신성시하는 태도는 17세기 니콘의 종교개혁 및 교회분열 사건과도 관련이 깊다. 양층언어가 유지되던 11~17세기 러시아에서는 교회슬라브어의 올바르지 못한 사용을 죄악시했다. 1653년 니콘의 개혁에 대한 구교도들의 저항에서도 이러한 태도를 볼 수 있다. 그리스어 원본을 토대로 한 니콘의 교회 서적 수정은 구교도들의 강력한 저항을 불러일으켰다. 교회슬라브어는 정교의 상징이었으므로 이 언어에 대한 어떠한 수정도 수용될 수 없었기 때문이다(길윤미, 2014: 103).

63).³ 그러나 18세기 초 표트르 대제의 서구화 개혁 이후, 정교의 깊은 영향 하에 있던 러시아는 유토피아적인 중세를 거부하고 유럽식의 근대를 도입하며 계몽되고 진보된 서구 세계에 진입하게 되었다. 사회의 전반적인 서구화와 세속화의 결과 문어로서 교회슬라브어의 사용영역은 축소되고 러시아어에 기반을 둔 상용어의 사용이 확산되었다.

특히 1708년 표트르 대제의 문자개혁은 언어의 영역에서 세속화를 상징하는 중요한 사건이었다. 표트르 대제는 반언설체(полууставь, semi-uncial) 교회슬라브어 문자를 버리고 중세의 장식적 서법과 잉여적인 문자들을 제거하고 몇 개의 라틴문자와 그리스 문자를 차용해서 32개 철자의 시민문자(гражданский шрифт)를 만들었다. 시민 문자의 형태는 이전에 비해 둥글어졌고 쓰고 읽기에 더 쉬워졌으며 약자(титло)와 위첨자, 아래 첨자를 없애는 등 구문자와 매우 구별되었으며, 서유럽 문자와 유사한 형태로 기계식 인쇄가 가능해졌다.⁴

구문자와 신문자는 인쇄물의 성격에 따라 선별적으로 사용되었다. 종교 서적은 시민문자로 인쇄될 수 없으며, 세속의 책은 교회 활자, 곧 구문자로 인쇄될 수 없었다. 이 새로운 문자는 신문과 최초의 수사학 교재,

---

3 우스펜스키의 양층언어설 외에도 고대 러시아의 언어상황에 대해서는 여러 의견이 존재한다. 렘뇨바는 교회슬라브어, 구어체 러시아어 그리고 상용어를 포함한 삼층언어(тригл оссия)를 주장했다(Ремнева 2003). 워드는 고대 러시아는 특수한 사회적 기능과 음성, 형태, 통사, 어휘 규범을 갖는 몇 개의 언어들이 존재하는 다중심적 언어상황이라고 주장했다(Worth, 1977: 254). 필린을 비롯한 몇몇 연구자들은 교회슬라브어와 러시아어 간에 기능적 상호 침투가 있었으므로 이중언어현상이 존재했다고 주장한다(Филин, 1981: 250).
4 언설체(uncial script)는 4세기부터 8세기에 걸쳐 라틴어와 그리스어의 필사본에서 사용되었던 대문자만의 글꼴이다. 반언설체는 언설체에 비해 더욱 인간의 손글씨를 닮은 서체이며, 후에 소문자 출현의 시작이 된다. 반언설체는 지역에 따라 특색있게 변화했다. 키릴문자의 반언설체는 14세기 후반에 형성되었으며, 언설체와 비교하여 더 작고 둥근 형태를 띤다. 러시아에서 반언설체는 글자 위에 덧붙이는 기호들이 많으며 8, s, ѳ와 같은 몇몇 독특한 문자를 포함한다. 반언설체는 당시 교회서적 뿐 아니라 다양한 세속의 서적에서도 사용되었으나, 표트르 대제가 시민문자를 선포한 1708년 이후 반언설체의 사용은 교회 서적으로 제한되었다.

역사 교재, 학술서 등 많은 서적의 인쇄에 사용되었다. 구문자와 신문자의 대립은 각 문자가 원형으로 삼은 그리스 문자와 라틴 문자의 대립이자, 전통 문화와 서구 문화의 대립을 상징하기도 했다.

언어의 영역에서 서구화 개혁은 프랑스어, 독일어, 네덜란드어, 영어 등 여러 유럽어로부터 수많은 차용어의 유입을 가져왔다.5 특히 프랑스어는 러시아 상류사회의 실질적인 소통어로 기능했으며, 프랑스어의 유창한 구사는 당대의 교양과 지식의 최전방에 있음을 보여주는 기호였다(길윤미, 2014: 106). 물론 외래어의 사용에 대한 저항과 우려도 있었다. 알렉산드르 수마로코프의 희곡 <괴물들>(Чудовищники)(1750), 미하일 헤라스코프(Махаил Херасков)의 희곡 <무신론자>(Безбожник)(1761), 이반 엘라긴(Иван Елагин)의 <Zhan de Mole 또는 러시아의 프랑스인>(Zhan de Mole или русский француз)(1764), 알렉산드르 카린(Александр Карин)의 <프랑스에서 돌아온 러시아인>(Россианин, возвратившийся из Франции)(1760)은 모두 프랑스 애호주의에 대한 비난을 담았다. 이 가운데 가장 대표적인 작품은 데니스 폰비진(Денис Фонвизин)의 <연대장>(Бригадир)(1783)인데, 이 글은 프랑스인이 되길 열망하는 이바누쉬카와 그의 아버지이자 열렬한 애국주의자인 연대장 사이의 갈등을 주축으로 한다. 이 글에서 폰비진은 러시아어 문법이 프랑스어식 번역차용어(calque)로 인해 분열되고 있다고 주장하며, 그가 제시한 올바른 언어의 사용과 조국애 사이의 관계는 이후의 많은 보수주의자들에게 큰 영향을 주었다.

이 시기 새로운 개념을 표현하기 위해 신조어도 많이 만들어졌는데 특

---

5 기술, 군사, 해양 분야에서는 독일어, 네덜란드어, 프랑스어, 영어 차용어가 지배적이었고, 과학 및 철학분야에서는 라틴어휘가 압도적으로 많았다(행정영역: ранг, патент, штраф, полицмейстер, ордер, камергер, канцлер, арестовать, конфисковать 등; 군사영역: брешь, бастион, гарнизон, пароль, лафет, юнкер 등). 또한 라틴어로부터의 번역차용어(calques)도 있었다(искусство - experientia; вменение - imputatio; обязательство - obligatio; страсть - affectus; отрицательный - negativus 등).

히 교회슬라브어의 접사를 통해 추상적인 개념을 표현하는 경우가 많았다. 가장 생산적인 접사는 -ение, -ание, -ние, -ие, -ство, -ость, -тель, -тельство였다. 예) собрание, взятие, учитство, потребность, исследователь, домогательство. 이처럼 다채로운 어휘들이 폭발적으로 증가하면서, 서로 다른 문체적 속성의 어휘들이 한 텍스트 속에서 나란히 사용되며 충돌하는 경우가 많아졌다.

이질적인 언어 요소들의 무질서한 혼합은 정돈된 문학어에 대한 필요성을 더욱 높였다. 그리하여 러시아어의 규범화와 새로운 문학어를 주제로 한 뜨거운 논쟁이 문학 서클과 살롱을 중심으로 전개되었다. 문학어는 어떠해야 하는가? 무엇이 문학어의 토대가 되어야 하는가? 문학어는 차용어와 어떤 관계를 맺어야 하는가? 이 모든 문제들은 상류사회의 살롱과 문학 서클에서도 열정적으로 토론되었다. 이러한 러시아 문학어의 모델에 대한 논쟁은 러시아가 나아가야 할 길에 대한 사회 전반적인 논쟁의 흐름에서 중요한 위치를 차지했다.

3. 18세기 중반 트레디야콥스키의 순수주의

바실리 키릴로비치 트레디야콥스키(1703-1769)는 아스트라한 지방의 하급 가톨릭 성직자의 아들로 태어났다. 그는 네델란드와 프랑스에서 유학한 후 1730년 귀국하고 곧 시인과 번역가로서 명성을 얻었다. 당시의 저명한 작가들처럼 그는 러시아어의 발달에 큰 관심을 두고 이에 대한 여러 글을 썼으며, 정자법 개혁 등 러시아어의 규범화에 적극적으로 참여했다. 특히 이 시기 언어 담론에서 트레디야콥스키는 매우 흥미로운 위상을 갖는다. 그의 창작 활동은 러시아 문화의 과도기, 곧 중세의 종교적 전통과 서구적, 세속적 개혁 사이의 투쟁과 갈등이 고조되던 시기에 시작되었다. 구콥스키(Гуковский, 1965: 43)에 따르면, 트레디야콥스키는 키예프식 스콜라 철학과 계몽의 시대 사이의 경계에 살았다. 그의 이중적인 환경은 언어관에도 반영되어, 그의 언어관은 1740년대 중반을 기점으로 극단적으로 달라진다. 따라서 그의 언어관을 전기와 후기로 나눌 수 있는데, 아래에서 살펴보겠지만 모든 시기 그의 언어관에는 순수주의적 관점이 관통한다.

3.1. 트레디야콥스키의 전기 언어관

1730년 유럽에서 돌아온 후 젊은 트레디야콥스키는 유럽어의 모델에 따라 러시아 문학어를 개혁해야 한다고 주장했다. 그의 제안으로 1735년 러시아 학술원 산하에 러시아 의회(Российское собрание)가 발족하는데, 이는 아카데미 프랑세즈처럼 언어의 순수성을 지키기 위한 목적을 가졌다. 트레디야콥스키는 이 러시아 의회의 활동에 활발히 참여했다.

그의 전기 언어관의 가장 큰 특성은 서유럽 언어상황을 모델로 하여 러시아의 언어 상황을 이해하고자 했다는 점이다. 그는 18세기 서유럽의 언어 상황을 죽은 라틴어와 살아있는 민족어인 유럽어의 대립 관계로 파악했다. 즉 교회슬라브어와 러시아어는 별개의 언어이며, 교회슬라브어가 라틴어처럼 죽은 언어인 반면, 살아있는 러시아어는 문학어로서의 역할을 확장해야 한다는 것이다. 그는 새로운 시대적 요구에 부응하는 러시아 문학어를 만드는 길은 유럽의 다른 문학어들이 걸어온 길과 같아야 하며, 특히 프랑스어는 모든 유럽어 가운데 가장 상쾌하고 달콤하고 정중한 언어라고 찬양하며 유럽의 모든 계몽된 민족들이 따라야 할 본이 된다고 주장했다. 또한 그는 학문과 교육의 언어로서 라틴어의 독점적인 역할을 반대했다(Тредиаковский, 1849: III: 579-580, 583-584).

그리하여 젊은 트레디야콥스키는 프랑스 문화를 러시아 문화가 지향해야 할 이상적인 모델로 간주했으며, 아카데미 프랑세즈 소속의 문법학자였던 클로드 보줄라(Claude Favre Vaugelas)로부터 깊은 영향을 받았다. 보줄라는 궁정과 사교계에서 쓰는 프랑스어를 가장 모범적인 언어 용례(bon usage)라고 보았으며, 이 모범적인 용례에서 벗어나는 어법은 '민중어의 찌꺼기 lie du peuple'라고 간주하였다. 그는 궁정어를 제외한 모든 사회 방언과 지역 방언을 배척하면서 언어의 다양성을 인정하지 않는 엘리트적 순수주의를 고수했다. 1647년 보줄라는 <불어에 관한 고찰 Remarques sur la langue française>에서 다음과 같이 썼다. "궁정에서는 이런 방식으로 말하고 시골에서는 저런 방식으로 말할 때, 궁정의 방식을 따라야 한다는 것은 원칙이다. 궁정의 용법은 다른 곳의 용법에 우선해야 하며 그에 대한 아무런 이유도 찾지 말아야 한다..." 보줄라의 언어관은 그 당시 부상하는 귀족들과 부르주와 계층의 광범위한 지지를 받았다(김현권, 2003: 107). 트레디야콥스키 역시 언어 규범을 정하는데 언어 용례(употребление)를 가장 중요한 기준으로 삼되, 상류층의 모범적인 언어 용례를 강조하며 규범의 중요한 미학적 기준으로서 '취향'(вкус)을 제안했다.

또한 그는 모범적인 용례로서 일상어를 지향하며 문어로만 사용되던 교회슬라브어를 거부했다. 1730년 그는 폴 탈레망(Paul Tallemant)의 소설 <Le voyage de l'isle d'amour, a Licidas>의 러시아어 번역본 <Езда в остров Любви>을 출간했으며, 그 책의 서문에서 교회슬라브어가 세속의 내용을 담기에 부적절하고 난해하며 딱딱하고 부자연스럽게 들린다고 주장했다. 그는 러시아어나 프랑스어 같은 살아있는 언어를 교회슬라브어나 라틴어 같은 죽은 언어와 비교하며, 전자를 섬세한(нежный) 언어로, 후자를 거친(жесткий) 언어라고 묘사했다. 이처럼 트레디야콥스키의 언어관은 프랑스 순수주의의 영향을 받아 자연스러운 일상어를 성문화의 기본으로 삼되, 상류층의 언어 사용을 모범으로 삼고 기타 사회방언과 지역 방언을 허용하지 않는다는 점에서 엘리트적 순수주의의 경향을 띤다고 할 수 있다.

그러나 그의 전기 언어관은 몇 가지 중요한 한계를 갖는다. 우선 그는 문학어의 토대를 상류층의 일상어에 두었는데, 당시 러시아에서는 아직 사회적 계층에 따른 언어 분화가 형성되지 않았으며, 따라서 상류층의 일상어(프랑스어가 아닌)는 민중의 일상어와 그다지 다르지 않았다. 로트만(Лотман, 1985: 228)는 트레디야콥스키가 상류층의 모범적인 언어 용례를 언급했을 때, 아마 그는 독일 루트비히 14세 치하의 궁중 귀족과 같은 사회를 염두에 두었으며, 따라서 그의 글은 유토피아적 모티브를 갖는다고 지적했다.

또한 그는 문어의 형태로만 존재하여 자연스러운 구어로 실현되지 않는 "난해한 교회슬라브어(глубокословная славенщизна)"를 거부했다. 그러나 교회슬라브어의 배제는 간단한 일이 아니었다. 서구화를 추진했던 표트르 대제의 치하에서도 교회슬라브어는 유일한 종교어의 지위를 유지했다(Живов, 1996: 267). 게다가 교회슬라브어는 오래된 문학 전통 그 자체였으므로, 교회슬라브어를 거부하는 것은 많은 러시아 작가들에게는 수용할 수 없는 일이었다. 그리하여 교회슬라브어의 완전한 배제는 18세기 중엽의 러시아에서는 실현될 수 없는 과제였다. 심지어 트레디야콥스키의 진보적인 주장은 그 자신의 문학작품에서도 실현되지 못했다. 그의 작품 언어는 많은 교회슬라브어와 관청어 요소를 포함했고 통사구조는 무겁고 길었다(Виролайнен, 2007: 241).

3.2. 트레디야콥스키의 후기 언어관

창작 활동 초기에 트레디야콥스키는 표트르 대제의 개혁이 가져올 미래의 가능성에 열렬히 환호하며, 그 자신을 표트르 대제처럼 진부한 러시아 사회의 가부장적 구조와 투쟁하는 혁명가로 간주했다. 그러나 그가 상류층의 언어를 모범 삼아 러시아 문학어를 개혁할 것을 주장했음에도 불구하고, 역설적으로 그 자신은 하급 성직자 가정의 출신이었기 때문에 귀족의 경멸을 받았다. 특히 부유한 후원자도 없었던 그는 늘 궁핍했고 당대의 지식인 로모노소프와의 경쟁에서 위축되었으므로 자신의 사회적 역할을 다시 설정해야 할 필요를 느꼈다.

1741년 표트르 대제의 딸 엘리자베타 페트로브나가 쿠데타를 통해 왕위에 올랐으며, 그녀의 치세는 1762년까지 계속된다. 이 쿠데타를 통해 러시아 귀족들은 당시 궁정의 고위직을 차지하던 독일계 러시아인들을 몰아내고 권력을 잡았으며, 정교회 역시 표트르 대제 이후 위축되었던 교회의 권위를 되찾고자 노력했다. 그리하여 이 시기 유럽어 숭배를 지양하고 교회슬라브어의 권리가 강화되었다. 1745년 정교회의 최고회의기구인 시노드(Синод)의 청원으로 트레디야콥스키는 학술원 교수가 되었으며, 이때부터 그는 자신의 사회적 역할을 구습과 투쟁하는 개혁가에서 민족의 계몽자로 바꾸었다(Живов, 1996: 37). 그는 서유럽 언어 모델의 추종을 버리고, 러시아의 역사적 전통과 신성한 교회슬라브어의 숭배로 돌아섰다. 그리하여 초기에 그가 서유럽의 언어 상황을 기준 삼아 러시아의 언어상황을 평가했다면, 1740년대 중반 이후 그는 러시아 언어상황의 고유한 특성에 집중하게 되었다. 그는 러시아의 문학적 전통은 문어체 교회슬라브어에 기반하고 일상어에 대립되며, 이러한 측면에서 유럽의 언어 상황과 구분된다고 인식했다. 그리하여 프랑스에서 말하는 대로 쓰는 것과 달리 러시아에서는 문학어와 일상어 사이의 분명한 거리가 존재할 수

밖에 없다고 인정했다.

이에 따라 그의 언어관은 전기와 비교하여 매우 달라졌다. 전기에 트레디야콥스키가 '난해한 교회슬라브어'를 단호히 거부하며 일상회화어를 지향했다면, 후기에 그는 정교의 열렬한 수호자가 되었으며 교회슬라브어를 신앙의 담지자로 보았다. 따라서 그는 정교의 성스러운 개념을 표현하는 어휘의 은유적, 비유적 사용을 거부했으며 성경의 인용구를 하문체(희극)에서 사용하는 것을 금지했다. 심지어 그는 교회슬라브어를 러시아어 순수성의 척도라고 했으며 <Телемахида>의 서문에서는 사실상 의고적 순수주의의 입장으로 전환했음을 천명했다(Камчатнов, 2005: 320). 이로써 그는 자연스러운 회화체 언어를 모범으로 삼던 프랑스 순수주의자들과 결별했으며, 문학어와 일상어를 철저히 구분했던 전통적인 문학어의 개념으로 회귀했다.

또한 전기에 트레디야콥스키가 서유럽의 문화적 영향을 지지했다면, 후기에 그는 서유럽의 영향이 러시아어에 해로운 것이라고 주장했으며, 서유럽어로부터의 차용어를 피하기 위해 교회슬라브어 조어 모델에 따른 신조어를 많이 만들었다. 적절한 러시아어 단어를 찾지 못하는 경우에는 어결합으로 대체하기도 했다. 예) abstraction - отвлечение от вещества, chaos - добро смеси, echo - отзывающий голос, enthousiasme - жар исступления, laboratorie - работная храмина. 그리하여 그의 전기 번역본에 등장하는 많은 차용어는 후기 개정본에서는 거의 나타나지 않았다.

이처럼 1740년대를 기점으로 그의 언어관은 급격한 변화를 겪지만 모든 시기에 걸쳐 그의 언어관에서는 순수주의적 경향이 발견된다. 그는 단지 러시아어를 기술하는 것이 아니라 더 나은 언어로 만들기 위해 특정 언어요소를 낙인찍고 문학어의 경계 밖으로 배제하고자 했으며, 이러한 면에서 그의 언어관을 관통하는 순수주의적 경향을 지적할 수 있다. 그의 전기 언어관이 프랑스 순수주의의 영향을 받아 자연스러운 언어를 성문화의 기본으로 삼되, 상류층의 언어 사용을 모범삼아 각종 사회 방언과 지역 방언을 허용하지 않는다는 점에서 엘리트적 순수주의의 경향을 띠는 반면, 후기의 언어관은 전통을 중시하며 모범적인 언어를 만들기 위해서 과거 교회슬라브어의 원형으로 회귀한다는 점에서 의고적 순수주의와 연결된다. 트레디야콥스키는 자신의 언어관을 여러 번역서와 이론서에서 기술했으나 동시대인들의 공감과 지지를 얻지는 못했다. 그러나 그의 언어관은 아래에서 살펴볼 19세기 초 쉬쉬코프와 카람진을 위시한 의고주의자들(архаисты, archaists)과 혁신주의자들(новаторы, innovators) 간 언어 논쟁의 단초가 되었다.

4. 19세기 초 카람진과 쉬쉬코프의 언어논쟁과 순수주의

위에서 살펴본 바와 같이 18세기에 러시아어는 문학어의 근본적 개편을 겪었으며, 러시아의 정치, 경제, 문화의 수준이 높아짐에 따라 통일되고 규범화된 문학어에 대한 필요성이 커졌다. 특히 18세기 말에서 19세기 초에 이르러 러시아는 프랑스 혁명의 영향으로 사회의 모든 분야에서 개혁에 대한 요구가 분출했으나, 다른 한편으로는 프랑스 나폴레옹으로부터의 위협, 서구의 자유주의 사상의 도전에 대항해서 러시아 국가, 정교의 신앙 그리고 러시아의 독특한 문화적 정체성을 지탱하고자 강력한 보수주의 운동이 일어났다(Hamburg, 2015: 118). 이러한 과정에서 교회슬라브어와 러시아어, 그리고 러시아어와 서유럽어 간의 새로운 관계를 설정할 필요가 커졌으며, 이 문제는 19세기 초 쉬쉬코프와 카람진을 필두로 했던 의고주의자들과 혁신주의자들의 논쟁으로 이어진다. 흥미롭게도

이 논쟁에서 카람진의 주장은 많은 부분 트레디야콥스키의 전기 언어관을, 쉬쉬코프의 주장은 트레디야콥스키의 후기 언어관을 계승한다.

쉬쉬코프와 카람진의 이 논쟁에는 당대의 작가, 시인, 정치가, 학자들이 두 진영으로 나뉘어 대거 참여했으며 각종 잡지와 단체들도 가세했다. 이 두 진영 간의 논쟁이 비단 언어문제에 국한되지 않고 정치적 성격을 띠었다는 것은 동시대인들에게 명료했다. 코발렙스카야(Е.Г. Ковалевская)는 이 언어논쟁의 의의를 다음과 같이 정리한다: "신문체와 구문체의 논쟁을 통해 언어학의 중요한 문제들은 처음으로 대중적인 관심을 얻었으며, 이 논쟁에서 제기된 문제들, 곧 러시아문학의 기원, 러시아문학어의 역사적 발달 단계, 러시아문학어의 두 가지 유형인 문어체와 회화체, 그리고 다양한 문체의 특성은 이후 200년간 러시아의 지식인과 언어학자들의 열띤 연구와 토론의 주제가 되었다."(Ковалевская, 1992: 184)

4.1. 카람진의 신문체론

니콜라이 카람진(1766~1826)은 작가이자 역사가였다. 1789년부터 약 2년간 독일, 스위스, 프랑스, 영국을 여행하고 돌아와 <러시아인 여행자의 편지>(Письмо русского путешенника)(1791~1792)를 출판했으며, 이 글에서 그는 교양과 문화의 이상적 원류로서 유럽과 후진적인 러시아의 이미지를 서술했다. 유럽에 대한 그의 지향성은 언어에 대한 글에서도 여러 차례 드러난다. 그는 무겁고 의고적인 문어체 위주의 문학어에서 탈피하여, 교양 있는 화자들의 생생한 회화체를 중심으로 새로운 문학어를 만들고자 했으며, 따라서 그를 러시아문학어의 혁명가라고 평가하며 그가 제시한 새로운 문학어를 신문체(новый слог)라고 명명한다.

카람진은 <언어의 풍요로움에 대해>(О богатстве языка)(1795)를 시작으로 <조국애와 민족의 자부심에 대해>(О любви к отечеству и народной гордостви)(1802), <이상함>(Странность)(1802), <왜 러시아에는 작가적 재능이 적은가?>(Отчего в России мало авторских талантов?)(1802)에서 언어문제를 다루었다. 이 글들에 따르면, 언어는 끊임없이 발전하고 변화하며, 따라서 가장 자연스러운 언어의 형태는 회화체이므로 문학어는 회화체를 지향해야 한다. 회화체에 대한 지향은 특정 사회적, 지역적 방언에 대한 지향을 전제로 하는데 카람진은 '취향'과 '미학적 감성'이라는 기준에 따라 새로운 문학어의 모델로 상류사회의 회화체를 선택했다. 또한 그는 이전의 무거운 의고적 문어체에 반대하며, 문장의 논리관계가 선명히 부각되며 고정된 어순을 가진 단문 위주의 통사구조를 선호했다.

그는 러시아어가 교회슬라브어에 기원한다는 쉬쉬코프의 의견에 동의하지 않으며, 교회슬라브어를 러시아어에 이질적인 요소로 간주한다. <프랑스 모드류의 러시아어 문법에 대해>(О русской грамматике француза Модрю)(1803)에서 카람진은 다음과 같이 썼다: "우리 교회 서적의 저자들과 번역가들은 그리스어의 모델에 따른 언어를 만들었으며, 여기저기 전치사를 넣고 많은 단어들을 늘리고 연결하는 화학적 수술을 통해 원형적인 고대 슬라브어의 아름다움을 왜곡했다." 또한 그는 교회슬라브어에 수많은 그리스어휘가 있음을 지적하며 교회슬라브어 어휘를 러시아어의 순수성에 모순되는 차용어로 보았다. 흥미로운 것은 <свое - чужое(자아 - 타자)>의 이원적 대립에서 교회슬라브어가 아닌 모든 것은 러시아의 것으로 인식되었으므로, 귀족의 회화체에서 사용되던 서유럽의 차용어 역시 러시아의 것으로 간주되었다는 사실이다.

카람진은 트레디야콥스키처럼 러시아 문학어를 개조하기 위한 모델로 프랑스 문학과 이론을 선택했으며 보줄라를 추종했다(Argent, 2015: 103). <왜 러시아에는 작가적 재능이 적은가?>(1802)에서 그는 "프랑스인들은 말하는 것처럼 쓰는데, 러시아인들은 재능있는 사람들이 쓰는 것처럼 말하고 있으며, 이제 러시아 작가들은 책을 덮고 자신의 언어를 완성하기 위해 주변의 대화를 들어야 하며 취향을 가진 사람들이 말하는 것처럼 아름답게 써야 한다"고 주장했다(Карамзин, 1848: Т. 3: 528-529).

이러한 관점에서 유럽어로부터의 차용은 러시아어를 유럽 문명에 연결시키는 매개체가 되고, 언어 접촉의 자연스러운 결과로 인식되었다. 그러나 카람진주의자들은 일종의 차용어였던 교회슬라브어 어휘는 부정적으로 평가했는데, 그것은 교회슬라브어 어휘가 구어에서는 사용할 수 없는 문어체 어휘이기 때문이다. 곧 그들이 거부했던 것은 교회슬라브어 자체라기보다는 회화체에서는 수용될 수 없는 모든 언어 요소들이었던 것이다.[6]

4.2. 쉬쉬코프의 구문체론

알렉산드르 쉬쉬코프(1754-1841)는 보수적인 구교도이자 로모노소프의 숭배자였으며, 문학의 민중성과 전통성을 주장했다. 따라서 그는 카람진의 서구지향성을 위험한 자유주의 사상과 관련짓고 서구의 혁명 후 현실을 부정했다. 쉬쉬코프의 언어문제에 대한 대표적인 글로는 <러시아어의 구문체와 신문체에 대한 고찰>(Рассуждение о старом и новом слоге российского языка)(1803), <러시아어의 구문체와 신문체에 대한 고찰에

---

[6] 회화체에 대한 지향은 르네상스적 기원을 갖고 있었다. 15~16세기 이탈리아의 고전어 인문주의자들은 문화적 국제어로서 라틴어를 지지했던 반면, 속어 인문주의자들은 토착어(vernacular language)의 권리와 문학어의 민주화를 주장했으며 이는 모든 시민들의 평등한 권리와도 연결되었다. 그러나 흥미롭게도 이 르네상스적 이념은 러시아에 수용되면서 전혀 다른 모습을 갖게 되었다. 라틴어처럼 중세 러시아에서 학술과 문화의 언어로 사용되던 교회슬라브어는 18세기 이후 서유럽문명으로부터 고립되면서 오히려 민족적인 것으로 인식되었다. 반면 상류사회의 회화체는 그것이 포함하는 수많은 차용어와 그 계급적 속성으로 인해 국제어로서 라틴어와 유사한 위상을 갖게 되었다(Успенский, 1994: 155-156).

덧붙이는 글>(Прибавление к сочинению называемому Рассуждению о старом и новом слоге российского языка)(1804) 등이 있다. <러시아어의 구문체와 신문체에 대한 고찰>에서 그는 문체를 작가의 이념적 지표로 여겼으며, 카람진주의자들이 유럽 혁명주의자들의 잘못된 가르침에 경도되었다고 비난했다.

특히 프랑스의 침략 위협이 현실화되던 1810년대 프랑스어 사용과 프랑스 문화의 무절제한 소비에 대한 반감은 쉬쉬코프의 보수주의적 민족주의의 토대가 되었다. 그는 프랑스어와 프랑스문화의 병폐로부터 러시아를 지키기 위한 수단으로 언어적 민족주의를 주장했다. 따라서 이 시기 그의 글 <러시아어 애호가 창설에 붙이는 말>(Речь при открытии Беседы любителей русского слова)(1810), <성서의 아름다움, 러시아어의 아름다움, 풍요로움, 힘이 어디에 기원하는지, 어떤 수단으로 이 언어를 확산하고, 풍요롭게 하고, 완성시킬 수 있을지에 대한 고찰>(Рассуждение о красноречии священного писания и о том, в чем состиот богатство, обилие и сила росийского языка и какими средствами оные еще более распространить, обогатить и усовершенствовать можно)(1811), <조국애에 대한 고찰>(Рассуждение о любви к отчеству)(1812), <아즈와 부카의 언어에 대한 대화>(Разговоры о словестности между двумя лицами Аз и Буки)(1812)는 애국주의적 감성을 짙게 담았다.7

이 글에서 그는 교회슬라브어는 러시아어의 기저어이며, 이 두 언어는 실질적으로 동일한 언어라고 주장했다. 단지 상위어인 교회슬라브어로 교회 서적이 쓰이고, 일상의 영역에서는 속어인 러시아어로 소통하고 세

---

7 보수적인 그의 언어관은 많은 부분 1760년대 언어신수설을 주장했던 요한 하만(Johann Georg Hamann)과 상대주의적인 관점에서 언어가 인간의 경험과 사회적 전통을 구현하고, 이것이 정체성을 이룬다고 주장했던 요한 헤르더(Johann Gottfriend Herder)의 영향을 받았을 것으로 추정된다(Hamburg, 2015: 122-124).

속적인 글을 쓴다는 것이다. 따라서 쉬쉬코프는 러시아어의 위대함을 복구하는 것은 오로지 과거의 전통, 곧 교회슬라브어로의 회귀를 통해서 가능하다고 주장한다.8 그는 동시대의 러시아인들이 프랑스어에 급급하여 슬라브어 텍스트 읽기를 포기하는 행위는 러시아의 정교적 전통에 등을 돌리는 행위라고 비난한다(Шишков, 1818-1834: T. I: 83). 이처럼 언어의 순수성을 러시아 토착어가 아닌 교회슬라브어에서 모색했다는 점은 러시아 순수주의의 특성이다.9

또한 쉬쉬코프는 문어로서 교회슬라브어는 일상 회화체로부터 엄격히 구분되어야 한다고 주장했다. "일상 대화에서 교회슬라브어를 사용하는 것과 성경에서 속어를 사용하는 것이 얼마나 우스운 일이겠는가. 만약 시편에서 рече безумен в сердце своем несть Бог(악인은 이르기를 그 마음에 하나님이 없다 하며) 대신에 дурак говорит нет Бога(바보가 하나님은 없다고 말한다)라고 읽는다면 자기도 모르게 웃음이 나올 것이다. 이 둘의 의미는 완전히 같음에도 불구하고 말이다(Шишков, 1870: T. II: 215-216). 즉 교회슬라브어와 러시아어를 같은 영역에서 사용해서는 안 되는 것처럼, 문어체와 회화체는 명료히 구별되어야 한다는 것이다.

나아가 그는 언어 사용의 문제를 민족정체성 및 윤리의 문제와 관련짓는다. 쉬쉬코프에게 언어는 민족정신의 정수이며, 따라서 번역의 과정에서 원어가 가진 풍요로운 연상의미는 사라질 수 밖에 없다(Шишков,

---

8 교회슬라브어와 의고어는 민중성의 상징이 되며 카테닌(П.А. Катенин), 큐헬베케르(В.К. Кюхельбекер), 그리보에도프(А.С. Грибоедов) 등 혁명적 성향의 12월 당원(데카브리스트)들의 문학작품에서 중요한 역할을 했다. 쉬쉬코프는 카람진주의자들의 신문체에서 혁명적 위험성을 우려했지만 실상 혁명사상은 쉬쉬코프의 구문체와 관련되었던 것이다.
9 예컨대, 독일계 외국인으로서 러시아를 지배했던 에카테리나 2세는 다분히 민족주의적 순수주의 경향을 보였다. 그녀는 러시아 학술원의 사전 편찬 작업에서 가능한 차용어를 러시아어로 대체할 것을 지시했다. 그러나 그녀의 관점에서 순수한 러시아어는 교회슬라브어였다는 점에 주목해야 한다. 수마로코프는 회상록에서 여황제가 аще, понеже, якобы와 같은 고대 교회슬라브어식 표현을 즐긴다고 지적했다(Лотман, Успенский, 1975).

1818-1834, Т. I: 33-39).

언어를 민족정체성과 관련지었으므로 그는 차용어를 언어의 순수성을 해치는 요소로 보았다. 주로 갈리시즘(галлицизм)이라고 불리는 프랑스어 차용어를 비난했는데, 이는 넓은 의미에서 러시아어에 이질적인 모든 것을 통칭하는 기호가 되었다. 이에 그는 러시아어에 존재하지 않는 개념을 명명하기 위해서는 러시아어와 교회슬라브어 어근으로 형성된 새로운 어휘들을 만들어야 한다고 주장했으나, 대다수 그의 신조어는 러시아어에 뿌리내리지 못했다.[10] 예) актер(배우) - лицедей, индивидуальность(개성) - яйность, калош(덧신) - мокроступы, лабиринт(미로) - блуждалище.

4.3. 19세기 초 언어 논쟁에 나타난 순수주의적 경향

위에서 살펴본 바와 같이 카람진과 쉬쉬코프는 여러 이슈에 대해 극단적으로 다른 입장을 취했다. 쉬쉬코프는 전통적인 문어인 교회슬라브어의 역할, 문학어의 불변성, 그리고 언어와 민족정체성의 관계를 강조하며, 당시 상류사회에서 유행하던 프랑스어의 사용을 반대했다. 반면, 카람진은 언어 진화의 필연성을 강조하며, 러시아 문학어를 교회슬라브어에서 벗어나 상류사회에서 말하는 것처럼 쓸 것을 요구했으며, 세속적인 지식을 담기 위해 프랑스어식 표현(Gallicism)의 사용을 주장했다. 그럼에도 불구하고, 이 둘의 언어관에는 모두 언어순수주의적 태도가 발견된다.

---

10 독일은 러시아와 프랑스의 언어접촉에서 중간자 역할을 했으며, 따라서 러시아에서 차용어에 대한 수용과 저항도 독일의 깊은 영향을 받았다. 18세기 후반 러시아 귀족사회의 프랑스애호주의는 a la mode-Zeit 시기에 독일의 프랑스어 차용과 유사했으며, 실제로 많은 갈리시즘이 독일어를 통해 러시아에 유입되었다. 또한 프랑스어에 대한 저항 역시 독일에서 차용어에 대한 거부와 유사하다. 당시 독일의 낭만주의자들은 차용어를 대체하기 위해 고유한 어근을 사용한 많은 신조어를 제안했다. 그리하여 쉬쉬코프와 그의 지지자들이 제안한 여러 신조어들은 독일어 신조어를 모델로 만든 것이었다. 예컨대, кругозор는 차용어 горизонт(horizon)를 대체하기 위해 독일어 번역차용어 Rundschau를 모방하여 만들어졌다(Лотман, Успенский, 1975; Успенский, 1994: 161).

우선 이 둘은 모두 언어에 이질적인 요소들을 반대하며 언어 정화자로서의 역할을 주장했다. 그들은 러시아어가 우월한 속성에도 불구하고 충분히 존중받지 못하고 있으며, 이를 해결하기 위해서는 일종의 '정제'와 '가공'이 필요하다고 여겼다. 즉 그 둘은 모두 당시의 언어상황을 자아와 타자의 대립(свое-чужое)으로 보았는데, 어떤 요소를 이질적인 것으로 보느냐에 따라 이 대립의 구체적인 해석은 매우 달랐다.

나아가 카람진주의자들이나 쉬쉬코프주의자들 모두 언어와 정체성 사이의 유기적 연결을 강조했으며, 맹목적인 외국어 사용과 외국어 교육을 반대했다. 쉬쉬코프는 어린이가 프랑스 가정교사에게 교육받고 앵무새처럼 그들을 모방한다면 모국어의 지식을 충분히 습득하지 못하고 이는 모국어에 대한 경멸로 이어지므로, 러시아인들은 애국심을 가진 러시아인들에게 배워야한다고 주장했다. 카람진 역시 러시아인들이 러시아어로 된 작품을 충분히 읽지 않고, 프랑스문학을 선호한다고 비난하며, 모국어에 대한 사랑과 애국심을 강화하기 위해 젊은 러시아인들의 교육을 외국인의 손에 맡겨놓아서는 안된다고 주장했다. 그는 러시아문학, 예술, 학문의 발전을 열정적으로 추구했으며 여러 차례 프랑스문화애호주의를 반대하는 글을 썼다.[11] 물론 프랑스문화애호주의에 대한 그의 반대는 무조건적인 것이 아니라, 서구에서 이루어진 가장 훌륭한 성취는 수용해야 한다는 점에서 쉬쉬코프의 주장과는 다르다. 그는 <러시아인 여행자 편지>(1791~1792)에서 다음과 같이 강조했다: "어떻게 민족적 자긍심을 가지지 않을 수 있는가? 왜 앵무새나 원숭이가 되어야 하는가? 우리의 언어는 우리의 말을 위한 것이며 다른 언어에 뒤쳐지지 않는다. 다만 우리

---

11 카람진은 자신의 이전 글들을 재간행 할때, 최초의 원고에 있던 많은 차용어를 러시아어로 바꾸었다(Ковалевская, 1992: 170). 예) Хозяин расспрашивал меня о моем *вояже* - Хозяин расспрашивал меня о моем *путешествии*; Он каждому *рекомендовал* меня - Он каждому *представлял* меня; Ибо человек сам по себе есть *фрагмент* - Ибо человек сам по себе есть *фрагмент, или отрывок*

의 영리한 상류사회 사람들은 자신의 사고를 표현하기 위해 그 안에서 적절한 표현을 찾아야 한다."

이처럼 카람진과 쉬쉬코프의 주장은 일견 대립되는 것으로 보이나, 그들의 주장에는 모두 언어순수주의적 태도가 발견된다. 그 둘은 모두 모국어인 러시아어의 풍요로움과 아름다움을 찬양했지만, 이 언어가 규범을 갖춘 문학어가 되기 위해서는 정제와 가공을 거쳐야 한다고 보았다. 이를 위해 그 둘은 러시아어에 이질적인 요소들을 반대하며 언어 정화자로서의 역할을 주장했다. 또한 그들은 언어의 사용 문제를 조국애와 연결지으며 언어와 정체성, 윤리와의 관계를 주목했다. 물론 언어의 순수성, 언어의 진화, 러시아어의 기원에 대한 이 두 지식인들의 관점은 매우 달랐으며, 이는 유럽어로부터의 차용어와 교회슬라브어에 대한 태도를 결정했다.

5. 소비에트의 언어순수주의

혁명은 구시대와 새시대를 가르는 중요한 분기점이다. 혁명과 언어의 관계를 분석하면서 지보프는 혁명이 오래된 언어 규범의 이탈과 새로운 규범의 형성을 야기한다고 주장한다(Живов, 2005). 실제 1917년 혁명 직후 노동자 대중은 공적인 언어사용 영역에 활발히 참여했으며, 지역적, 사회적 방언 등 문체적으로 유표적인 어휘들은 이전의 경계를 벗어나 확산되기 시작했다. 또한 도시, 광장, 거리의 새로운 명칭들 및 혁명과 함께 등장한 새로운 제도와 대상을 명명하는 수많은 축약어는 삶의 공간을 재편했다. 이와 함께 이념적 색채를 띤 많은 차용어들은 새 시대의 담화에서 중요한 위치를 차지했다. 예) комиссар(대표자), мандат(권한), пролетариат(프롤레타리아), гегемон(헤게모니).

이처럼 다양한 언어 코드는 용광로처럼 혁명 이후 소비에트 사회에서 넘치고 섞이면서 새로운 언어장을 형성했다. 물론 볼셰비키 정권의 혁명가들은 새 시대의 언어 코드를 잘 구사했으며 이러한 능력은 그들을 새로운 엘리트로 구분지었지만, 혁명의 "주역"으로 여겨지던 노동자와 농민은 제한적인 코드만을 구사할 수 있었으므로 이 새로운 담화에 적응하는 데 큰 어려움을 느꼈다(Селищев, 1928: 200).

합의된 언어표준의 부재는 자연히 소통의 어려움을 가져왔다. 볼셰비키 지도자들은 권력을 조직하고 민중을 동원하는 언어의 힘을 높이 평가했으므로, 당시의 언어 문제를 심각하게 받아들였다. 레닌은 이미 1920년대부터 소비에트 신문의 "저속한" 언어에 불만을 표시하며, 이것은 톨스토이와 투르게네프의 언어가 아니라고 비난했다. 물론 러시아어에 대한 당 지도부의 염려는 단순히 언어 수호, 언어 정화 그 자체의 당위성에 기반하는 것이 아니었다. 지보프에 따르면, 그들에게는 노동자, 농민 출신들이 당에 합류하여 당원들의 사회적 구성이 바뀌어도, 민중에 대한 당의 지배력을 보존하는 것이 중요했으며, 이를 위해서는 정제된 규범어는 대단히 유용한 도구였다(Живов, 2005).

특히 1930년대 스탈린과 함께 새로운 당의 엘리트 계층이 형성되자, 새로운 언어 규범 형성의 문제는 더욱 큰 시의성을 갖게 되었다. 이 계급은 자신의 입지를 강화하기 위해 새로운 상징자본을 구축해야 했는데, 이 자본은 교육을 통해 학습되고 강요될 만한 전통에 근거해야 했다. 이에 거칠고 감성적인 혁명의 언어와 실험적인 언어 사용은 1930년대 이후 언어의 보수적인 규범화로 선회하며 본격적인 언어순수성 투쟁(борьба за чистоту языка)이 시작된다. 1932년 제7차 공산당 전당대회는 정부로 하여금 거리의 언어, 언어적 훌리가니즘(hooliganism)과 투쟁하고 언어문화를 수호할 것을 촉구했다. 그리하여 1930년대 문학작품에서 방언, 직업어, 일상회화적 요소들에 대한 엄격한 규범화가 시작되었으며 주석사전, 정자법사전 등이 발간되었다.

특히 사전에 대한 엄격한 규범화, 순수주의적 태도는 주목할 만하다. 우샤코프(Д.Н. Ушаков)의 <러시아어 주석사전 Толковый словарь русского языка>(1935-1940)은 19세기 고전 작가들의 어휘와 20세기 소비에트 작가들의 어휘를 담으며 스탈린이 주장한 소비에트 언어와 그 이전 시기 언어와의 연속성을 강조했다. 이 사전에 대한 서평 <Игруны>에서 카지미르스키(К. Казимирский)와 아프테카리(М. Аптекарь)는 이 사전이 몇몇 속어와 욕설을 포함했다며, 편집자인 우샤코프(Д.Н. Ушаков)를 격렬히 비난했다. 이러한 어휘는 레닌과 고리키가 러시아어의 훼손에 대해 선포했던 전쟁의 노선과는 전혀 맞지 않는다는 것이었다. 이후 1949년 발행된 오제고프의 <러시아어 사전 Словарь русского языка> 초판에 대한 서평에서도 쉐필로프(Д. Шепилов)와 일리체프(Л. Ильичев)는 이 사전이 종교적 우상을 가리키는 어휘들, 지방적, 계층적 방언, 속어를 포함했다면서 비판했다.[12] 이후 이 사전은 대대적인 개정작업을 거쳐 1952년에 재출판되었다.

규범화에서 규범을 정하는 성문가(codifier)와 그것을 교육하고 확산하는 강화자(enforcer)의 역할은 대단히 중요하다. 소비에트 시기에 학교와 대중매체는 규범을 교육하고 확산시켰다는 측면에서 규범의 강화자 역할을 수행했다. 각 급 학교는 대규모 문맹퇴치 운동을 수행했으며, 대중매체는 러시아어의 표준화와 언어순수성 투쟁에 대한 당의 메시지를 대중에게 전달했다. 특히 리테라투르나야 가제타(Литературная газета), 프라우다(Правда) 등 다수의 신문들은 끊임없이 러시아어의 위대함을 역설하고 러시아어를 오염시키는 위협 요소들에 대한 경각심을 고취시켰으며 언어순수성과 사상적 올바름성 사이의 관계를 강조했다.

---

[12] Докладная записка агитпропа ЦК Г.М. Маленкову об однотомном "Словаре русского языка" 19.07.1949

> Борьба за чистоту языка имеет не только стилистическое, но и политическое значение. Произвольное словоупотребление, игнорирование синтаксиса способствуют контрабандному протаскиванию всякого вздора и обусловливают разнузданность мышления. (Литературная газета. 1934. No. 16) (언어순수성 투쟁은 문체적 의미 외에 정치적 의미를 갖는다. 자의적인 언어사용, 통사규칙의 위반은 온갖 엉터리 같은 것들의 불법적 침투를 가져오며 사고의 방종을 불러온다.)
>
> Борьба за чистоту языка наших газет есть… борьба за чистоту путей пролетарской революции, за устранение всяких преград между словами революции и массами. (Правда. 1934. No. 325) (우리 신문의 언어순수성 투쟁은 곧 프롤레타리아 혁명 노선의 순수성 투쟁이자 혁명 언어와 대중 사이의 모든 장애물을 제거하기 위한 투쟁이기도 하다.)

잡지와 신문뿐 아니라 라디오도 러시아어의 표준화에 큰 역할을 했다. 라디오는 지방의 청취자들에게 방언의 문제점을 부각시키고 단일한 언어 규범의 필요를 강조했다.

1950년대의 유명한 언어논쟁은 러시아어의 더욱 강력한 보수화와 규범화를 촉발했다. 스탈린은 1950년 프라우다 신문에 실린 글 <Марксизм и вопросы языкознания(마르크시즘과 언어학의 문제들)>에서 마르의 국제주의적인 측면을 비난하며 언어의 민족적 성격을 강조했다. 그는 언어 변화와 진화에 대한 마르 이론을 반박하며, 언어는 상부구조와 하부구조 모두에 독립되므로 급격한 변화의 대상이 아니라 수많은 시대의 연속적인 생산물이며 소통의 수단으로써 모든 계급의 구성원에 동일하게 봉사한다고 주장했다. 즉 민족어로서 러시아어는 푸시킨 시기부터 소비에트 시기까지 동일하다는 것이다. 이와 같은 스탈린의 언어관은 언어의 역사성, 전통성, 규범성을 강조하며 언어순수성 투쟁에 절대적인 합법성을 부여하게 되었다.

또한 소비에트의 후기에 순수주의는 공식적 의례어의 초규범화와 관련지을 수 있다. 공식적 언어 행위는 일종의 이념적 행위로 인식되었고, 이에 따라 권력의 요구와 기준에 부합하는 새로운 공식적 의례어가 만들어졌다.13 이 언어는 진지함과 엄숙함을 붕괴시킬 수 있는 어떠한 즉흥적 시도와 일탈, 유머를 용납하지 않았고 모든 회화적 표현들과 비문법적이며 데카당트한 문체를 혐오했으며, 교양있고 문법적으로 정확한 언어만을 허용했다. 오타에 대한 지나친 형벌도 '순수성'에 대한 집착을 보여준다. 특히 검열은 언어에 대한 권력의 통제를 정당화하는 사회 제도였다.

의례적 기능을 수행하던 소비에트의 공식어는 정해진 틀을 복제하고 이로부터의 이탈을 금지했다. 이에 소비에트의 헌법, 당 규약, 혁명가 가사, 사회주의적 사실주의 문학작품 등은 일종의 아포리즘이 되어 끊임없이 인용되고 재생되었다(Купина, 1995: 44-52). 특히 지도자의 언어는 숭배해야 할 경전으로서 가장 영향력 있는 선행텍스트(precedent text)가 되었다. 그리하여 공적 담화에서 언어는 정형화된 표현으로 인해 무거워지고 둔해졌다. 동사의 수는 축소되고 명사의 수는 증가했는데, 명사들은 많은 한정어, 비교급, 최상급 형용사들과 결합하여 긴 명사구를 형성했다(Земская, 1996, Романенко 2000, Sériot 1985). 유르착은 이처럼 원형적 텍스트를 모방하고 규범에서 이탈하지 않으려는 태도를 언어의 초규범화(hypernomalization)라고 명명했다(Юрчак, 2014: 115-116).

예) Народы Западной Украины и Западной Белоруссии единодушным голосованием... еще и еще раз выразили свое безграничное доверие

---

13 전체주의 사회의 공식적 의례어를 전체주의 언어 혹은 newspeak, 노보야즈(новояз)라고 부른다. newspeak는 조지 오웰의 소설 <1984>에서 대중의 사고를 조작하기 위해 가공된 언어이다. 또한 전체주의 언어는 클리쉐로 넘쳐나는 딱딱한 문어체 언어라는 특성에 기인하여 деревянный язык(나무의 언어, 상투적인 정치 선전 구호를 가리키는 프랑스어 langue de bois의 칼크), дубовый язык(떡갈나무 언어)이라고 불리었다.

партии Ленина-Сталина, советскому правительству, свою горячую любовь к тому, кто ведет нашу страну к окончательной победе - к коммунизму - нашему вождю и учителю товарищу Сталину. (Известия. 1940.03.30.) (서부 우크라이나와 서부 백러시아의 민족들은 한마음이 된 투표를 통해 또다시 레닌과 스탈린의 당, 곧 소비에트 정부에 대해 무한한 신뢰를 표현했고, 우리나라를 최종적인 승리로 이끌 우리의 지도자와 선생인 스탈린과 공산주의에 대해 뜨거운 사랑을 표현했다.)

그리하여 소비에트 시기에 언어순수주의는 강력한 규범화의 이론적 토대가 되었다. 흥미로운 점은 언어순수성 투쟁은 특정 부류의 어휘를 대상으로 하되, 그 이면에는 이들 어휘들이 가리키는 현상과의 투쟁, 나아가 언어 사용자의 의식 순화를 목적으로 했다. 즉, 소비에트 시기 의고어와의 투쟁은 전통으로부터의 의식적 단절을, 차용어와의 투쟁은 서구로부터의 이념적 영향에 대한 거부를, 장식적 문체에 대한 투쟁은 창조적 개성에 대한 탄압을 목적으로 하며, 방언 및 속어와의 투쟁은 민중의 본성에 대한 두려움에 기반한다(Басовская, 2011). 이처럼 소비에트 시기 언어순수주의는 정치적, 문화적, 도덕적 "올바름"을 규정하며 검열과 통제를 통해 화자를 삶의 "선"한 측면에 가두고자 하는 일종의 사회문화 전반에 걸친 교화 운동이었다.

6. 결론

18세기 이후 러시아어의 규범화가 본격적으로 시작되면서, 많은 작가와 지식인들을 중심으로 러시아어에 대한 열띤 담화가 형성되었으며, 순수주의는 이를 관통하는 주요 언어이념(language ideology) 중 하나였다.

본 연구에서 살펴본 트레디아콥스키의 언어관과 카람진과 쉬쉬코프의 언어논쟁에서 제기된 많은 문제들은 이후 오랫동안 러시아 지식인과 언어학자들의 열띤 연구와 토론의 주제가 되었으며, 19세기 러시아 지성사의 큰 흐름인 서구주의(westernism) 및 슬라브주의(slavophilism)와 연관된다(Тынянов, 1929). 소비에트 혁명 이후 언어는 또 다시 새로운 국가와 사회의 정체성 구축을 위한 중요한 도구가 되었으며, 이에 강력한 언어순수성 투쟁과 공식어의 초규범화와 형식적 고정화가 일어났다.

나아가 언어에 대한 순수주의적인 관점은 현대 러시아 사회에서도 여전히 유효하다. 20세기 말 소비에트의 붕괴 직후 자유와 민주주의에 대한 열기가 점차 가라앉고 새로운 국가 이념 형성에 대한 논의가 활발해지면서 언어와 사회, 국가 간의 긴밀한 관계에 주목하는 순수주의자들의 주장이 다시 힘을 얻게 되었다(Gorham & Ryazanova-Klark, 2006). 순수주의적 관점은 대개 공식적 언어담론을 지배하는데, 일례로 현대 러시아의 대중매체와 언어전문가에 의해 주도되는 공식적 언어담론에서 차용어에 대한 부정적인 입장이 지배적인 반면, 대중을 대상으로 한 설문조사는 차용어에 대한 긍정적이거나 중립적인 태도가 대부분임을 보여준다.[14] 차용어에 대한 이러한 서로 다른 태도는 차용어에 대한 순수주의적 입장이 단지 언어의 문제가 아닌 일종의 사회적, 이념적 배경을 갖고 있음을 짐작케 한다.

---

14 라자레트나야(Lazaretnaya, 2016: 241-242)의 조사에 따르면, 70% 이상의 러시아인들은 영어를 러시아어와 러시아문화에 위협으로 여기지 않는다. 또한 86.9%의 러시아인들은 영어차용어가 그들의 언어 기술을 향상시켜 주므로 유용하다고 평가하며, 심지어 83% 러시아인들은 차용어가 그들의 문화적 경계를 넓혀준다고 여긴다(Lazaretnaya, 2016: 241-242).

■ 참고문헌

권혁재(2018), 「크로아티아어 앵글리시즘(Anglicism) 논쟁과 특징 연구」, 『동유럽발칸연구』 42(4), 3-25.
길윤미(2014), 「18-19세기 초반 러시아 언어문화에 대한 소고: 프랑스어의 영향을 중심으로」, 『러시아문학연구논집』 47, 101-128.
김명배(2003), 「속어문제와 인문주의자들의 언어논쟁」, 『이탈리아어문학』 13, 1-27.
김현권(2003), 「프랑스의 모국어 보호 정책과 법제」, 『새국어생활』. 13(2), 103-129.
Andrews, E.(2011), Introduction. In E. Andrews (ed.), Legacies of Totalitarian Language in the Discourse Culture of the Post- Totalitarian Era. Lexington Books.
Argent G.(2015), "The linguistic Debate between Karamzin and Shishkov: Evaluating Russian-French Language Contact." In Derek Offord (ed.) French and Russian in Imperial Russia. Volume 2. Language attitudes and identity, 100-117.
Auty, R.(1973), The role of Purism in the Development of the Slavonic Literary languages. The Slavonic and East European Review 51(124), 335-343.
Cracraft J.(2004), The Petrine Revolution in Russian Culture, Harvard University Press.
Garparov, B.(2004), "Identity in Language?" National Identity in Russian Culture: An Introduction. Ed. S. Franklin and E. Widdis. Cambridge University Press, 132-48.
Gorham, M. S.(2000), Mastering the Perverse: State Building and Language "Purification" in early Soviet Russia. Slavic Review 59(1), 133-153.
Gorham, M. (2006), Language culture and National Identity in Post-Soviet Russia. I. Lunde, T. Roesen (eds.) Landslide of the Norm. Language Culture in Post-Soviet Russia.. Slavica Dergensia 6.
Hamburg G.M.(2015), "Language and Conservative Politics in Alexandrian Russia." In Derek Offord (ed.) French and Russian in Imperial Russia. Volume 2. Language attitudes and identity, 118-138.

Lazaretnaya O. "Linguistic Purism." Russian English History, Functions, and Features. Cambridge University Press. 2016.

Ryazanova-Clarke, L.(2006), The crystallization of Structures: Linguistic culture in Putin's Russia. In Ingunn Lunde and Tine Roesen (eds.) Landslide of the Norm. Language Culture in Post-Soviet Russia. University of Bergen.

Sériot, P.(1985), Analyse du discours politique soviétique. Cultures et sociétés de l'Est 2. Institut d'etudes slaves.

Thomas, G(1988), "Towards a Typology of Lexical Purism the Slavic Literary Languages." Canadian Slavonic Papers 30(1), 95-111.

Thomas, G(1991), Linguistic purism. London and New York: Longman.

Van der Sijs, N. (ed.)(1999), Taaltrots. Purisme in een veertigtal talen. Amsterdam/Antwerpen: Uitgeverij Contact.

Worth, D.(1977), On the structure and history of Russian. München: Sagner.

Yurchak, A.(2005), Everything Was Forever, Until It Was No More: The Last Soviet Generation. Princeton University Press.

Басовская, Е. Н.(2011), "Концепт "чистота языка" в советской газетной пропаганде". Автореф. Доктор. Диссертации. филолог. наук. Российский государственный гуманитарный университет.

Виролайнен, М. Н(2007), Исторические метаморфозы русской словесности. СПб.

Гуковский, Г. А(1965), "Тредиаковский как теоретик литературы." Русская литература XVIII века. Москва-Ленинград. Сборник. 6.

Живов, В.(2005), Язык и революция. Отечественные записки. 2(23), 146-174.

Живов, В. М(1996), Язык и культура в России в XVIII веке. Москва: Языки русской культуры.

Земская, Е. А.(1996), Новояз, newspeak, nowomova... Что дальше? В кн.: Е. А. Земская (ред.), Русский язык конца XX столетия (1985-1995). Москва: Языки русской культуры.

Камчатнов, А. М(2005), История русского литературного языка: XI — первая половина XIX века. Москва: Академия.

Карамзин Н. А.(1848), Сочинения. Санкт-Петербург. Т. I-III.

Ковалевская Е. Г.(1992), История русского литературного языка. Москва: Просвещение.

Лотман Ю.М., Успенский Б.А.(1975), "Споры о языке в начале XIX века как факт русской культуры." Ученые записки Тартуского государственного университета (Труды по русской и славянской филологии, 24). 358. С. 168-322.

Лотман, Ю. М(1985), "Езда в остров любви Тредиаковского и функция переводной литературы в русской культуре первой половины XVIII в." Проблемы изучения культурного наследия. Москва: Наука.

Романенко А.П.(2000), Советская словесная культура: образ ритора. Саратов.

Тредиаковский В. К(1865), "Письмо … от приятеля к приятелю." Сборник материалов для истории Императорской Академии наук в XVIII веке. Куник А. Ч. II. Санкт-Петербург,

Тредиаковский В.К.(1849), Сочинения Тредьясковского. I-III, Москва: Издательство А. Смирдина.

Тынянов, Ю. Н.(1929), Архаисты и новаторы. Ленинград: Прибой.

Успенский, Б. А(1994), Краткий очерк истории русского литературного языка (XI-XIX вв.). Москва: Гнозис.

Филин, Ф.П.(1981), Истоки и судьбы русского литературного языка. Москва: Наука.

Шишков А.С.(1818-1834), Собрание сочинений и переводов Адмирала Шишкова. Т. I-X. Санкт-Петербург: Типография императорской Российской Академии.

Шишков А.С.(1870), Записки, мнения и переписка. Berlin. Т. I-II.

Юрчак, А.(2014), Это было навсегда, пока не кончилось. Последнее советское поколение. Москва: Новое литературное обозрение.

---

* 이 글은 아래의 논문을 이 책의 기획과 형식에 따라 수정한 것임을 밝힌다.
남혜현(2018a) 「러시아혁명과 언어의 표준화」, 『외국학연구』. 43: 11-32.
남혜현(2018b) 「19세기 초 쉬쉬코프와 카람진의 언어논쟁에서 나타난 순수주의 경향」, 『노어노문학』 30(3): 37-64.
남혜현(2019) 「18세기 중엽 트레디야콥스키 언어관에서 나타난 순수주의」, 『동유럽발칸연구』. 43(2): 103-127.

체코의 언어순수주의와
프라하학파의 언어문화이론

김인천

> * 본고는 18세기 중반 반(反)게르만 정서에서 발현한 체코의 언어순수주의의 가장 핵심이 되는 특징들을 다루는 연구다. 체코의 언어순수주의는 17세기 바로크 체코어의 구어전통을 소위 '타락하고 불순한 체코어'로 간주하고 16세기 황금기의 문어체코어의 부활을 목표로 매우 급진적인 양상으로 전개되었지만, 결국 1930년대 초 표준어의 육성을 주창하며 등장한 프라하 기능주의언어학파의 언어문화이론에 의해 막을 내리게 되었다.
> 일반적으로 체코의 언어순수주의는 근대 문어체코어의 형성과 발전에 주요한 역할을 했음에도 불구하고 현재 체코사회가 겪고 있는 불합리한 양층언어 상황의 모태라는 측면에서 체코언어학계로부터 부정적인 평가를 받는다.

1. 머리말

'언어의 순수성', '깨끗한 말, 바람직한 언어' 혹은 '순수하지 않는 말, 정화시켜야할 언어'등의 주장이나 태도와 밀접한 연관이 있는 언어순수주의는 여전히 생소한 언어학의 한 분야이다. 인간의 언어를 과학적 연구 대상으로 다루기 시작하며 발전을 거듭해온 근·현대의 주류 언어이론들은 다소간의 차이는 있지만 순수주의를 어떤 자율적이고 독립적인 언어이론으로 다루지 않았다. 다양한 배경이 존재하지만, '언어순수주의는 전문성이 결여된 언어학자들과 문외한들이 자국의 언어에 대한 우월적 태도나 민족주의적 성향을 드러내는 저급한 학문 분야'라는 일종의 터부를 따르는 서구 언어학계의 일반적인 연구풍토에서 기인한 것으로 보인다. 그러나 보다 본질적으로는 언어순수주의라는 개념 자체가 함의하듯, 한 언어의 순수성에 대한 태도는 전적으로 주관적 가치판단에 의존하기 때문일 것이다. 순수주의에 근거한 어떤 언어형식들은 수용이 되지만 다른 요소들은 비난을 받거나, 어떤 언어공동체는 순수주의에 적대적인 반면 다른 곳에서는 적극적인 수용의 태도를 취하기도 한다. 심지어 동일 언어 공동체 내에서도 순수주의적 태도는 첨예하게 대립적 양상을 보이는가 하면 한 시대에는 열광적이었다가 이후에는 철저히 거부하는 현상이 빈번하게 나타난다. 언어순수주의 이론화의 또 다른 난관은 그 연구범위가 모호하고 방대하다는 데 있다. 언어순수주의가 언어에 대한 어떤 태도를 의미하는 것이라면 언어의 사회심리학적 관점에서도 접근이 가능한데 이 경우 그것이 성문화된 것이든 아니든 혹은 문어 형태이든 구어 형태이든 이론적으론 모두가 언어순수주의의 연구대상이 될 수 있기 때문이다.

언어순수주의가 하나의 이론적 연구의 대상이 될 수 있다는 것을 증명한 것은 1930년대 체코의 프라하언어학파의 기능주의적 접근을 통해 획기적인 전환기를 맞이하면서부터라고 해도 과언은 아닐 것이다. 그들이 주창한 소위 표준어이론이라 달리 불리는 언어문화이론에 따르면, 언어순수주의 활동은 보통 문어 표준어와 밀접한 연관이 있으며 실제로 언어성문화의 고유한 한 영역으로 여겨지는 것은 이론의 여지가 없어 보인다. 프라하학파의 표준어이론은 오늘날의 사회언어학의 언어계획(Language planning)이라는 관점에서 '합리적이고 명백한 목적 하에 계획된 언어간섭'이라는 개념 속에서 더욱 정교화 되었다고 평가받고 있다.

그러나 프라하언어학파가 20세기 초 언어학 연구의 화두로 삼은 언어

육성(Language cultivation)의 문제는 체코 언어사회 내에서 이미 오랫동안 불안정한 지위를 차지해 왔던 표준어를 둘러싼 언어순수주의적 논쟁과 밀접한 관련이 있음을 전제해야 한다.

본 연구는 현대 표준체코어의 형성과 발달과정에서 가장 중요한 사회언어학적 담론을 제공하는 체코 언어순수주의의 특징을 밝히고 1930년대 초 반(反)언어순수주의 경향을 띤 프라하학파의 언어문화이론을 소개하고자 한다. 먼저 체코 언어순수주의를 의고화, 엘리트주의, 외국혐오증의 세 가지 순수주의로 유형화하고 이 유형들이 시대적 전개과정에서 어떻게 표출되었는지 살펴본다. 마지막으로 체코의 양층언어상황의 문제의 본질과 언어순수주의와의 연관성을 논의하고자 한다.

2. 체코의 언어상황

1989년 공산주의의 붕괴 후 급진적 체제전환기를 거친 중동부유럽의 여러 국가들처럼 체코 역시 사회 전반에 다양하고도 급속한 변화를 경험하였다. 서구 중심의 새로운 유럽 공동체에 편입한 체코 언어사회에 나타난 주목할 만한 변화라면, 먼저 역사적으로 오랫동안 언어공동체를 이뤄왔던 체코와 슬로바키아가 서로 분리 독립함으로 각 언어는 공용어가 되었다. 언어 계통학적 친족성에 따라 각 언어의 화자들은 높은 상호의사소통성(mutual intelligibility)을 보장받았지만, 반세기 이상 지구상에 존재했던 '체코슬로바키아'라는 두 민족-한 국가 체제에서는 전형적인 불균형적 이중언어상황이 표출되었다. '수용적 이중언어'라는 형태로 나타난 슬로바키아어에 대한 체코어의 우월적 지위는 두 화자 간 이루어지는 공적-사적 담화와 같은 언어접촉의 상황에서 지속되고 있다.

두 번째는 개방이후 90년대 초부터 체코 언어사회에 빠른 속도로 침투하기 시작한 영어 차용어의 광범위한 영향이다. 영어 차용어가 체코어 화자들의 일상 언어뿐만 아니라 현대체코어 체계의 언어내적 변화까지 유도해 낼 정도로 상당한 영향력을 과시하는 상황에 대해 흥미롭게도 체코어는 빠른 적응과 수용력을 보여주고 있는 평가다. 이러한 상황은 체코가 2004년 유럽연합에 가입한 이후 더욱 가속화되고 있으며, 아무리 유럽위원회가 국제공용어인 영어의 독주를 막고 소수민족의 언어의 고유성을 지키기 위해 다언어 전략을 펼친다 하더라도 향후 전 유럽의 통합화를 추구하는 EU의 언어정책은 한계가 있기 마련이다. 언어순수주의 차원에서 볼 때, 체코어 변천사 전반에 걸쳐 강력한 독일어의 영향을 막아내기에 역부족이었던 체코 언어사회는 이제 '링구아 프랑카(lingua franca)로서의 영어의 수용 對 소수민족의 모국어(vernacularism)로서의 체코어 보호'라는 새로운 딜레마에 빠져 있다.

21세기에 들어 체코 언어사회에 나타난 가장 주목할 만한 특징 중 하나라며, 다언어사회로의 급격한 변화이다.

[표 1] 민족과 모국어에 따른 체코인구 (2011년 3월 26일)[1]

모국어	총인구수	민족											
		보헤미아	모라비아	실레지아	슬로바키아	폴란드	독일	집시	헝가리	러시아	우크라이나	베트남	미정
총인구수	10,436,560	6,711,624	521,801	12,214	147,152	39,096	18,658	5,135	8,920	17,872	53,253	29,660	2,642,666
남자	5,109,766	3,193,082	272,026	7,445	70,840	16,696	9,166	2,876	4,705	7,075	26,786	16,854	1,359,655
여자	5,326,794	3,518,542	249,775	4,769	76,312	22,400	9,492	2,259	4,215	10,797	26,467	12,806	1,283,011
체코어(보헤미아)	9,263,300	6,593,227	429,630	10,758	14,730	1,951	4,715	1,857	965	257	932	1,025	2,084,234
체코어(모라비아)	62,908	2,498	55,424	69	26	14	5	2	1	-	-	-	3,125
슬로바키아어	154,465	11,237	693	15	103,173	9	24	88	292	8	76	-	32,816
폴란드어	33,597	1,137	24	115	21	28,022	27	1	-	2	2	-	3,597
독일어	14,148	1,378	56	22	29	19	8,374	4	1	3	6	5	3,177
집시어	4,919	1,583	19	1	366	20	2	837	11	3	5	-	1,607
헝가리어	9,286	774	29	-	602	1	1	11	5,339	2	51	-	2,029
러시아어	31,622	582	12	1	13	39	71	1	8	14,893	3,104	2	9,354
우크라이나어	48,250	423	7	-	40	17	9	-	17	142	35,707	-	11,348
베트남어	30,830	80	1	-	1	1	-	-	-	1	5	19,709	10,944
수화(sign language)	1,429	611	61	-	19	1	2	17	-	1	6	5	612

---

1 체코통계청(Český statistický úřad)의 전체 인구대상 통계조사는 10년마다 실시한다.

2011년 체코 인구조사 결과에 따르면, 체코는 약 천 만 명의 체코인구의 98%가 체코어를 모국어로 사용하고 있고 나머지 10개 이상의 소수민족의 언어들이 2%를 차지하고 있는 다언어사회이다. 체코어가 자국의 영토에서 타 민족들의 여러 언어들과 공존하는 다언어상황(Multilingualism)은 그 역사가 오래되었으며, 이러한 상황에서 오늘날과 같이 체코어가 우월한 공용어로서의 지위를 가진 것은 60~70년 정도에 불과하다.(Nekvapil, 2009: 11) 역사적으로 볼 때, 체코 땅에서는 체코어와 더불어 라틴어, 고대 교회슬라브어, 독일어, 히브리어, 이디시어(Yiddish), 집시어, 폴란드어, 슬로바키아어 등의 다양한 언어들이 사용되었다. 그 중에서 독일어가 체코의 언어상황에서 점하고 있는 통시 및 공시적 측면에서의 위상은 다른 소수민족의 언어와는 비교할 수 없을 만큼 지대하고 의미심장하다. 이는 오늘날 현대 체코 언어 사회가 겪고 있는 고질적인 양층언어상황의 근원이며 보수주의적 성향의 체코어 국어학자들과 보편적 언어발달의 지지자들 사이의 끊임없는 논쟁거리 중의 하나이다.

3. 체코 언어순수주의 유형과 반(反)게르만 정서의 발현

3.1. 체코 언어순수주의의 유형

일반적으로 언어순수주의를 연구함에 있어 어려움 중의 하나는, 언어학 일반이론들이 필요로 하는 어떤 체계적인 유형론이 존재하지 않는다는 것이다. 그래서 대체로 그 유형들을 구성할 수 있는 기초로서 순수주의 활동이 목표로 삼는 것들을 대안으로 삼기도 한다. 그러나 언어순수주의가 표적으로 삼는 대상들이 동시에 여러 가지가 될 수가 있고 서로 복잡한 관계를 이룰 수도 있어 이 또한 쉬운 일이 아닌 것이 분명해 보인다(Thomas,

1991: 75). 이러한 관점에서 볼 때, 우리는 체코의 순수주의가 현대 표준 체코어의 형성과 발달과정에서 수행한 핵심 역할들을 중심으로 유형화가 가능해 보인다. 즉 순수주의자들은 타락한 체코어로 여겨지는 바로크 체코어와 게르만 언어요소가 깊숙이 침범한 서민들의 일상구어나 방언들로부터 가장 원거리를 유지하고 있었던 문어체코어를 현대 표준어로 육성하고자 했던 다양한 순수주의 활동들을 유형화 하면 되기 때문이다.[2]

체코 언어순수주의에 나타난 첫 번째 유형은 의고화 순수주의(Archaizing purism)이다. 이 경향은 민족부흥기의 초기 언어순수주의(1780~1870)에 나타난 것으로서, 체코어의 음운, 형태, 통사 등 언어체계 전 부문에서 소위 '황금기 체코어'의 규범을 부활시키려는 언어활동들이다. 황금기의 체코어란 다름 아닌 블라호슬라프(Jan Blahoslav, 1523-1571)을[3] 중심으로 한 보헤미아 형제애교단(Unity of the Brethren, Unitas Fratrum)이[4] '크랄리체 성경(Bible kralická)'[5] 번역에 사용한 16세기 휴머니즘시기의 문어체코어를 일컫는다. 오늘날 현대표준체코어는 바로 수준 높은 인문주의 시기의 체코어의 부활로서, 인쇄술의 발달과 형제애교단의 활발한 문법연구에 힘입어 통일된 정서법을 근간으로 하고 있다는 긍정적인 평가와 함께 제 슬라브어 중에서 가장 오래된 언어규범에 입각하고 있다는 부정적 평가를 동시에 받고 있다.

체코 언어순수주의의 두 번째 유형은 엘리트주의 순수주의(Elitist

---

[2] 체코 언어순수주의의 경향 혹은 유형에 대한 의미 있는 접근법에 대해서는 Ševčík(1974: 49-58)을 참조바람.
[3] 보헤미아의 휴머니즘시기의 작가이자 번역가, 찬송가 작곡가, 문법학자, 형제애교단 주교였다.
[4] 후스전쟁 시기인 1457년 보헤미아 북부지방인 Kunvald에서 태동한 교단으로 Petr Chelčický와 Jan Hus의 종교개혁의 정신을 기리기 위해 세워진 프로테스탄트 교회개혁운동이다.
[5] 이 성서는 불가타성서(The vulgate, 404년에 완역) 라틴어 번역본을 번역하지 않고 성경의 언어(히브리어, 아르메니아어, 그리스어)로부터 직접 번역한 최초의 체코어 번역본이다. 이름은 Kralice라는 도시에서 출판된 것에서 비롯되었다.

purism)이다. 이는 현대 표준체코어의 토대를 구축함에 있어, 체코 인문주의가 몰락한 17세기의 바로크 시기의 모든 형태의 체코어 어문활동의 결과물들을 완전히 배제하는 것을 의미한다. 사실 바로크 시기의 문어체 코어는 순수주의자들의 주장대로 이전의 표준문어의 전통을 찾아 볼 수 없을 만큼 독일어와 라틴어 요소들로 타락한 상태에 있었던 반면 하층민이 사용하던 구어층위의 방언들이 상대적 순수성과 고유성을 더 많이 보존하고 있었다.(Jelílek, 2007: 546) 그럼에도 불구하고 순수주의자들은 표준체코어와 보헤미아 전 지역에서 구어층위에서 가장 광범위하게 사용되던 상위 공통지역방언(Interdialect)인 공통체코어(Common Czech)와 거리를 유지하려는 노력하였다. 결과적으로 표준어에 대한 엘리트주의적 접근은 오늘날 체코언어사회가 겪고 있는 고질적인 양층언어 상황의 직접적인 원인이 되었다.

마지막 체코 순수주의의 유형은 외국혐오증 순수주의(Xenophobic purism)이다. 이는 개념 자체가 함의하고 있듯이 체코어에 대한 독일어의 영향을 제거하거나 최소한의 범위로 제한하려는 활동들이다.

3.2. 반(反)게르만 정서의 언어순수주의 발현

체코 언어순수주의 기원과 발달의 가장 일차적인 동기는 이미 중세 초부터 체코 사회전반에 확산된 반(反)게르만 정서라고 보는 것이 일반적인 평가다(Stary, 1988; Tomas, 1991; Jelínek, 2007). 역사적으로 볼 때, 1198년에 태동한 보헤미아 왕국에는 이미 13세기부터 상당수에 달하는 독일어 화자들이 광범위하게 정착하였고, 정치, 경제, 문화 등 체코 사회 모든 영역에서 강력한 영향력을 행사하기 시작했다. 독일어 화자의 급증으로 인해 행정 분야에서 독일어가 의사소통의 언어로 인정받게 되었고 차츰 체코어 화자들 사이에는 체코어의 장자권(長子權)이 위협받는 위기의식마저 팽배해져 가는 상황에 이르게 되었다. 이후 체코어는 -특히 어휘 분야에서 더욱 심각한 수준으로- 독일어의 영향권을 벗어나지 못했으며 이러한 상황은 결국 빌라호라전투(Battle of White Mountain, 1620) 패배로 합스부르크 왕국의 식민지로 전락한 이후부터는 더욱 심화되었다.(Jelínek, 2007: 540) 참고로 체코어 발달의 역사에서 중요한 변곡점이 된 '빌라호라 전투(Battle of White Mountain, 1620)'라는 사건이 갖는 언어사적 의미는 다음과 같다고 말할 수 있다. 첫째, 독일어와의 불균형적 긴장관계 속에서도 그 명맥을 16세기까지 유지해온 문어체코어의 전통이 향후 200년간 단절되었다는 사실이다. 체코 사회 전반에 걸쳐 지속된 라틴화와 게르만화로 인해 문어체코어의 사용자였던 체코 민족주의 귀족계층이 몰락하게 되었으며 그나마 체코어 발달사의 명맥을 이어온 것은 하층민들의 일상구어였다. 문어와 구어의 언어접촉이 고립된 상태가 지속되고 방언들 간의 언어차이의 심화는[6] 오늘날 체코 언어사회가 겪고 있는 고질적인 양층언어상황의 결정적 동기를 제공하게 되었다. 두 번째는, 독일 문화의 철저한 영향권 하에 놓인 바로크시기를 체코 역사의 총체적 암흑기로 규정하는데, 바로 이 시기의 체코어를 '타락한 체코어', '불순한 체코어'로 간주하는 고착화된 시각이 표준어 재건에 힘쓰는 국학자들 사이에 만연하게 되었다는 사실이다. 마지막으로 독일어로부터 오염된 체코어를 정화시키고 민족의식을 고취시키고자 표준어 재건을 둘러싼 언어순수주의 경향이 언어학적 논의의 전면에 등장했다는 것이다. 민족부흥기 초기의 언어순수주의(1780~1870) 경향이 16세기 황금기의 체코어 부활을 목표로 한 엘리트 순수주의적 특징을 보였다면, 19세기 말 급진주의 언어순수주의는 독일어 요소를 제거한 상태에서도 체코어가 의사소통의 기능을 충분히 할 만큼 독일어와 대등한 표현능력을 지닌 언어임을 증명

---

[6] 특히 모라비아 방언들과 실레지아 방언들이 중부보헤미아 방언인 공통체코어와는 다른 양상으로 발전하게 되었다.

해 보이는 것이 목표였다. 이처럼, 체코의 언어순수주의는 언어외적 혹은 내적 동기에서 체코어에 깊이 뿌리 내린 게르만어 요소(Germanism)에 대해 체코 언어사회가 표출한 사회언어학적 발현이었다.

3.3. 체코 언어순수주의 전개

체코의 언어순수주의의 전통과 그 효시는 15세기 초 보헤미아 왕국 시기의 종교개혁가 얀 후스(Jan Hus, 1369~1415)로부터 기인한 것으로 보는 것이 일반적인 견해이다.7 이후 16세기 J. Bohuslav(1571)의 "Gramatiky české"(체코어 문법), 17세기 라틴어에서 새로운 체코어 합성어를 고안해 낸 J. Konstanc(1667), J. Rosa(1672), J. Václav Pohl 등을 초기 발전단계로 보며, 민족부흥 운동기에 해당하는 18세기 말의 온건주의적 성향과 19세기 말의 급진적 경향을 체코 언어순수주의의 절정으로 여긴다. 개별 시기마다 순수주의 경향의 특징이 있겠지만 본 연구는 체계적인 언어연구를 바탕으로 언어정화 활동을 했던 가장 대표적인 근대 민족부흥기의 언어순수주의의 전개과정에 나타난 특징에 국한한다.

3.3.1 민족부흥기 초기 언어순수주의 (1780~1870)

18세기 중엽부터 체코에서는 민족주의 운동의 일환인 소위 민족부흥 운동이 태동하면서 언어는 민족정체성을 상징하는 민족주의의 핵심적 가치로 부상하기 시작했다.(Starý, 1994: 56~76) 이 시기의 가장 대표적인 언어학자였던 슬라브 언어학의 창시자 J. Dobrovský(1753~1829)와 J. Jungmann(1773~1847)은 바로크 시기의 체코어를 불순한 언어로 여기는

---

7 Hus는 1412년에 쓴 자신의 논문 "Výklad viery, desatera Božieho prikázanie a modlitby Páně" (신앙과 십계명 그리고 주기도문에 대한 해석)"에서 체코어와 독일어를 혼용해서 말하는 프라하 시민들을 강하게 힐난했다.(M. Jelinek 2007: 542)

언어순수주의적 입장을 취하였다. 그들은 17세기 바로크 시대의 문어체 체코어에 침투한 상당수의 차용어와 중부보헤미아의 방언적 언어요소들은 언어적 불순물에 해당한다고 주장했다.

Dobrovský(1809)는 자신의 문법서 Ausführliches Lehrgebäude der Böhmischem Sprache(상세한 체코어 문법)에서 문어체체코어에 부족한 어휘들을 보충할 목적으로 많은 신조어를 파생할 수 있는 새로운 조어법 창안에 심혈을 기울였다. 당시의 체코 작가들은 체코 언어사회에 여전히 지배적으로 사용되고 있던 독일어 차용어들이나 그리스어-라틴어 어원의 국제용어들을 체코어 신조어로 대체시켜 풍부한 체코어 표현력을 입증하고자 노력하였다. 이 시기에 생성된 신조어들은 주로 전문용어들이 대부분이었는데, 그리스어, 라틴어, 독일어와 같은 기점어의 조어법은 그대로 유지하면서 발음을 음역한 차용 파생보다는 의미만 차용하여 자국어의 어휘로 번역하는 어의차용 혹은 번역차용(Calque)의 조어법이 사용되었다. 기점어의 조어법에 문외한 일반 언중의 인식에는 발음이 다른 차용어보다는 자국어로 만들어진 새로운 차용어가 체코어의 순수성을 덜 해치거나 오히려 체코어 표현방법을 더 풍부하게 만들어주는 것으로 간주하였는지도 모른다. 이처럼 번역차용 조어법에 사용된 대표적인 체코어 접미어(-pis, -sloví, -zkum, -zpyt)[8]에 의해 많은 합성어들이[9] 생성이 되었다.

---

8 이 접사들을 합성어 파생접미사라고 하는 근거는, 비록 어근과 같은 어휘적 독립성은 다소 떨어지나 체코어의 대표적인 합성 형태소 -o-/-ě(e)-가 나타나는 [어근+?+접미사]의 합성어 생성구조에 주로 나타나기 때문이다.
9 슬라브어는 계통학적 분류에 따른 타 어군과 비교해 볼 때 어휘형태소의 합성보다는 파생접사에 의한 어형성이 발달한 언어이다. 그러므로 어휘 중에 접사를 통한 파생어의 비율이 어근 합성을 통한 합성어보다 단연 높다. 이는 곧 역설적으로 현대체코어에 사용되고 있는 합성어는 그 상당수가 독일어 조어법의 모델을 따른 것이라는 반증이다.

(예 1)[10]

-pis: geographia > zeměpis 지리; Reisebeschreibung > cestopis 여행안내서; -sloví: morphologia > tvarosloví 형태론; psychologia > duševosloví 심리학; -zkum: Naturforschung > přírodozkum 자연과학; -zpyt: Wortforschung > slovozpyt 어원학

다음에 따라오는 급진적 언어순수주의 경향과 비교해 볼 때, 이 시기의 언어순수주의자들은 차용어에 대해 상대적으로 온건주의적 태도를 취하였다. 이미 체코어에 잘 정착된 국제용어들은 설령 그것이 독일어의 표현 방식에 따른 것이어도 수용하는 입장이었다. Dobrovský와는 달리, 그의 제자 Jungmann은 신조어 자체를 표준체코어의 어휘를 풍부하게 할 수 있는 하나의 긍정적인 방안으로 여겼다. 그리하여 그의 시기에는 체코어 신조어로 대체되기 이전의 차용어 형태들이 다시 등장하기도 했다.

(예 2)

libomudrecký/milomudrecký > filosofický(철학적인); rozumnícký > logický(논리적인); herná báseň (극시 劇詩)> drama (희곡)

그럼에도 불구하고 그는 언어순수주의를 배경으로 생성된 불안정한 단계의 신조어들은 자신의 체코어-독일어 사전(slovník česko-německý, 1835-1839)에 싣지 않은 신중한 모습을 보이기도 했다. 비록 부흥기초기 단계에 신조어 생성이 과도한 면도 있었지만, 전체적으로 이 시기의 언어순수주의는 '체코어의 표현 가능성을 향상시켰다'는 점에서 표준체코어 발달사에서 긍정적인 평가를 받는다.

---

10 M. Jelínek 2007: 544

3.3.2 급진적 언어순수주의 (1870-1890)

1848년 비엔나를 비롯한 유럽의 대부분 지역에서 시민들의 혁명이 일어난 후 민족주의 운동이 더욱 활기를 띠기 시작했다. 지난 바로크시기에 몰락한 체코 지식인 계층은 빠른 속도로 다시 성장하기 시작했고 정치·문화적 자유화의 분위기가 무르익은 1870년대에 들어서면서 체코 언어순수주의자들의 주장과 활동은 더욱 급진적인 성향을 띠기 시작했다. 1870년대부터 1890년대까지의 후기 언어순수주의는 체코어 속에 뿌리 깊게 자리 잡은 독일어 청산을 주장하며 "모든 외래어, 그 중에서 특히 독일어 표현은 순수 체코어 언어체계를 어그러뜨리는 타락한 말(kazimluvy)"이라 규정하고 그 수용을 철저히 금지했다. 이 시기의 언어순수주의를 이끈 대표기관은 도서 출판 및 계몽협회인 '마띠쩨 체스까(Matice česká)'였다.[11] 이 기관은 1877년-1889년-1894년 모두 세 차례에 걸쳐 언어학 저널 Brus českého jazyka(체코말 연마하기)을 출판하였고 그 이름을 딴 '체코말 연마 운동'을 전국의 교육현장으로 확산시켜나갔다. 그러나 1930년대 등장한 프라하 언어학파의 전통을 이어받은 오늘날의 체코의 언어학계는 시기의 순수주의 활동을 체코 언어사에서 가장 부정적인 것으로 평가한다. 무엇보다도 그들이 채택했던 게르만 언어요소의 제거를 위한 언어순화원칙들은 한 언어의 자연적 발달과정을 무시한 인위적인 조작에 불과하다는 것이 부정적 평가의 근간을 이룬다. 다음은 1877년에 출판된 Brus 저널의 서문에 명시돼 있는 언어순화의 원칙이다.

"[...] aby měřídlem správnosti jazykové byla spisovná řeč starších dob až do času Komenského, zejména tedy čeština klasická tak řečená, avšak

---

[11] 체코의 역사학자 František Palacký(1795-1861)를 필두로 체코의 애국자들이 1831년에 설립된 문예활동 단체로서, 체코 문학의 출판과 외국도서의 번역 그리고 다양한 강연회를 개최하는 등 체코어의 육성을 통한 민족의식 고취에 힘썼다.

i mluva obecná lidu českoslovanského, a kde ta nestačí, i analogie ostatních jazyků slovanských" (언어의 정확성을 규정하는 기준은 얀 꼬멘스끼 시대까지의 표준 문어, 특히 고전체코어와 체코 민중들이 사용하는 일상구어이며, 이러한 기준들이 불충분할 때는 타 슬라브어들과의 유사성'이다.)

위의 언어순화의 원칙들은 다음의 세 항목으로 요약할 수 있다.

1. 언어표현들이 역사적 연속성을 얼마나 유지하고 있는가?
2. 체코어의 원래의 순수성을 잘 보존하고 있는가?
3. 슬라브어의 문법과 어휘체계를 지니고 있는가?

첫째, 언어순수주의자들이 주장하는 역사적 순수성이란 결국 발달 초기부터 16세기까지 지속되어 온 체코어의 언어체계를 지니고 있는가를 묻는 질문인 것이다. 그러나 어떤 언어형식이 16세기 이전의 것임을 증명하지 못할 경우는 자국 즉 체코어의 것이 아니라는 회의를 피할 수 없게 되었다. 이러한 원칙은 역설적이게도 라틴어의 영향(추상명사의 조어나 통사구조)을 다분히 받은 인문주의 체코어를 미화하고 이상화하는 결과를 낳았다. 두 번째 원칙에 따르면, 당대의 지식인 계층의 체코어 화자들이 사용하고 있는 언어형태보다는 일반 민중들이 사용하는, 방언의 성격이 강한 일상구어와 오래된 고전적 표현들이 체코어의 순수성을 많이 보존하고 있다고 본 것이다. 이러한 원칙은 언어 실제와는 동떨어진 심각한 문제점을 안고 있었는데, 일상구어에 해당하는 방언 속에는 이미 정착한 독일어 표현들이 상당한 규모로 존재하고 있었고 뿐만 아니라 표준문어와 방언은 각각 그 고유의 기능면에서 완전히 다른 속성을 지닌 언어층위이기 때문이다. 마지막 순수성의 기준은 개별 슬라브어들이 이미 상당한 차이를 보이는 시점에서 언어 계통적 유사성을 강조해 소위 불순한 표현들을 제거 혹은 교체·보완하는 것은 또 다른 형태의 인위적 언어폐해를 의미하는 것이기도 했다.

3.3.3. 반(反)언어순수주의 경향의 출현

19세기 말의 체코 언어순수주의는 실질적으로 큰 반향을 얻지는 못했지만 몇 가지 독일어 표현들을 표준어로부터 제거하는 데 성공한 예들도 있었다.[12] 그러나 당시의 언어순수주의가 정한 언어사용의 금지와 허용에 관한 지침들은 마치 언어학에 대한 전문적 지식이 없는 사람들이 만들었을 정도로 통일성이 없었고 그래서 많은 체코 작가들에 의해 환영 받지도 못했다.

19세기 말 표준어에 대한 순수주의의 개입은 특히 역사언어학에 매진했던 Jan Gebauer(1838~1907)라는 소장학파 언어학자에 의해 현격하게 약화되었다. 그는 당시 독일어 표현으로 간주되어 순수주의자들의 공격의 대상이 되어 온 다수의 언어표현들이 사실은 이미 합스부르크 지배 이전 즉 휴머니즘의 체코어에 사용되었음을 역사언어학의 입장에서 밝혀냈으며, 순수주의자들에 의해 수정된 언어형태들은 그 어원과 언어관습에도 어긋난 것임을 증명하였다. 반(反)언어순수주의적 경향은 Jan Gebauer의 소장학파 문하생이었던 Josef Zubatý(1855~1931)와 Václav Ertl(1876~1939)에 의해 심화되기 시작했다. 당대의 훌륭한 언어학자로 알려진 이 두 사람은 1916년 말, 언어문화의 육성을 목적으로 언어학 저

---

[12] 체코의 관공서에서 사용하는 행정용어들은 독일어 표현방식을 거의 모델처럼 모방했는데 *přesaditi úředníka* '공무원을 전출입 시키다'와 같은 표현은 독일어 표현 *einen Beamten versetzen*을 체코어로 번역한 것인데 순수주의자들은 동사 *přesaditi* 'to transplant'대신 *přeložiti* 'to replace'로 바꾸었다. 라틴어나 프랑스어의 영향을 받은 독일어 표현 *im Falle* 'in the case of'을 모방한 *v pádu čeho* 대신 *v případě čeho*를 사용하였다. 수정된 표현은 비록 -pád- (case)이라는 동일한 어근을 갖지만 pří-라는 접두어를 통해 독일어 표현과 형태상 다른 것임을 보이는 데 의미가 있었다. (M. Jelínek, 2007: 557)

널 *Naše řeč* '우리말'誌를 창간하였다. Zubatý는 자신의 논문 *O úpadku našeho knižního jazyka* '우리말 문어의 쇠퇴에 대하여'에서 유럽의 언어문화를 선도하는 독일어를 포함한 다른 언어의 표현들의 수용가능성에 대해 유연한 입장을 견지하였다.(J. Zubatý, 1919: 1~9) 이는 1918년 10월 신생 독립국인 체코슬로바키아 공화국의 출범 이후 기존의 지배국 오스트리아 생활 풍습과 문화로부터 탈피하기 위한 국가 차원의 脫게르만 정책과 운동 등이 다각적으로 전개되고 있는 시점에서 상당히 진보적인 언어관이었다. Václav Ertl(1929)은 *Časové úvahy o naší mateřině* '우리 모국어에 대한 시대별 고찰'에서 순수주의 언어규칙에 맞서 소위 *Dobrý autor* '좋은 작가론'이라는 새로운 '언어 정확성의 기준'을 제시하였다. 그에 따르면, 좋은 작가들의 언어관습이 표준어 규범을 결정한다는 것이다. 그가 말하는 좋은 작가란 자신의 창작에서 문학적 예술성이 뛰어난 작가가 아닌 '흠이 없는 표준어를 배우고자 하는 모든 이들에게 하나의 모델과 원형이 될 만한 순수하고 바른 언어를 사용하는 작가'를 의미한다.(V. Ertl, 1929: 42)

그러나 Jiří Haller(1896~1971)가 *Naše řeč*誌의 편집장이 되면서 19세기 후반기의 언어순수주의가 되살아나기 시작했다. Haller는 *Problém jazykové správnosti* '언어정확성의 문제'라는 광범위한 연구를 통해 언어 육성에 대한 자신의 입장을 표명하였다. 여기에서 하층민들이 사용하는 말이 문어보다 언어순수성과 고유한 특성을 훨씬 많이 보존하고 있으며 외래어에도 상대적으로 덜 노출되었음을 강조하였다. 그는 Ertl이 주장한 '좋은 작가들' 또한 불운한 민족의 암흑기 동안 독일어의 영향을 거스를 수는 없었던 현실을 지적하였다. 이처럼 20세기 초 마지막 언어순수주의의 열풍은 결국 1932년 프라하언어학파가 개최한 학술회의를 계기로 점차 약화되기 시작하였으며 표준어 제정에 관한 19세기 후반기부터 시작된 약 반세기 가량의 길고 긴 논쟁이 反언어순수주의의 승리로 막을 내리게 되었다.

4. 프라하학파의 '언어문화이론'

4.1. 프라하언어학파 출현의 배경

초기 구조주의학파의 하나로 출발한 프라하학파는, 사실상 1929년 10월 Josef Dobrovský의 서거 100주년을 기념하여 프라하에서 개최한 제1차 슬라브 언어학자대회에서 '프라하언어학파' 창립을 세상에 공표하며 오늘날까지 현대 언어학이론에 크게 기여하고 있는 것으로 알려져 있다: 프라하언어학파는 변별자질(Distinctive Features)'이나 '불변체(invariant)' 등의 핵심적인 개념들을 고안하여 독창적인 음운이론을 발전시켰고 '화제'와 '초점' 등의 개념들로 자유어순 언어들의 어순구조를 설명하는 기능문장관점(Functional Sentence Perspective)의 이론을 발전시켰다.

1932년에 들어서면서 프라하언어학파는 언어육성(Language cultivation)의 문제를 언어학 연구의 화두로 삼으며, 체코 언어사회 내에서 이미 오랫동안 불안정한 지위를 차지해 왔던 표준어를 둘러싼 언어순수주의를 정면으로 부딪히며 새로운 이론을 주창하기에 이른다. 제 1차 슬라브학자 대회에서 발표한 그 유명한 테제, 특히 제 9장 ("The Importance of Functional Linguistics for the Cultivation and Criticism of Slavic Languages")이 이른바 '언어문화이론(Theory of Language Culture)'의 이론적 바탕이 되었다. 이 이론은 출발하자마자 일반대중들의 폭넓은 주목과 관심을 끌었으며 이 학파의 회원들은 Československá vlastivěda(체코슬로바키아 국학(國學)연구 제3권-'언어'편)이나 Prager Rundschau(프라하평론) 그리고 Prager Tagblattu(프라하일간지) 등에서 자신들의 이론에 대해 적극적으로 홍보하였다.(B. Vykypěl, 2007: 150~151) 언어문화이론의 원리는 이론적 측면에서는 '기능문체이론'과 '표준어와 언어의 정확성 이론'으로 전개되어 갔으며 언어 실용적 측면에서는 학교문법의 교육이나 교과서 그리고 1941년과 1957년에 이루어진 체코어 정서법 개정에서 그 발전을 거듭해 갔다.

4.2. 언어문화이론의 기본 원리들

표준어이론으로 잘 알려진 언어문화이론은 1932년 프라하학파의 한 회원이었던 Bohuslav Havránek(1893~1978)가 자신의 단행본 *Spisovná čeština a jazyková kultura* '표준체코어와 언어문화'를 출간함으로 구체화되기 시작했다. 이 단행본 속에 부록 형태로 수록된 *Obecné principy pro kulturu jazyka* '언어문화의 일반원리들'에서 그는 언어순수주의와 직면한 문제들을 해결하고 한 언어의 문화를 발전시키기 위한 다음과 같은 새로운 원리들을 제시했다.(B. Havránek, 1932: 245~258; M. Jelínek, 2007: 569)

1. 언어순수성의 판단기준은, 표준어의 발달 과정 중에서-그것이 아무리 수준 높은 언어체계를 지녔더라도-이미 오래 전의 발달시기에 해당하는 언어형태로부터 도출해 낼 수 없다. 그러므로 한 언어의 문화란 공시적인 것이지 결코 통시적 논의의 대상이 아니다. 언어문화이론에서 프라하언어학파가 사용한 '공시적'이라는 개념은 구체적으로 '최근 50년간의 언어관습'을 의미한다.

2. 언어순수성이라는 개념은 그 자체로 모호할뿐더러 판단하는 이의 계획적 의도성을 허용할 수 없다. 이와 같은 언어의 순수성을 판단하는 기준은 어떤 언어표현들이 상호 결합이라는 측면에서 더 체계적인가를

묻는 기준으로 바뀌어야 한다. 어떤 언어의 유형이나 요소들에 대한 일체의 평가는 언어체계 내의 다른 분야들과의 연관성을 고려한 상황에서만 이루어져야 한다. 이러한 기준은 소위 "구조주의적(Structural)"이라는 개념으로 지칭될 수 있다.

3. 언어를 육성함에 있어 개별 언어표현들이 지닌 기능문체층위(Functional stylistic layers)에 의해 실현되는 다양한 의사소통의 기능(Communicative functions)을 고려해야만 한다. 즉 오로지 하나의 기능만을 지닌 언어(특히 일상구어)가 언어 정확성을 판단하는 기준이 아니어야 한다. 이 원리는 프라하언어학파의 중요한 "기능주의적(Functional)"이라는 개념으로 설명된다.

물론 프라하학파도 표준어의 육성을 위한 언어간섭의 필요성을 인정했지만, 언어학이라는 학문과 이론의 영역 안에서 언어간섭을 수행했다는 점 다른 구조주의 및 기능주의 학파와 다르다고 할 수 있다. 그들이 지향한 언어간섭의 이론적 기초는 다음의 3가지 公理(axiom)에 근거하고 있다.(G. Thomas, 1996: 196)

1) 언어란 일정한 의사소통의 기능을 수행하기 위해 존재한다.
2) 언어에 대한 평가는 오직 의사소통의 목적 달성에 대한 적합성에만 국한된다.
3) 문화와 문명의 전달 수단으로서의 표준어는 다른 어떤 언어변이형들보다 훨씬 풍부하고 정확한 기능을 지니며 분명하게 차별화된다.

상술한 언어간섭의 공리의 핵심은 첫째, 전통적인 언어규범과 연속성을 유지하면서도 변화를 수용하는 '유연한 안정성(elastic stability)'과 표준어가 수행해야 할 모든 유형의 사회적 의사소통의 기능인 '다기능성(polyvalency)'으로 요약된다.

4.3. '언어문화(Language Culture)'의 의미

프라하언어학파가 주창한 언어문화이론의 가장 핵심이 되는 개념은 '언어문화'이다. 이 개념은 B. Havránek(1932: 32)의 *Úkoly spisovného jazyka a jazyková kultura* '표준어의 역할과 그 문화'에 다음과 같이 정의되어 있다.

> "[...] Kulturou spisovného jazyka rozumíme zde především vědomé teoretické pěstění spisovného jazyka, totiž snahu a práci vědy o jazyce, linguistiky, usilující o zdokonalení a prospěch spisovného jazyka." ([...] 여기에서 말하는 언어문화란, 무엇보다도 표준어에 대한 의식적·이론적 관리, 즉 표준어의 정교화와 번영을 강화시키기 위한 언어학 연구와 실질적 노력을 의미한다.)

위의 정의에서 유추할 수 있듯이 언어의 문화란 한편으로는 기호의 체계로서 이해하는 언어형태 즉 표준어의 상태와 그 상태를 더 향상시키려는 여러 가지 활동을 의미하고 동시에 의사소통의 수단으로서의 언어, 즉 실제 상황에서 사용되는 언어(말-구어와 문어)의 수준과 그 수준을 상향시키려는 활동들을 의미하는 포괄적인 개념의 "언어의 문화"인 것이다. 이와 같은 맥락에서 볼 때, 언어문화는 궁극적으로 언어표현들이 제 목적과 필요성을 가장 적합하게 충족시킬 수 있도록 이론과 실제의 양 측면에서 하는 어떤 활동, 즉 언어육성(language cultivation)으로 이해하는 것이 마땅하다고 판단된다.[13] 체코어 표준어를 한층 높은 수준으로 육성시키

---

[13] Z. Starý(1994: 21-22, 1995: 14-15)는 프라하언어학파가 사용했던 "언어문화"의 개념이 그 언어의 상태 또는 상황을 의미하는 것이 아니라, 오히려 '언어개량을 위한 어떤 활동, 언어의 의식적인 육성 또는 정교화' 등의 의미를 담고 있다고 보았다. 일반적으로 '언어의 문화'라 하면 우리는 한 민족이 사용하는 언어의 다양한 형태, 즉 여러 가지 언어변종들의 문화를 고려해야하는 것이 마땅하다.

는 것은 1920년대와 1930년대의 체코사회의 시대적 요구요 당면 과제로 인식되었는데, 제1차 세계대전 후 체코민족이 오스트리아-헝가리제국으로부터 독립한 이후 체코어에 대한 모국어 보호의식이 강했던 시대적 분위기를 프라하 기능주의 언어학파는 언어문화라는 개념 속에 성공적으로 반영하고자 했던 것이다. 이러한 맥락에서 보면 프라하학파의 언어문화 이론은 사실 한 언어의 문화에 대한 이론으로 보기보다는 표준어의 이론인 셈이다. 왜냐하면 본 이론에 있어 언어개량이나, 의식적인 육성 그리고 정교화 노력의 대상이 되는 언어형태는 바로 표준어였고 표준어만이 언어문화의 문명화를 이끄는 주도자였기 때문이다. 오늘날 체코 언어학계에서 사용하고 있는 *spisovný jazyk* '문어'[14]라는 용어는 언어문화이론의 용어사용의 전통을 이어가고는 있지만 더 이상 '문어'의 의미로만 사용되지 않는다. 즉 현대 표준체코어는 구어층위의 표준체코어와 문어층위의 표준체코어로 나뉘어 그 유형과 기능에 있어 상이한 구조를 보이는 것으로 이해된다. 이러한 사실들은, 본 학파의 초창기에 만들어진 용어의 개념들을 그대로 수용하여 언어현상을 기술한 많은 연구들이 다소 보수적인 성향을 띠는 방향으로 발전하게 되었음을 암시하고 있다. '본 학파의 이론-사상사적 전통의 풍토가 경직되고 고착화되어 가고 있다'는 학파 내부의 비판의 목소리 또한 이를 대변하고 있다고 볼 수 있다.(Z. Starý, 1994: 14)

4.4. 표준어이론과 언어문화의 구성요소

그동안 역사언어학에 매진해왔던 소장문법학파는 표준어를 -민간언어의 본질적 성격이 결여되어 있는- 하나의 인공적인 언어형성체로 이해하였기 때문에 그들의 연구 대상의 테두리 내에 두지 않았으며, 살아있는

---

[14] 그 명칭이 가리키듯 단지 문학적 표현과 쓰기표현을 위해 정해진 언어로 이해되었다.

언어를 연구할 때는 그 방언 상의 차이에만 주로 관심을 보였다. (Gerhard Helbig, 1991: 58) 이러한 소장학파의 입장과 반대적인 견해를 보였던 프라하학파는 당대의 표준어를 그들 연구의 주요대상으로 삼았다. 표준어는 무엇보다도 언어공동체의 의사소통의 기능을 충족시키기 위해 탄력 있는 안정성을 갖추어야하고 기능적으로도 세분화되어야만하기 때문에, 풍부한 언어표현을 가지고 있으며, 방언이나 일상구어보다 훨씬 다양한 문체론적 차이를 보이는 특징을 지니고 있다는 장점이 연구대상으로서의 매력을 더해 주었다. 이러한 맥락에서 프라하학파는 기능주의에 입각하여 표준어가 가지는 사회언어학적 기능을 다음의 네 가지로 구분했다: 1) 통일의 기능(unifying function), 2) 분리의 기능(separating f.), 3) 우월의 기능(prestige functions="symbolic functions"상징적 기능), 4) 준거의 기능(frame-of- reference function - objective function 객관적 기능). 통일의 기능이란 하나의 국가를 동질의 단일 언어사회로 통합시키는 기능이며, 분리의 기능이란 다른 언어를 사용하는 민족들과 차별화시켜주는 기능인데 이는 민족의 독립성을 상징하고 애국심을 고취시키기도 하는 그런 기능을 일컫는다. 우월의 기능은 표준어를 사용하는 계층은 사회적으로도 상류층 또는 지식인층이라는 우월감과 자부심을 심어주는 기능이다. 마지막으로 준거의 기능은 표준어의 구사능력은 사회의 규범에 대한 순응정도의 판단기준이 되는 기능이다.[15]

프라하언어학파는 표준어의 문화를 구성하는 중요한 요소 중의 첫 번째를 '언어의 정확성'이라고 여겼다. 체코 언어사회에서의 언어의 정확성에 대한 논란은 이미 제 2장에서 깊이 있게 논의했던 바와 같이 상당히 뿌리 깊은 전통을 지니고 있다. 도대체 언어에 있어 정확한 것이란 무엇인가? 어떤 기준이 이를 결정할 수 있는가?라는 근본적인 질문들 앞에,

---

[15] 결국 프라하학파에서 B. Havránek와 V. Mathesius에 의한 소위 "기능문체(functional styles)"라는 개념이 나타났다.(J. Hrbáček 1994: 68)

프라하학파는 '언어관습(jazykový úzus)'이라는 해답을 제시하였다. 순수주의자들이 주장한 '오래된 언어', '순수한 방언', '민간의 언어' 등으로 대변되는 무모한 언어정확성의 기준을 철저히 비판했다. 그들은 끊임없이 변화하고 발달하는 언어의 자연적 속성을 존중하고 언어공동체에 의해 사용되고 있는 언어표현들을 최대한 수용함을 우선으로 한다는 원칙 하에 언어를 바르게 기술하고 사용해야함을 강조하는 것이 곧 언어의 정확성의 기준이라고 주장하였다. 즉 바른 언어표현이란 다름 아닌 그 표현의 목적과 역할에 적합한 언어형식을 의미하는 것이었다.

프라하언어학파의 언어문화의 두 번째 요소인 '언어적 세련성'으로 '언어의 정확성' 요소보다는 다소 연구가 덜 된 부분이다. 완성도가 높은 언어표현의 사용은 그 언어형식의 문체적 적합성을 고려할 때 가능함을 의미한 것인데, 이는 즉 다양한 언어표현들 중의 최선의 선택을 중시하는 기능문체론과 밀접한 연관성을 지니고 있다. 한 나라의 언어의 문화를 결정할 수 있는 세 번째 요소는 언어교육이었다. 언어교육의 목표는 당연히 언어규범의 교육, 즉 다양한 실제 언어 환경에서 언어표현들을 적합하게 사용하는 법을 가르치는 것이었다.

5. 체코의 언어순수주의와 양층언어상황(Diglossia)

"현대 표준체코어는 기타 슬라브어족 중에서 고어적 성격이 가장 강한 언어이며, 일상의 의사소통의 수단인 구어와 문어 간의 차이가 가장 큰 언어이다." (Mathesius, 1933: 14-15) Mathesius는 체코 언어사회의 고질적인 양층언어의 문제를 설명하고 있는데 이는 체코어의 사회언어학적 담론 중 가장 의미심장한 주제임이 분명하다. 체코에서의 양층언어상황은 이 용어의 개념을 아랍어圈에 근간하여 구체화시킨 사회언어학자 Ferguson C. A.(1959)의 일차적 정의와는 조금 다른 양상을 보인다. 그에 따르면 "양층언어"란 어떤 이중언어(Bilingualism)의 일종으로 주어진 언어사회에서 상위의(high) 지위(prestige)를 갖는 언어와 하위의(low) 지위를 갖는 서로 다른 언어형태가 공존하는 상황을 의미하는데 보통 상위의 언어는 공식적인 언어 상황에서 사용되는 문어(written language)를 의미하며 하위의 언어는 주로 비공식적 상황에서 사용되는 구어(spoken language)를 의미하였다. 체코의 경우에 적용시켜보면 상위의 언어란 표준체코어에 해당한다고 볼 수 있고, 하위의 언어란 일상구어체코어를 의미한다고 가정할 수 있다. 체코의 양층언어의 특징은 상위언어와 하위언어 간의 긴장과 갈등의 관계로 설명되는 것이 적절하다. 왜냐하면 이러한 비대칭적 상황이 이미 중세 초기부터 체코어에 침투하기 시작한 게르만 언어 요소들(Germanism)을 둘러싼 체코 언어사회의 갈등에서 기인했기 때문이다. 이미 이 논문의 제 2장에서 언어문화이론이 생성되게 된 배경에서 상세히 다루었던 것처럼, 19세기 후반기에 들어서 심각할 정도로 게르만화된 표준체코어의 복원을 위해 독일어 청산작업을 무분별하게 감행한 데 일차적이고 근원적인 책임이 있는 것으로 평가받고 있다.(Z. Starý, 1994: 64) 이를 저지하기 위해 등장한 프라하학파는 1930년대 새로운 언어문화 이론을 주창하며 표준어의 위상과 기능을 규정하기 위한 여러 가지 중요한 이론적 개념들을 고안해냈는데, 특히 지식인 작가들이 사용하는 문어의 언어관습을 표준어 육성의 규준으로 삼고자 '좋은 작가론'을 계승하기에 이르렀다. 이는 언어문화이론이 본질적으로 지양하고자 했던 언어순수주의의 또 다른 형태의 인위적 언어조작인 것이었다. 결론적으로 표준어 지위 강화라는 당시 체코의 언어사회의 시대적 요구 앞에 의도하지 않았던 양층언어상황을 악화시키는 계기가 되었다고 볼 수 있다. 즉 프라하언어학파가 언어문화이론에 바탕을 두고 표준어육성을 위한 다각적인 노력을 기울인 것은 사실이지만 '좋은 작가들'의 작품에 사용되었던 문어체코어만을 표준체코어 성문화를 위한 절대적인 언어규범으로 삼았다는 것은 당대의 -체코어 발달사의 연속성을 대변할 수 있었던- 구어체코어에 내재했던 언어관습은 무시한 결과를 낳았다. 그들은 당대의 문어층위의 체코어가 다른 체코어 변이형(각종 지역방언, 일상구어 등)의 기능들을 충분히 수행할 수 있을 것이라고 기대했던 것이다. 체코의 불합리한 양층언어상황의 확산을 저지시키려는 의도에서 언어 이론적 접근을 시도했으나 오히려 양층언어상황은 결과적으로 더 악화되었다는 평가도 적지 않다.(Z. Starý, 1994: 14~33; Schmiedtová, 2004: 29) 당대의 성문화된 규범들을 규정했던 여러 가지 언어육성 원리들은 체코어의 화자들에게 새로운 언어사용 상의 부담을 안겨주는 것으로 느껴졌으며 결국 표준체코어를 매우 소극적으로 사용하였다. 그 전통은 오늘날까지도 지속되어 문어표준어를 사회적 엘리트 계층을 위해 고안된 언어변이형으로 간주하는 경향이 매우 강하다. 오늘날 성문화된 표준체코어는 일상구어의 환경에서 담당해야 할 의사소통의 기능, 즉 일차 회화의 기능을 수행하지 못하고 있다. 소위 비표준 상용구어체코어가 표준어를 대신하고 있는데 그 중에서도 가장 광범위하게 확산되어 표준어 구어층위를 위협할 정도까지 급성장한 소위 '공통체코어(Common Czech)'[16]이다. 최초의 발생 근원지인 프라하를 중심으로 하는 중부보헤미아의 경계를 벗어나 모라비아까지 그 영향권을 확대시키며 장래에 지역방언들의 몰락까지 예견하게 할 정도이다. 또한 표준 구어체코어의 어휘층위(단일어휘화, 환유를 통한 축약, 외래어 부문, 관용어귀 등)와 일부 문법 및 음성적 층위까지 이미 상당 부분 그 침투를 허용한 상태다.

---

16 공통체코어에 대한 자세한 설명은 김인천(2008: 410~412) 참조할 것.

최근의 체코의 양층언어상황은 현재의 체코어화자의 언어관습을 잘 대변하고 있는 하나의 사회언어학적 지표인 것이다. 그리고 공통체코어를 표준어 구어 층위에 사용하고자 하는 그들의 언어사용의 패턴은 체코의 양층언어상황 속에 내재한 언어규범을 의미한다. 앞으로의 성문화 과정은 이런 언어상황의 실제를 언어체계 내에 반영하는 것이 마땅하다. 바로 그것이 1930년대 프라하언어학파의 언어문화이론이 진정으로 실현하고자 했던 언어문화 육성의 원리들인 것이다.

6. 결론

유럽사라는 큰 흐름 속에서 볼 때, 체코의 언어사회는 약소국과 피지배국이라는 불운한 역사 속에서 민족적 반감을 일으키는 게르만어의 영향권에 있었다. 소위 '게르만 언어요소'라고 일컫는 독일어의 절대적 영향은 일찍이 중세초기부터 체코의 언어사회에 전면적으로 나타나기 시작했으며, 최근 20세기 전반기(제 2차 세계대전)까지 장기간 지속되어 오늘날까지도 체코어의 언어체계 속에 뿌리 깊게 자리 잡게 되었다. 그 결과 체코 언어사회는 독일어와 체코어의 경쟁관계에서 비롯한 언어갈등과 불균형적 언어발달사를 겪게 되었으며 이러한 긴장은 결국 반게르만 정서가 동기가 된 국수적 언어순수주의를 불러일으켰다. 19세기 후반의 급진적 언어순수주의가 독일어에서 차용된 표현들을 청산하기 위해 명시한 '바른 언어표현의 기준'은 표준체코어의 규범이 되었을지 모르지만 오늘날 체코어 화자는 16세기 체코어 규범을 바탕으로 인위적으로 재건한 이 언어형태 대신 일상구어의 대표형인 공통체코어를 선호한다. 이 레지스터는 체코 민족의 언어로서 그 발생부터 문어체코어의 르네상스 전성기와 불행한 바로크의 암흑기를 거치면서 언어 실제 속에서 체코어화자들과 함께 공존한 언어이기 때문이다. 본 연구는 바로 이런 사회언어학적 상황을 체코의 고유한 '양층언어상황'이라고 규정하고 그 언어 현실에 대해 상세히 논의하였다.

본 연구에서 살펴보았듯이 체코의 언어순수주의 논쟁은 프라하 언어학파의 언어문화이론으로 발전하며 일단락되었다. 그들의 표준어이론의 전통을 계승한 오늘날의 대부분의 체코의 언어학자들이나 국어교육의 현장은 19세기 말에서 20세기 초, '게르만 언어요소 청산운동'의 일환으로 시작된 체코어 언어순수주의에 대해 비판 일변도의 부정적 입장이 대세이다. 그러나 본 연구는 체코어 언어순수주의가 수세기동안 체코어 화자의 언어직관과 언어체계 전반에 무분별한 게르만 언어요소의 사용을 제어함으로써 표준 문어체코어의 발달사에 의미 있는 역할을 담당했다고 판단한다. 그리고 언어학 연구의 민족주의적 경향에 대해 언어개량으로 맞선 1930년대 초의 프라하언어학파의 새로운 언어문화이론의 창출의 간접적인 견인차 역할을 했다는 사실은 긍정적으로 평가 받아야 한다고 사료된다.

■ 참고문헌

김인천(2008), 「The Specific Diglossia in Czech -A Tension between Standard and Substandard-」, 『언어와 언어학』 41, 399-415.
김인천(2008), 「체코어의 언어순수주의에 관한 통시적 고찰」, 『동유럽발칸학』 10(2), 53-76.
김인천(2009), 「프라하 기능주의언어학파의 '언어문화이론'」, 『동유럽연구』 23, 33-58.
김인천(2019), 「체코의 언어순수주의와 양층언어 상황」, 『동유럽발칸연구』 43(2),

51-72.
이정민·배영남(1993), 『언어학사전』. 서울: 박영사.
Ertl, Václav(1929), *Časové úvahy o naší mateřině*, Praha.
Gerhard Helbig(1991), *Vývoj jazykovědy po roce 1970*, Praha: Academia.
Havránek, Bohuslav & Weingart, M. eds.(1932), *Spisovná čeština a jazyková kultura*, Praha: Melatrich.
Hrbáček, Josef(1994), *Úvod do studia českého jazyka*, Praha: Univerzita Karlova.
Jelínek, Milan(2007), Purismus, In Pleskalová, J. (ed.) *Kapitoly z dějin, české jazykovědné bohemistiky*, Praha: Academia.
Nekvapil, J. et als.(2007), *Ethnic and Linguistic Communities in the Czech Republic*, Praha: Country Report.
Schmiedtová Věra(2004), Theory of Language culture and the current language situation in Czech Republic. Paper from 26th obdobja *International Symposium 'The analysis of Language Reality'* (pulished by the Centre for Slovene as a Second/Foreign language, Department of Slovene Studies, Faculty of Arts, University of Ljubliana).
Starý, Zdeněk(1994), *Ve jménu funkce a intervence*, Praha: Univerzita Karlova.
Ševčík, Oldřich(1970), Český jazykový purismus z hlediska funkční teorie spisovného jazyka, In *Sborník prací Filozofické fakulty brněnské univerzity*. vol. 23-24([49]-58), Brno: Filozofické fakulty brněnské univerzity.
Thomas, George(1991), *Linguistic purism*, London & New York: Longman.
Thomas, George(1996), Towards A History of Modern Czech Purism. The Problem of Covert Germanisms, In T*he Slavonic and East European Review*, 74(3), 401-420. The Modern Humanities Research Association and University College London, School of Slavonic and East European Studies.
Thomas, George(1996), The Prague School Theory of Language Cultivation or Purism by the Backdoor. Reviewed Work(s): Ve jménu funkce a intervence by Zdeněk Starý, In *Canadian Slavonic Papers/Revue*, 38(1/2), 195-204.
Vykypěl, Bohumil(2007), Pražská škola, In *Kapitoly z dějin české jazykovědné bohemistiky*, 150-163. Praha: Academia.
Zubatý, Josef(1919), O úpadku našeho knižního jazyka, In *Naše řeč* 1~9. Praha.

* 이 글은 아래의 논문들을 이 책의 기획과 형식에 따라 수정하고 보완한 것임을 밝힙니다.
김인천(2008), 「The Specific Diglossia in Czech -A Tension between Standard and Substandard-」, 언어와 언어학 41, 399-415.
김인천(2008), 「체코어의 언어순수주의에 관한 통시적 고찰」, 동유럽발칸학 10(2), 53-76.
김인천(2009), 「프라하 기능주의언어학파의 '언어문화이론'」, 동유럽연구 23, 33-58.
김인천(2019), 「체코의 언어순수주의와 양층언어 상황」, 「동유럽발칸연구」 43(2), 51-72.

세르비아 / 크로아티아 언어순수주의

권혁재

1. 머리말

현존하는 언어 중 완벽하게 순수한 언어는 존재하지 않는다. 언어는 살아있는 생명체와 같아 스스로 발전하고 변화한다. 언어 발달 과정에는 내부적 요소뿐만 아니라 외부적인 요소도 다양한 방식으로 관여를 한다. 언어 발달에 관여하는 외부 요인 중 가장 중요한 것이 언어접촉(language contact)이다. 언어접촉은 인류 역사에서 가장 오래되고 일상적인 언어 행위이다. 인간이 집단을 이루고 살면서 집단 간의 교류를 시작한 때부터 넓은 의미의 언어접촉은 시작되었다고 할 수 있다.

오랜 언어접촉을 통해 다른 언어로부터 영향을 받지 않은 언어도 없고, 다른 언어에 어떠한 형식으로든 전혀 영향을 주지 않은 언어도 없을 것이다. 다만 영향을 주는 정도에 따라 주로 '주는 언어'인가, 주로 '받은 언어'인가의 역할 차이가 있을 뿐이다.

언어접촉을 통해 유입되는 외부 언어자산들은 자국어를 강화하는 긍정적인 측면도 있지만, 언어 혼란을 발생시킬 수도 있는 부정적인 측면도 있다. 외래 언어자산의 부정적 측면을 우려하는 언어순수주의 경향은 모든 언어에서 나타난다. 이제는 영어권 국가만의 언어가 아닌 '링구아프랑카(lingua franca)' 위상을 가지고 있는 영어 또한 예외는 아니다.

언어순수주의는 언어 공동체가 바람직하지 않은 것으로 추정되는 외래 요소로부터 언어를 보존하거나 이를 제거하려는 욕구의 발현이라 할 수 있다. 언어순수주의는 언어의 모든 분야에 관련되지만, 일반적으로 어휘 분야에 집중되어 있다. 언어순수주의는 차용어, 방언, 비속어, 은어, 외래어 등에 나타나는 어떤 요소라도 언어의 순수성을 훼손할 수 있다 판단되는 이를 제거하기 위해 노력한다. 무분별하게 사용되는 외국어나 특정 언어로부터 유래한 차용어는 공동체를 분열시키는 요인으로 간주되어 이로부터 언어를 지키기 위한 적대성을 드러내기도 한다.

언어순수주의는 실질적으로 언어 규범화, 표준화 과정에 대표적으로 등장하고, 발칸 지역과 같이 민족 간 민족 정체성이 문제가 되는 지역에서는 민족 국가가 강조되어야 할 시기에 하나의 이데올로기(ideology)로 등장하기도 한다. 민족주의에 기반을 두는 언어순수주의는 언어가 지닌 통합기능이 강조되고, 통합을 저해하는 외래 요소는 제거되며 고유한 언어 자산이 그 자리를 채우게 된다. 독립된 민족 국가를 갈망하는 민족주의는 언어순수주의를 자극하는 가장 큰 동기로 작용하고, 독자적인 민족어 형성은 다른 그 무엇보다 우선 되어야 할 민족 과제가 된다.[1]

세르비아와 크로아티아에서 발생한 언어순수주의 또한 역사적으로 민족주의 운동과 밀접하게 연관되어 있고 민족 형성과 국가형성 시기에 특징적으로 나타난다. 민족주의 운동이 항상 국가형성이나 국가 독립을 목적으로 하지는 않았지만, 19세기 세르비아와 크로아티아 민족주의 운동

---

1 Thomas(1991: 39)는 순수주의가 불순한 언어 요소에 대한 저항과 함께 언어를 전통적인 형태로 고정시키려는 욕구에서 비롯되며 순수주의를 자극하는 가장 강력한 동기는 민족주의적 미학의식이라고 지적했다. 민족주의적 미학의식은 무엇이 민족문화, 나아가 민족어의 정체성을 형성하는지를 규정하는데, 이것은 민족어의 독창성이 다른 무엇으로도 대체될 수 없다는 확신에 기반을 둔다(남혜현, 2017: 240).

은 명확하게 민족 국가의 성립을 목적으로 하였다.

이 과정에서 '민족의식', '민족 정체성' 형성과 자민족의 구별을 위한 기준이 필요하게 되고 언어가 자민족과 타민족을 구별하는 객관적인 기준으로 나타난다. 발칸 지역에서는 전통적으로 같은 언어를 사용하는 집단을 하나의 공동체로 규정하고, 이를 민족으로 정의하는 '하나의 언어 - 하나의 민족(jedan jezik-jedan narod)' 원칙이 강하게 작용하고 있다. 동일한 언어 사용에 따른 민족 구분은 실질적으로 언어 특유의 능력으로 인해 손쉽게 공동체 내부의 단합과 정체성 확립을 이루어 낼 수 있지만, 그만큼 이웃한 언어와 차별화 되는 언어의 순수성이 중요하게 된다.

세르비아와 크로아티아 역사에서 순수주의 경향은 크게 두 시기로 나누어 설명할 수 있다. 첫 번째 순수주의는 교회슬라브어나 러시아어 영향에서 벗어나 독자적인 민족어를 만들고자 했던 19세기 말 언어 표준화와 함께 진행되었던 순수주의 현상이다. 두 번째는 사회주의 유고슬라비아 연방(Socialist Federal Republic of Yugoslavia: 이하 구(舊)유고슬라비아 연방) 해체 이후 크로아티아어를 중심으로 발생한 극단적인 언어순수주의 경향이다.

19세기 세르비아어와 크로아티아어 표준화 과정은 초기에는 서로 독립적으로 진행되었고, '비엔나 어문협정(Vienna Literary Agreement: Bečki književni dogovor)'을 통한 세르보크로아티아어 탄생으로 완결된다. 20세기 말 크로아티아어 순수주의 운동은 19세기 두 민족의 통합을 상징했던 세르보크로아티아어 잔재 청산을 목표로 하는 순수한 크로아티아어 완성을 목표로 하였다. 남슬라브 민족의 발칸 정착 이후 수 세기 동안 반복되었던 두 민족의 화해와 갈등의 역사가 다시 언어를 통해 나타나고 있다고 할 수도 있다.

범슬라브주의(Pan-Slavism) 신진 지식인들에 의해 주도 되었던 세르비아와 크로아티아의 19세기 언어순수주의는 남슬라브 민족주의에 기반을 둔 언어를 통한 민족 정체성 확립, 민족 국가 건설을 목표로 하였다. 가이(Ljudevit Gaj, 1809~1872)가 주도하였던 크로아티아 일리리아 운동(Illyrian Movement: illirski pokret)이나 부크(Vuk Stefanović Karadžić, 1778~1864)의 세르비아 언어혁명 모두 남슬라브 민족주의에 기반을 둔 언어순수주의 운동이라 할 수 있다.

2. 부크의 언어혁명과 가이의 일리리아 운동

2.1. 언어, 민족, 민족주의

부크와 가이의 언어 문제에 대한 본격적인 논의에 앞서, 순수주의나 민족주의에 밀접하게 연계된 언어와 민족에 관련된 개념 몇 가지를 정리할 필요가 있다.

유고슬라비아지역의 복잡한 민족문제를 이해하기 위해서는 먼저 '인종집단(ethnic group)'과 '민족(nation)'에 대한 구분과 정의가 있어야 한다. 인종집단을 일반적으로 "친족공동체를 넘어선 집합적 동일성(collective identity)을 지닌 집단" (Elwert, 1989: 447) 으로 규정하고, 민족을 "민족성(nationality)에 의해 규정되는 정치적, 영토적 독자성을 지닌 공동체"(Fishman, 1972: 3-5)라 정의할 수 있을 것이다.

유고슬라비아지역처럼 민족, 종교, 언어가 모자이크처럼 다양하게 분포되어 있는 지역에서 나타나는 민족주의는 Smith(2008: 129-173) 구분을 적용하여 속지적 의미보다는 문화적, 언어적, 관습적 전통을 중시하는 '종족 민족주의(ethnic nationalism)'에 가까운 것으로 규정할 수 있다.

민족주의 운동이 역사적으로 항상 국가형성이나 정치적인 독립을 목적으로 하지는 않았지만, 19세기 남슬라브 민족주의 운동은 명확하게 민족국가형성을 목표로 하였다. 이 과정에서 '민족의식'의 형성과 자민족의 구별을 위한 기준이 필요하게 되는데, 이때 언어가 민족을 구별하는 객관적인 기준으로 등장한다.

민족주의자들은 같은 언어를 사용하는 집단을 하나의 공동체로 규정하고 이를 민족으로 정의한다. 같은 언어의 사용 가능성에 따른 민족 정의는 실질적으로 언어 특유의 능력으로 인해 손쉽게 공동체 내부의 결속과 정체성 확립을 이루어 낼 수 있다. 언어 운동은 초기에는 엘리트 지식인 주도로 시작되지만, 이론적인 완성 이후에는, 일반 민중을 포괄하는 단계로 발전한다.[2]

새로운 민족 국가건설에 있어 우선되어야 할 사항이 이에 참가하는 구성원의 범위를 어디까지 설정할 것이며, 그 기준을 무엇으로 할 것인가 하는 문제이다. 일반적으로 새로운 국가를 건설하고자 할 경우, 현실적으로 더는 과거의 영토 범위가 문제 되지 않는다. 문제가 제기된 시점의 민족 분포와 거주 상황에 따른 새로운 영토를 어디까지 요구할 수 있느냐가 핵심쟁점이 된다. 새로운 민족 국가를 위한 민족의식과 영토 주장을 정당화 할 수 있는 상징적인 그 무엇인가가 필요할 때, 그 기준과 상징으로 가장 우선하여 고려되는 것이 민족의 전통과 풍습을 그대로 담고 있는 민중 구어이다.[3]

토속방언을 통해 구전문학의 형태로 전수된 내용과 형식은 자연스럽게

---

[2] Reiter(1984: 437-442)는 민족운동의 단계를 1)철학적, 이론적 단계, 2)공동체 지향 단계, 3)개인적 단계로 구분한다. 언어적 민족주의 역시 초기 철학적, 이론적 단계에서는 일부 엘리트 지식인들에 의해 주도되고 내부적으로 공유되지만 2, 3 단계에 이르면 전체 민족 공동체를 고려하는 운동으로 전환한다.

[3] 민족주의 운동은 새로운 국가에 참가할 모든 구성원에게 민족적 정체성과 긍지를 가져다 줄 수 있는 상징이나 기준으로부터 시작하고 이것이 결핍되어있을 때 민족주의자들은 먼저 이를 발굴하거나 재창조하는 작업을 시작한다(Fishmann, 1972: 38).

민족의식을 고취할 수 있는 귀중한 자산이며 구성원간의 민족적 유대감을 끌어낼 수 있는 대표적인 상징이다. 이러한 민중 구어는 민족의식 사이의 밀접한 연관 관계로 인해 민족 국가 형성시기에 민중어연구가 우선된다. 이는 구체적인 언어계획(language planning)으로 발전하게 되고 이를 바탕으로 새로운 민족 국가를 위한 민족어가 탄생하게 된다.4

일반 민중의 오랜 문화 전통을 담고 있는 민족어는 해당 언어공동체의 과거, 현재, 미래를 연결하는 역할을 한다. 민족주의자들은 이 상징적인 도구를 가지고 단시간에 민중의 공동체 의식을 일깨우고, 목표로 하는 민족주의 운동을 전개해 나가게 된다. 민족어는 언어계획을 통해 민족형성에 효과적인 정치도구로 사용된다. 새로운 민족 국가 역시 구성원들이 공통으로 사용할 수 있는 표준어가 있어야 하고 국가 표준어를 만들어낼 수 있는 능력이 민족과 단순한 인종집단을 구별하는 기준으로 사용되기도 한다(Niderhauser, 1987: 4).

민족주의 언어계획을 통해 민중 구어는 새로운 민족의 형성을 위해 점차 문어적 규범을 갖추게 되고, 표준화를 통한 민족어로 발전하게 된다. 일반적으로 언어계획을 요구하는 첫 번째 단계는 새로운 문어에 대한 요구 증가로부터 시작된다. 문어 사용에 대한 공동체의 필요성과 요구는 현존하는 구어를 가장 정확하고 명확하게 표현할 수 있는 새로운 알파벳 체계, 또는 기존 문어 정자법(orthography) 개선을 필요로 한다. 다음 단계가 선택된 언어에 대한 표준화 과정이다. 표준화 과정의 목표는 하나의 변이형 또는 방언이 해당 언어 공동체의 모든 지역적, 사회적, 종교적 인

---

4 사전적 의미로 언어계획은 언어(방언)쌍들 사이의 관계를 연구하거나 새로운 언어체계를 창제함으로써, 방언 간 및 국제적 의사소통을 증진시키기 위한 복합적인 노력을 일컫는다. (이정남/배영남, 1987: 495) 또한 민족주의와 언어계획의 상관관계에 있어 Fishman(1972: 33, 52)은 언어계획을 언어문제를 해결하기 위한 체계화된 노력으로 규정하고 이 과정에 민족주의적 부분이 개입될 수 있으며 국가형성이나 민족운동에서 눈에 보이는 빠른 결과를 필요로 할 경우 언어계획이 주요 수단으로 사용될 수 있다고 하였다.

정을 받는 언어적 기준을 마련하는 것이다. 언어의 표준화 과정은 규범의 선택(selection of norm), 체계화(codification), 시행(implementation), 용인(acceptance) 등의 절차를 거치게 된다.

이를 통해 탄생하는 민족어는 이전의 언어전통과 연관되어 있지만, 완전히 새로운 형태의 언어라 할 수도 있다. 민족어가 되기 위해 선택된 구어 민중어는 표준화를 거쳐 문학어로 사용되게 되고, 새로운 국가의 탄생과 더불어 표준어로 공포되는 것이다. 새로운 표준어는 실제 언어영역에서 이전까지 개별적으로 사용되던 구어와 문어를 대신하여 공동체의 공통 화폐와 같은 존재로 자리 잡는 것이다.[5]

새로운 표준어의 탄생에는 단계마다 언어 공동체간의 어느 정도의 갈등과 저항이 있게 된다. 어떤 방언, 변이형을 표준어 규범으로 선택할 것인가의 문제부터 갈등은 시작된다. 선택 문제는 차후의 언어논쟁과 언어개혁 수행에 결정적인 기준과 명분을 주는 문제임으로 매우 중요한 첫 출발점이다. 방언 또는 변이형 선택은 해당 시기 지역 상황이나 언어 상황에 따라 달라지고, 지식인층의 언어 또는 일반 민중의 언어 중 하나가 선택되는 것이 일반적이다. 선택된 방언 또는 변이형을 바탕으로 규범화된 새로운 표준 언어는 이전까지의 언어사용에서 사용되었던 변이형들 자리를 대체한다. 이 과정에서 새로운 표준어의 문학적 사용 가능성을 제시해 줄 수 있는 작가 집단이 필요하게 된다. 또한, 새로운 표준어는 시대 상황이 요구하는 종교적 또는 민족적 정체성을 나타내는 상징의 역할을 담당한다.

민족주의적 정신을 불러일으키기 위한 중대한 과제를 수행한다는 명분

---

[5] 슬라브어 연구에 등장하는 '문학어(književni jezik)'란 용어는 종종 표준어(standardni jezik)란 용어와 같은 개념으로 사용될 경우도 있고, 문학어는 작가들에 의해 문학작품에 사용되나 아직 표준어로 인증되지 않은 문어라는 개념으로 사용되기도 한다(Grčević, 1997: 13-14).

하에 단행되는 이러한 언어계획은 적지 않은 손실도 감수해야 한다. 서로 다른 어문전통을 지닌 두 변이형이 통합된 발전을 추구하기 위해 기존 전통을 무시하고 이질적인 표준어를 형성한다면, 전통을 포기해야 하는 언어 공동체의 저항을 유발할 수도 있다.

세르비아어와 크로아티아어가 19세기 남슬라브 민족을 위한 공통의 언어를 만들고자 했던 시도가 그 예라 할 수 있다. 이러한 배경으로, 세르보크로아티어는 언어 통합에 반대했던 세르비아와 크로아티아 언어학자들로부터 연방 시절 내내 지속적인 공격을 받게 된다.

민족주의 언어정책의 기본 과제는 시행하고자 하는 언어계획이 단순히 공동체 구성원들의 실용적인 언어사용에 도움을 주는 민족어의 탄생을 목표로 하는 것뿐만 아니라, 동시에 자신들의 민족어가 다른 공동체와 차별성을 갖는 독자적인 형식을 갖춘 민족어로의 완성을 추구하는 것이다. 언어개혁 전 과정을 통해 민족주의 언어학자들은 새롭게 표준화된 민족어를 통해 구성원들의 민족의식 고취를 도모하고, 언어사용자가 자신의 언어가 차별화하고자 하는 민족의 언어와 다르다는 것을 인지할 수 있도록 조정한다.[6]

이 과정에서 민족주의 성향의 언어순수주의가 정도의 차이는 있지만 외래문화의 침투를 방지하는 적절한 수단으로, 고유 언어를 정화하는 수

---

[6] 민족 국가 형성시기 언어개혁에 나타나는 언어의 기능은 다음 6가지로 요약할 수 있다 (Hopf, 1997: 288): 1.언어는 서로 다른 기원을 가지는 공동체간의 일반적인 의사소통을 가능하게 하고 이들을 하나의 민족으로 엮을 수 있는 최선의 수단이다. 2. 언어는 문학어로서 해당 공동체의 소속감을 불러일으킬 수 있는 가장 적합한 민족적 상징이다. 3. 언어는 민족형성에 있어 외부적으로는 타민족과의 구별 기준으로, 내부적으로는 공통의 언어를 통한 구성원간의 민족의식 고취에 적절히 사용된다. 4. 표준화된 민족어는 적절한 사용을 통해 새로운 민족 국가의 현대화에 기여한다. (교육 분야, 경제 분야, 행정 분야 등) 5. 표준화된 민족어는 문맹 퇴치를 통한 일반교육의 활성화를 이끌 수 있으며 이를 통해 사회 민주화에 기여할 수 있다. 6. 언어는 민족분규에 있어 영토적 정당성을 주장하는 주요 수단으로 사용되고 극단적인 경우 언어사용 지역의 변화는 해당 민족의 영토적 변화를 의미할 수도 있다.

단으로 사용된다.

2.2. 부크의 언어혁명

19세기 세르비아 민족운동은 세르비아 정교회와 보이보디나(Vojvodina) 지역 신진 지식인 주도로 진행되었다. 오스만제국의 세르비아 지배 이후, 18세기까지 세르비아 민족의 전통을 유지하고, 공동체 의식을 진작시켰던 핵심 역할은 '밀레트(millet)'[7] 성직자와 오스만제국과 합스부르크 제국의 세력 완충지대인 보이보디나에서 정치적으로 어느 정도 자유로웠던 지식인 계층이었다.

세르비아 교회는 오스만제국의 500년 지배 동안 그들만의 공동체 의식과 문화를 가장 잘 보존해온 세르비아 정신세계의 버팀목이었다. 교회 세르비아어 전통과 세르비아 민속의식은 선진 교육을 받은 성직자에 의해 점차 민족주의 이념으로 전환되고, 혁명적인 민족운동으로 발전된다(Bernath, 1960: 243).

보이보디나 지역을 중심으로 했던 민족주의 운동은 일찍부터 합스부르크 제국의 서구식 교육과 자유 사상을 받아들였던 가라샤닌(Ilija Garašanin, 1812-74)으로 대표되는 신진 지식인 계층에 의해 주도되다. 이들은 기존 세르비아 봉건국가를 대신할 수 있는 세르비아 시민국가 건설을 목표로 하였다.

당시까지 세르비아 고급교육은 교회를 중심으로 성직자 위주로 이루어지고 있었으나, 1789년 최초의 세르비아 고등교육기관이 스렘스키 카를

---

[7] 오스만제국은 이민족 재배에 있어 경제적, 신분적 혜택을 통해 지배 민족의 무슬림화를 유도하면서 한편으로는 지배지역의 종교적 자유를 제공한다는 명분으로 각 종교 공동체별로 작은 종교조직을 구성하게 하고 이를 통해 일반 민중을 통제하고자 하였다. 이 종교조직이 밀레트이며 세르비아 지역에도 정교, 가톨릭, 무슬림, 유대교 등 다양한 밀레트들이 공존하고 있었으며, 이 밀레트를 중심으로 각 종교 공동체는 자신들의 정체성과 문화 전통을 유지하고 있었다.

로브치(Sremski Karlovci)에 설립되며 교회의 역할이 축소되고 중산층 중심의 서구식 교양 교육이 일반화되기 시작하였다. 언어 문제에서도 교회 중심의 교회세르비아어의 역할이 축소되고 일반 민중을 교육할 수 있는 쉬운 민중어의 필요성이 대두하기 시작한다.

문제는 다양한 지역적 방언과 계층에 따라 서로 다른 변이형을 사용하였던 당시의 상황에서 어떤 방언을 새로운 세르비아의 민족어로 선택하느냐 하는 것이었다. 세르비아의 새로운 주도 세력으로 등장하기 시작한 시민계급은 쉽게 이해하고 학습할 수 있는 언어를 요구하였다. 그러나 당시 문화적 기득권을 유지하였던 귀족과 성직자 계층은 언어 단순화를 통한 민족어 통일에 반대하였다. 이들은 일반 민중의 구어는 오랜 세르비아 언어전통을 계승할 수 없고, 유구한 세르비아 정신세계를 표현할 수 없다고 주장하였다. 실질적으로 세르비아 정교회가 신진 지식인 계층이 등장하기 전까지 세르비아어를 외세의 언어로부터 지켜낸 주체였다.

18세기 보이보디나 정교회는 교회세르비아어 표준화를 위해 일반 민중의 구어와 괴리가 큰 러시아판 교회슬라브어를 도입하였다. 이는 오스만 제국의 500년 지배로 인해 언어 발달이 멈춘 세르비아어가 헝가리어화 되는 것을 막기 위한 고육책이었다. 세르비아는 같은 슬라브 민족인이라는 동질성을 가지고 있는 교회러시아어 표준화 방식을 모방하여 언어적 발달이 멈춘 교회세르비아어의 순수성을 그나마 지키고자 하였다. 교회러시아어의 도입은 또한 러시아 출판기술의 도입을 의미하였다. 세르비아 정교회는 선진 출발 기술을 이용하여 필사본 형태의 교회세르비아어가 할 수 없었던 언어의 대중화를 이루어 제국의 헝가리어화 정책에 맞서고자 하였다(권혁재, 2000: 5-6).

정교회 성직자였던 오브라도비치(Dositej Obradović, 1740- 1811)는 러시아 교회슬라브어의 규범과 세르비아 민중 구어의 요소를 혼합시킨 슬라브세르비아어(slavenosrpski jezik) 사용범위를 지식인층을 넘어 일반 민중에게 확산시키려 노력하였다. 이 시기에 문자체에도 새로운 혁신이 일어난다. 중세부터 사용하던 각진 키릴문자(ćirillica) 대신 러시아어로부터 현대화된 키릴문자(graždanska ćirillica)가 도입된다. 이러한 보편화 노력에도 불구하고 슬라브세르비아어 정서법은 매우 복잡하였고 보수적인 교회언어 요소들이 많이 남아있었다.

슬라브세르비아어는 시간이 흐름에 따라 일정한 규범으로 통일되지 못하고 텍스트에 따라 세르비아어와 러시아어가 혼용되며 규칙 없이 발전하게 된다. 이러한 혼란함은 슬라브세르비아어가 언어 전체에 걸친 규범화에 이르지 못한 결과였다. 세르비아 언어사에서 슬라브세르비아어는 일종의 임시적인 해결책이었으며, 세르비아 신진 지식인 계층은 순수한 세르비아어로 만든 완전한 민족어를 갈망하게 된다. 이러한 언어와 민족 정체성의 혼란 속에서 부크는 세르비아 민족을 위한 언어혁명을 계획한다.

부크의 언어관은 슬로베니아 언어학자인 코피타르(Jernej Kopitar, 1780-1844)의 영향을 깊이 받은 것으로 알려져 있다. 코피타르의 언어관은 독일 민족주의 부흥을 이끈 헤르더(Johann Gottfried von Herder, 1744-1803)의 민족주의에 기초하고 있다. 결국, 세 사람 모두 독립된 민족을 구분하는 가장 중요한 특징이 독자적인 민족어이고, 민족어 형성이 독립을 위해 가장 우선되는 과제라는 인식을 하고 있었다.

부크의 언어계획은 초기부터 일반 민중의 구어를 바탕으로 하는 민족어를 만든다는 명확한 목표의식을 갖고 시작되었다. 부크에게 '세르비아인' 이라는 개념은 크로아티아 일리리아 운동의 남슬라브인을 뜻하는 '일리리아인'에 해당하는 광범위한 개념이었다. 부크는 슈토-방언(štokavski)을 사용하는 모든 슬라브인을 세르비아인으로 간주하였다.[8] 이는 종교를 초월하

---

[8] 방언적으로 유고슬라비아지역은 크게 슈토, 차(čakavski), 카이(kajkavski) 세 개의 방언군으로 나누어진다. 각각의 방언군은 다시 몇 개의 하위방언으로 구분된다. 현재의 크로아티아

여 슈토-방언을 사용하는 정교 세르비아인뿐만 아니라 가톨릭 슬라브인, 무슬림 슬라브인들 모두 세르비아인으로 구분하였다.

부크의 언어혁명은 초기에는 모든 계층의 언어 사용자를 고려하는 온건한 방향으로 진행되었다. 그는 슬라브세르비아어와 일반 민중들의 구어를 통합할 수 있는 개혁을 추구하였다. 그러나 개혁을 저지하는 강경파 슬라브세르비아어 추종 세력이 등장하자, 부크는 순수주의 입장을 강조하며 슬라브세르비아어의 언어전통을 완전히 부정하는 언어혁명을 추진한다. 1818년에 출판된 부크의 사전에는 민중들의 구어를 바탕으로 순수한 세르비아 토속 어휘만을 수록하였고, 교회슬라브어 요소가 남아있는 어휘는 모두 배제하였다. 그는 이 사전을 통해 일반 민중들의 언어가 표준어가 될 수 있다는 것을 증명하고자 했고, 순수한 세르비아어 어휘만 가지고 훌륭한 문학작품을 만들어 낼 수 있다는 것을 보여주고자 했다(권혁재, 2000: 8).

부크는 당시 세르비아 언어상황을 '우리 언어의 불행(nesreća našega jezika)'으로 표현하였고, 순수한 세르비아 언어 규범의 부재를 가장 큰 문제로 인식하였다. 부크는 자신의 사전은 어휘 수집의 모범을 제시한 것이며, 일반 민중의 구어 속에 살아있는 어휘의 지속적인 수집만이 외래어로부터 순수한 세르비아어를 지킬 수 있는 최선의 방법이라 강조하였다. 순수주의 원칙에서 그는 새로운 사전에 일반 민중이 일상적으로 사용하는 터키어 근원 어휘도 철저하게 배제하였으며, 여러 기원의 일상 외래어도 새로운 고유어 발굴을 통해 대체할 것을 제안하였다.

구어 형태의 민중어를 완벽하게 문어화 하기 위해서는 철자법의 개선이 요구되었는데, 교회러시아어를 모방한 슬라브세르비아어 철자체계로 고유한 세르비아 구어를 문자화하는 것은 무의미한 작업이었다. 그는 일

남부해안지역, 세르비아, 보스니아, 몬테네그로 지역이 슈토방언군, 슬로베니아, 내륙 크로아티아 지역이 카이-방언군, 북부 아드리아 해안지역이 차-방언군 지역이다.

반 민중이 구어로 서로 이해하는 내용을 글로 쓸 수 없는 문제점을 지적하고, 이를 개선하는 음운론적 정서법과 기존 외래 철자체계의 개선을 제시하였다. '소리 나는 대로 쓰고, 쓰여 있는 대로 읽는' 원칙하에 기존 외래 슬라브어 알파벳 중 세르비아어에서는 나타나지 않는 철자는 제거하고 세르비아 음운에 적합한 알파벳을 추가하는 방법으로 고유한 세르비아 철자체계를 완성한다.

부크의 언어혁명의 가장 중요한 마지막 단계가 1847년 간행된 세르비아어로 번역된 성서이다. 이전까지 일반 민중이 읽을 수 없는 교회슬라브어로 쓰인 성경은 세르비아 정교회의 신비함과 권위를 지켜주는 중요한 도구였다. 일반 민중의 쉬운 성경접근은 정교회 권위에 대한 도전이었고, 이러한 이유로 부크의 성경번역에 대한 세르비아 정교회의 저항은 매우 강했고 번역 성경의 출판을 저지하려 하였다.

부크는 순수한 세르비아로 번역된 성경은 일반 민중에게 자신들의 언어가 얼마나 소중한지를 보여줄 것이고, 성직자는 세르비아어 성경을 통해 일반 민중의 언어를 익힐 기회를 가질 수 있다는 설득으로 출판을 허락 받는다.

성서의 번역은 부크의 반대자들을 한순간에 제압할 수 있는 가장 강력한 작업이었다. 성경 번역을 통해 부크는 순수한 세르비아 민중 구어가 세르비아의 모든 계층을 흡수할 수 있는 민족어로서의 위상을 가질 수 있음을 보여준 것이다.

부크는 이에 만족하지 않고 새로운 민족어의 순수성을 보완하고 발전할 수 있는 교정과 개선 방안을 제시한다. 반대 세력과의 지속적인 서신교환을 통해 자신의 언어혁명 목표가 세르비아 민족의 발전과 현대화를 위한 것이며, 결코 세르비아 민족정신이나 정교회의 권위를 훼손하는 것이 아님을 설명하였다. 결국, 부크는 자탄하던 '우리 언어의 불행'을 세르비아어와 세르비아인에 대한 사랑과 인내로 해결한 것이다.

2.3. 가이의 일리리아 운동

일반적으로 일리리아 운동의 시작은 1836년 가이(Ljudevit Gaj)가 기존에 간행하던 신문의 명칭을 크로아티아에서 일리리아로 변경한 시점으로 본다. 그리고 일리리아 운동의 종말은 1849년 오스트리아-헝가리 제국이 일리리즘(Illyrism)의 전파와 활동을 공식적으로 금지한 시기라 볼 수 있다. 13년 동안 크로아티아에서 진행되었던 일리리아 운동은 정치 분야에 중점을 둔 다른 범슬라브주의 운동과 달리 문화 분야 특히, 문학과 언어에 초점을 맞추어 진행되었다.

일리리아 운동가들은 정치적 슬로건이나 시민집회를 통해 일반 민중에게 일리리아 정신을 알리는 선동적 방식보다는 통일된 언어를 사용하는 문학작품과 잡지를 통해 크로아티아 민족의 복원과 일리리아 민족의 탄생을 인식시키는 방식을 선택하였다.

일리리아 운동이 문학과 언어에 집중되었던 원인은 당시 크로아티아의 언어 상황에서 찾을 수 있다. 19세기 크로아티아 엘리트 집단은 귀족과 고위 종교지도자들로 구성되어있었고, 그 숫자도 소수에 불과하였다. 이들의 공식적인 언어는 라틴어였으며, 무역의 발달로 인해 새롭게 형성되는 신진 시민 계층의 공식어는 외세의 지배 상황에 따라 독일어, 이탈리아어, 헝가리어를 사용하였다. 사회 주도 계층의 언어사용에 있어 크로아티아어는 철저히 배제되어 있었다. 또한 일반 민중이 사용하는 크로아티아어도 지역에 따라 방언 차이가 컸고, 어떤 방언도 공통의 문학어로 인정받지 못하고 작가들은 개별적으로 출신 지역 방언으로 작품 활동을 하는 상황이었다.[9]

---

9 당시 크로아티아에는 카이(kaj), 차(ča), 슈토(što) 방언이 지역적으로 혼재되어 사용되고

이러한 혼란스러운 언어 상황에서 헝가리 왕국은 크로아티아를 합병하는 핵심 정책으로 크로아티아어를 헝가리어로 대체하는 정책을 실시한다. 헝가리의 압력에 의해 1827년 크로아티아 의회는 모든 크로아티아 고등교육에 헝가리어 교과과정 도입을 의결하게 되고, 1833년 모든 크로아티아 인문계 고등학교에서 헝가리어 의무교육이 도입된다.

독자적인 언어가 민족 정체성과 직결되어있는 상황에서 젊은 지식인 계급을 중심으로 크로아티아어를 지키기 위한 민족주의 움직임이 태동된다. 19세 중반까지 크로아티아에서 반(反)헝가리 정서에 기반을 두는 다양한 민족주의 운동이 발생하였고 일리리아 운동도 그중 하나였다.

일리리아 운동의 이상은 크로아티아, 슬로베니아, 세르비아, 보스니아, 몬테네그로, 마케도니아, 불가리아를 포함하는 남슬라브 공동체 재건이었다. 현실적인 목표는 오스트리아-헝가리 제국과 오스만제국을 견제할 수 있는 남슬라브 정치 공동체, 언어 공동체의 완성이었다.

일리리아 운동을 정치 분야와 문화 분야로 구분했을 때, 문화 분야를 전체적으로 기획하고 주도하였던 인물이 가이였다. 대부분의 일리리아 지식인들이 제국의 수도였던 비엔나(Wien)에서 유학을 한 신진 지식인 그룹이라는 특징을 가지고 있고 가이 역시 비엔나에서 유학을 시작한다. 1828년 법학을 공부하기 위해 헝가리 페스트(Pest)로 장소를 옮긴 가이는 이곳에서 콜라르(Ján Kollár, 1973-1852)를 만나고 이전부터 마음속에 품고 있던 범슬라브주의에 몰두하게 된다. 콜라르는 가이를 샤파르지크(Pavel Jozef Šafárik, 1795-1861)에게 소개하고, 가이는 두 사람과의 교류를 통해 전체 남슬라브 민족을 하나로 통합할 수 있는 '일리리아어(Ilyrian language)'를 꿈꾸게 된다.[10]

있었고 각 방언은 통일되지 않은 독자적인 규범을 사용하고 있었다(Barac, 1955: 109).
10 가이의 일리리아 운동도 두 사람이 제시하였던 '슬라브 연대(slavic solidarity)'의 한 부분이었다. 가이는 크로아티아에서 일리리아 운동이 시작한 이후에도 이웃한 남슬라브

가이가 일리리아 문화운동 중심에 언어를 두었던 이유는 언어가 민족 상징으로 가장 빠르고 효과적으로 민족 정체성을 확립해 줄 수 있고, 또한 민족어의 위상이 높아지는 것과 비례하여 해당 민족의 위상도 확고해진다는 샤파르지크의 민족주의 언어관에 적극 동감하였기 때문이다. 가이에게 언어는 크로아티아를 넘어 전체 남슬라브 민족이 연대할 수 있는 가장 중요한 연결고리였다(Ježić, 1993: 197).

가이는 모든 슬라브 민족은 하나의 민족이며, 사용언어에 따라 러시아인, 체코인, 폴란드인, 일리리아인 4개 민족으로 분류한 콜라르의 사상에 깊은 영감을 받았다. 가이는 크로아티아인이 속해있는 남슬라브민족을 하나의 일리리아인으로 규정하고 이들이 사용할 새로운 일리리아어 구상을 시작한다. 가이는 먼저 자신의 모국어인 크로아티아 카이-방언(Kajkavski)을 기반으로 일리리아어 창제를 시도한다.

가이는 일리리아 표준어 정서법의 모델로 이웃한 체코어와 폴란드어를 선택하였고, 두 언어의 철자법을 응용하여 우선적으로 일차적인 일리리아어 철자법을 고안한다.[11]

가이가 일리리아어 철자법 창제를 위해 사용한 카이-방언은 전체 크로아티아 지역을 포괄하기도 힘든 방언이었다. 카이-방언을 기초로 전체 남

지식인들 보다 두 사람과의 교류와 조언에 많이 의지했었다. Greenberg(2011: 370-373)는 일리리아 운동의 실패 원인중의 하나로 가이의 국내정치에 대한 참여부족과 오스트리아-헝가리제국에 속하지 않은 남슬라브 지식인들과의 연대를 지적하고 있다.

[11] 1830년 가이는 "하나의 철자, 하나의 소리 원칙"에 따라 체코 철자법을 응용하여 구개음에 틸데(tilde: ~)를 사용하는 철자법을 제안한다. 틸데를 사용하여 구개음을 표시하는 철자법은 가이 이전에 카쉬치(Kašić: 1575-1650)나 비떼조비치(Vitezović: 1652-1713)가 제안하였던 것으로 완전히 새로운 철자법이라 할 수 없었다. 결국 가이의 첫 번째 제안은 크로아티아 언어학계에서 수용할 수 없었다. 가이는 다시 폴란드 구개음 표시방식을 응용하여 틸데 대신 하체크(hacek: ˇ)와 j 를 사용한 두 번째 제안을 하게 된다(Moguš 2009: 155-165).

가이의 첫 번째 구개음 철자	가이의 수정 구개음 철자
~c ~z ~s ~d ~g ~l ~n	č ž š dj gj lj nj

슬라브 지역을 포괄하는 표준어를 만든다는 것은 현실적으로 불가능 하였다. 이러한 한계에도 불구하고, 크로아티아 신진 지식인과 민족주의 학자들이 가이의 운동에 동참한 것은 그의 언어창제가 크로아티아 민족 재건과 남슬라브 민족의 통합을 위한 상징적인 작업임을 인식하였기 때문이다.

귀국할 시기에 가이는 이미 크로아티아에서 가장 영향력 있는 지식인으로 성장해 있었고 자신을 추종하는 젊은 일리리아 지식인들과 함께 본격적인 일리리아 운동을 전개한다. 가이가 크로아티아에서 처음으로 시도한 작업이 신문의 발행이었다.

가이는 일리리아 운동 정신을 활자화된 신문을 통해 남슬라브 전 지역에 알리고자 하였다. 1835년 간행된 *Novine Horvatzke*(크로아티아 신문)과 문학잡지인 *Danica Horvatzka, Slavonzka y Damatinzka*(크로아티아, 슬라보니아, 달마티아의 아침 별)는 가이의 일리리아 운동의 첫 출발이었다.[12]

당시 크로아티아 언어 상황은 교회 세르비아어가 지탱하던 세르비아보다 더 열악하였다. 일반 민중의 구어는 헝가리어와 독일어 혼용으로 순수성을 잃어가고 있었고 문어는 지역마다 해당 방언이 표준어 역할을 하고 있었다. 가이 또한 초기에 신문과 잡지를 출신 지역 방언인 카이-방언을 사용하여 간행하였다. 그러나 일리리아 운동에 동조하는 다른 방언 지역 지식인들이 급속도로 증가하며, 소수 방언이었던 카이-방언으로 간행되는 신문과 잡지는 소통의 한계를 드러낸다.

가이는 결국 카이-방언을 포기하고 크로아티아 방언 중 가장 대중성이 높은 슈토-방언의 어문전통 복원을 결정한다(Ježić, 1993: 197-198). 일리리아 지지 세력뿐 아니라 일반 민중에게도 두브로브니크와 달마티아 지

---

12 *Danica*는 크로아티아어로 '아침 별'이라는 뜻을 지닌 단어로 크로아티아 민족의 재건과 새로운 일리리아 민족의 탄생을 암시하는 상징적인 의미로 사용되었다.

역 방언의 복원은 고대 크로아티아 민족의 부활이라는 긍정적 의미를 가지고 있었다. 순수주의 입장에서도 과거의 가장 화려했던 문학어 복원은 크로아티아 민족어의 연속성을 강조하고, 이를 통해 전체 크로아티아 민족어를 통합하고자 하는 상징적인 결정이었다.

슈토-방언은 크로아티아 지역 뿐만 아니라 이웃한 세르비아, 보스니아, 몬테네그로 지역에서도 사용하는 방언이었다. 가이는 슈토-방언의 복원을 일리리아 운동이 세르비아를 포함한 전체 남슬라브 민족의 통합에 한 발 더 나아가는 결정이라 확신하였다.[13]

이에 따라 신문과 잡지는 1836년 *Ilirske narodne novina*(일리리아 민족 신문)과 *Danica Ilirska*(일리리아의 아침 별) 로 명칭이 변경되었다. 가이는 1830년에 제안하였던 철자법을 기초로 일리리아어에 대한 구상을 구체화한다. 일리리아 민족 언어인 일리리아어의 탄생은 곧 남슬라브 민족을 상징하는 일리리아 민족의 탄생을 의미하였다. 이 시점을 기준으로 크로아티아에서 공식적인 일리리아 운동이 시작된다고 평가할 수 있다. 또한, 이는 크로아티아 민족주의가 크로아티아를 넘어 전체 남슬라브 민족을 포괄하는 전환점이 된다는 의미도 갖는다.

민족주의 운동에 거부감을 표명하던 크로아티아인에게도 일리리아 운동은 매우 매력적으로 다가왔다. 1836년 이후부터 크로아티아 민족주의와 관련된 모든 활동은 일리리아라는 명칭을 사용하게 된다. 크로아티아의 일리리아 사랑은 이웃한 슬라브 민족에 대한 자각과 이해를 가져왔고, 일리리아 운동을 넘어 이들과의 정치적 연대와 학문적 공동 작업도 적극적으로 진행된다(Ježić, 1993: 200).

---

13 슈토-방언은 세르비아 지역 방언이기도 했고 이미 부크가 슈토-방언을 기초로 세르비아 표준어 작업을 하고 있었다. 이런 이유로 일부 젊은 일리리아 지식인들은 나중에 세르비아에게 언어적 주도권을 양보할 수 있다는 우려를 표명하였으나 가이의 결정을 바꿀 수는 없었다. 결국 젊은 일리리아 지식인들의 우려는 현실이 되어 1850년 크로아티아는 가이의 일리리아어를 포기하고 부크의 언어혁명에 동참하게 된다.

제국 내의 다양한 민족구성을 인정하였던 오스트리아-헝가리 제국은 크로아티아 민족주의 운동에 대해서는 관대한 태도를 보여 왔었다. 당시 슬라보니아 지역을 포함한 크로아티아 인구는 130만 정도였고, 이들이 자체적인 민족의식을 가지는 것이 제국의 통치에는 위협이 되지 않았기 때문이다. 일리리아 운동의 초기에도 일리리아라는 명칭이 로마 시절부터 오스트리아-헝가리 제국에게도 익숙하였기 때문에 강압적인 방해나 금지는 없었다(Ravelić, 1965: 32-35).

자유로운 분위기에서 일리리아 운동의 주도권을 쥐게 된 가이는 국립대학, 국립극장, 일리리아 문학잡지, 일리리아 학술원 등 다양한 구상을 할 수 있었고 이 작업을 수행한다. 그러나 일리리아 운동의 결과물들이 하나씩 나타나기 시작하며, 합스부르크 제국은 운동의 실체가 자신들이 생각하였던 과거에 대한 회상이 아님을 깨닫게 된다. 130만이 아니라 1300만에 달하는 남슬라브 민족이 범슬라브주의 이념으로 연합하는 것은 크로아티아 병합 통치를 어렵게 할 수 있다고 판단한 헝가리왕국은 노골적으로 일리리아 운동에 대한 견제와 통제를 시작한다.

헝가리는 크로아티아 귀족세력과 연합하여 1841년 크로아티아-헝가리당(Croatian-Hungarian Party)을 설립하고 공식적인 법제화를 통해 일리리아 운동을 제약한다. 크로아티아-헝가리당은 일리리아 명칭 사용을 금지하고, 크로아티아 표준 방언을 슈토-방언에서 다시 카이-방언으로, 가이의 철자법을 이전 철자법으로 되돌리려 하였다. 일리리아 정치 엘리트들은 '일리리아당(Illyrian Party)'을 설립하여 헝가리의 일리리아 말살 정책에 정치적으로 저항하였다.

두 세력 간의 갈등이 사회적 소요수준으로 발전하자 오스트리아 황제 페르디난드 1세(Ferdinand Ⅰ)는 1843년 일리리아라는 명칭의 사용을 금지한다. 그러나 페르디난드 1세는 헝가리가 크로아티를 완전하게 장악하는 것은 원치는 않았고, 크로아티아어 사용과 크로아티아 영토 인정을 통해 헝가리와 크로아티아 세력 균형을 유지하려하였다(Ježić, 1993: 204).

일리리아 명칭 사용은 공식적으로 금지되었지만, 일리리아 정신은 살아있었다. 일리리아 작가들은 작품이 크로아티아에서 출판되지 못하는 상황이 발생하여도 실망하지 않았고, 일부는 해외에서 이를 출판하며 일리리아 정신을 지속시키려 하였다.[14]

일리리아 운동이 쇠퇴기에 접어들었다고 판단한 제국은 1845년 언어와 문학에 관련된 일리리아 명칭의 사용을 일부 허용한다. 그러나 실질적인 일리리아 문화 운동은 여전히 통제되고 있었고, 일리리아 주도 세력의 활동 자체도 위축되어있었다. 일리리아라 운동의 정치적 추진력이 완전히 상실된 1849년 이후에도 가이는 통일 남슬라브 언어인 일리리아어에 대한 희망만은 버리지 않았다.

가이는 일리리아어가 완성되어 보급되면 궁극적으로 일리리아 운동이 추구했던 목표를 이룰 수 있다고 확신하였다. 그러나 일리리아어 개념은 이론적으로 취약했고 실천 방식에서도 점차 한계를 드러냈다. 일리리아어 표준화, 규범화를 완성하기 위해서 보완해야 할 작업은 너무 방대하였다. 가장 큰 문제는 통합된 남슬라브 민족의 민족어를 목표로 하였던 일리리아어가 빈약한 완성도로 그 어떤 민족도 대표할 수 없는 언어라는 사실이었다. 결국, 크로아티아 일리리아 언어학자들도 이웃한 부크의 언어 혁명에 점차적으로 참여하고, 부크의 언어 안에서 크로아티아어를 지킬 방안을 모색한다.

---

[14] Mažuranić(1846)의 *Smrt Smail-age Čengića*나 Preadović(1846)의 *Prevenici* 같은 작품들은 일리리아 이름은 사용하지 않았으나 일리리아 정신을 다루고 있었다. 또한 많은 신진 지식인들이 헝가리의 통제 속에서도 일리리아 운동의 지속과 재건을 논의하였다(Ježić 1933: 205-206).

2.4. 비엔나 어문협정과 세르보크로아티아어

일리리아 정신은 크로아티아 일리리아 지식인들에게 크로아티아인과 세르비아인이 동질성이 강한 슬라브인이고 궁극적으로는 하나의 민족이라는 의식을 가져다주었다. 부크 언어혁명의 완성도를 높이 평가한 크로아티아 일리리아 학자들은 두 민족의 통합 언어 문제를 함께 논의하길 희망하였다. 부크 또한 세르비아어와 크로아티아어의 차이점을 상호 보완하여 두 민족이 모두 쓸 수 있는 공통언어의 탄생을 이상적인 언어 혁명의 완성이라 판단하게 된다.

헝가리어나 독일어의 침탈로부터 일리리아어가 크로아티아어의 순수성을 지킬 수 없는 상황에서 일리리아 지식인들이 선택할 수 있는 차선은 슈토-방언을 기반으로 하는 세르보크로아티아어 속에서 크로아티아어를 보존하는 것이었다. 라틴 문자체의 도입, 크로아티아어 변이형의 인정 등 몇 가지 큰 사안에 대한 합의에 통해 1850년 두 언어의 통합을 결정하는 '비엔나 어문협정'이 진행된다.

19세기 세르비아와 크로아티아에서 발생하였던 민족주의에 기반을 둔 순수주의는 비엔나 어문협정, 세르보크로아티아어의 탄생으로 그 결실을 맺는다고 평가할 수 있다. 그리고 미완의 운동으로 끝난 일리리아의 이상과 언어와 관련된 순수주의 방법론은 20세기 크로아티아어 순수주의로 이어지고 실천된다.

어문협정의 전문에도 나와 있듯 어문협정에 사인을 한 두 언어학계는 외세의 언어로부터 자유로운 공통언어 사용을 통해 세르비아와 크로아티아가 하나의 민족이라는 믿음을 알리고자 하였다(Jonke, 1971: 181). 비엔나 어문협정에는 세르비아 진영에서는 부크와 다니치치(Đuro Daničić)가, 크로아티아 진영에서는 마쥬라니치(Ivan Mažuranić), 데메타르(Dimitrija Demetar), 페야코비치(Stjepan Pejaković), 쿠쿠레비치(Ivan Kukljević)가

사인을 하였다.

크로아티아 일리리아 언어학자들이 가이의 일리리아어를 포기하고 부크의 '세르보크로아티아어'를 선택한 것은 크로아티아 언어학계에서는 여전히 논란이 많은 문제이다. 크로아티아 일리리아 언어학자들이 순수한 크로아티아어 확립을 포기하고 세르보크로아티아어를 선택의 이유를 몇 가지로 추정하면, 첫째 가이의 일리리아어 체계가 부크의 세르보크로아티아어와 비교하여 너무 이상적이고 이론적으로 빈약했다는 것이다. 둘째, 부크의 사전과 정서법 완성도는 이미 크로아티아 언어학계에 많은 추종자를 만들어냈고 그의 언어학적 방법론에 대한 신뢰가 있었다. 마지막으로 언문협정을 실질적으로 주도하였던 부크의 제자 다니치치는 12년 동안 자그레브에서 활동하며 크로아티아 일리리아 지식인들에게 폭넓은 신망을 얻고 있었고, 적극적인 그의 설득이 성공하였다고 볼 수 있다(권혁재, 2005: 10).

그러나 무엇보다 중요한 사항은 남슬브라브 민족의 언어 통합을 목표로 하였던 일리리아어 정신이 없었다면, 비엔나 어문협정도 불가능했을 것이다. 결국, 비엔나 어문협정은 일리리아 사상에 입각한 크로아티아 언어학자들의 큰 결단이라 할 수 있다. 이러한 객관적인 사실에도 불구하고, 비엔나 어문협정이 지금까지 크로아티아 언어학계에서 평가절하되는 가장 중요한 이유는 일리리아 운동의 창시자 가이가 이 협정을 거부했다는 사실이다.

가이는 부크의 세르보크로아티아어 창제 정신이 남슬라브 민족의 통합을 위한 언어창제가 아닌, 또 다른 형태의 대(大)세르비아주의로 판단하였다.[15] 가이는 이 협정의 실효성에 대해 공개적으로 비판하였다. 가이의

---

15 비엔나 언어협정 이전 크로아티아 일리리아 주의자들과 부크 추종자들은 모두 남슬라브 민족의 통합을 위한 언어를 주장하였으나 두 세력의 언어관에는 분명한 차이가 있었다. 크로아티아에게 슈토-방언은 카이-방언이나 차-방언의 어문전통을 포기하는 새로운 선

완강한 반대로 부크의 세르보크로아티아어는 크로아티아에 즉각적으로 도입되지 못했다.[16] 일리리아 정신을 마지막까지 지탱해준 것이 일리리아어였지만, 이 문제에서 가이와 일부 일리리아 언어학자들이 의견을 달리한 것이다.

비엔나 어문협정은 결과적으로 일리리아주의자들이 스스로 일리리아 운동에 마지막 사형선고를 내린 상징적인 사건이 되었다. 이후 가이는 어떠한 일리리아 운동과 관련된 활동도 하지 않았고 마지막 추진력이었던 일리리아어를 상실한 일리리아 운동은 크로아티아에서 소멸되게 된다.

3. 20세기 크로아티아 순수주의

3.1. 세르보크로아티아어와 크로아티아어

19세기 크로아티아 언어순수주의라 할 수 있는 일리리아 운동은 명확하지 못한 이론, 빈약한 지지 세력, 주도하던 엘리트 간에 이견으로 인해 미완의 운동으로 종결되었다. 이후 크로아티아어는 구(舊)유고슬라비아연방을 이념적으로 지탱하였던 세르보크로아티아어의 한 축으로 흡수되게 된다. 구(舊)유고슬라비아연방의 언어정책을 한마디로 평가하면, 세르비아어 주도의 세르보크로아티아어 표준화의 완성이라 할 수 있다 (Auburger, 1999: 25).

택이었지만 세르비아에게 슈토-방언은 곧 세르비아어였다. 가이는 슈토-방언을 남슬라브 민족을 위한 보편적 언어로 보았지만 부크는 슈토-방언을 세르비아어로 보았고 이를 사용하는 모든 슬라브인은 세르비아인이라는 관점을 가지고 있었다. 19세기 민족형성 과정에서 나타나는 세르비아와 크로아티아의 언어관의 차이에 대한 자세한 논의는 권혁재(2002), Lehfeldt(1981) 참조.

16 협정에 사인을 한 마쥬라니치도 훗날 가이의 뜻을 이해하고 1862년 크로아티아 학교 문법에 세르보크로아티아어가 아닌 가이의 크로아티아어를 사용한다.

연방의 공용어 세르보크로아티아어는 동쪽 변이형 세르비아어와 서쪽 변이형 크로아티아어를 양대 축으로 하고 라틴문자체와 키릴 문자체를 모두 용인하는 통합 언어였다. 티토(Josip Broz Tito, 1892-1980)가 추구하였던 이상적인 '유고슬라비즘(Yugoslavism)'은 연방 내 모든 민족이 '유고인(jugoslaveni)' 이라는 정체성을 지닌 새로운 통합 민족으로 재탄생하는 것이었다. 그리고 사회주의 사상으로 새롭게 탄생한 남슬라브 민족, 유고인의 민족어가 '세르보크로아티아어'였다.

이상적인 남슬라브 통합정신, 개별 민족 간의 갈등을 극복하고 하나의 이상적인 사회주의 연방을 건설하고자 했던 유고슬라비즘의 이상, 외세의 문화적 침략으로부터 자유로운 강한 남슬라브민족의 탄생, 사회주의 사상으로 철저히 무장한 유고인의 탄생 등 두 사상은 동일한 목표를 가지고 있었다고 볼 수 있다. 구(舊)유고슬라비아연방 탄생과 함께 유고슬라비즘과 세르보크로아티즘(Serbocroatism)은 자연스럽게 접목되었고, 세르보크로아티아어는 연방의 공용어로 확고한 위상을 가지게 된다(권혁재, 2005: 9).

그러나 구(舊)유고슬라비아연방 시절 크로아티아 언어학계의 최대 과제는 세르보크로아티아어의 세르비아어화에 대한 저항과 크로아티아어 순수성의 보존이었다.

세르비아어화 되는 세르보크로아티아어 사용에 대한 연방정부의 강압적인 언어정책을 크로아티아는 민족 정체성의 위기로 받아들였다. 브로조비치(Brozović)를 중심으로 하는 크로아티아 민족주의 언어학계는 크로아티아어의 순수성과 정체성을 지키는 운동을 계획한다. 세르보크로아티아어를 둘러싼 두 언어학계의 갈등과 반목을 해소하기 위해 두 언어학계는 1954년 '노비사드 협약(Novi Sad Agreement: Novisadski Dogovor)'을 통해 다시 한번 합의를 시도한다. 노비사드협정에서 두 언어학계는 모두 10가지 사항에 대해 합의를 하는데, 가장 핵심적인 사항은 정서법과 사전의 통일이었다. 노비사드 협약은 동쪽 변이형 세르비아어와 서쪽 변이형 크로아티아어의 동등한 위상을 인정하는 선언이었고 두 언어학계가 어느 한쪽이 치우치지 않는 세르보크로아티아어 정신을 다시 이어가자는 의미 있는 협약이었다.

비엔나 언문협정을 평가 절하하던 크로아티아 민족주의 언어학계도 노비사드 협정은 크로아티아어 독자성 인정이라는 측면에서 긍정적인 평가를 하였다. 노비사드 협약에 따라 세르보크로아티아어 정서법을 보라니치(Boranić)의 크로아티아어 정서법과 벨리치(Belić)의 세르비아 정서법을 통합하여 새롭게 정립하기로 합의한다. 또한, 두 변이형이 동등한 위상을 갖는 통합사전을 크로아티아 학술원과 세르비아 학술원이 공동 간행하기로 하였다. 그러나 협의 정신과 달리 통합 정서법은 완성도가 높은 베리치의 세르비아어 정서법에 의존하게 된다. 사전작업도 두 학술원이 합의를 보지 못해 연방의 해체 전까지도 공동 작업은 이루어지지 못한다(Banac, 1991: 100).

노비사드 협약이후에도 크로아티아어의 순수성은 보장 받지 못하였고 1967년 '자그레브 선언(Zagreb Declaration)'을 통해 크로아티아 민족주의 언어학계는 연방의 언어정책에 정면으로 대항한다. 크로아티아 문화계와 학계는 '크로아티아 문학어의 명칭과 위상에 관한 선언(deklaracija o nazivu i položaju hrvatskog književnog jezika)'을 통해 연방의 세르보크로아티아 어문정책 수정을 요구한다.

오늘날 크로아티아 언어학계는 '67년 선언'을 순수한 크로아티아어의 재탄생을 공표하는 역사적 사건으로 평가한다(Babić, 1997: 85). 브로조비치(1995: 26)나 바비치(1997: 81)는 당시 선언이 연방의 언어정책에 대한 형식적인 저항이었다고 비판을 하지만 당시 정치 상황에서 '순수한 크로아티아어'라는 개념은 연방의 통치이념에 직접적으로 도전하는 혁명적인 사건이었다(Banac 1991: 102).

'크로아티아의 봄(Hrvatsko proljeć)'으로 상징되는 1970년대 자율화 분위기에 힘을 받아 크로아티아 언어학계는 1971년 노비사드협약의 파기를 공식적으로 선언한다. 크로아티아 민족주의 언어학계는 노비사드협약의 종결선언을 크로아티아 민족이 진정한 크로아티아어를 사용할 수 있게 기회를 얻고, 크로아티아 문화와 민족 정체성을 복원할 수 의미 있는 결정이라 자찬하였다. 그러나 세르비아 언어학계는 노비사드협약의 파기선언은 매우 무모한 모험이며, 두 언어의 이질화는 결국 연방의 정치체제마저 위협하게 될 것이라 경고하였다. 결국, 극단적인 민족주의자들이 주도하는 개별 공화국의 민족어 부활 운동을 연방정부는 용인하지 않았다. 1971년 말 '크로아티아의 봄'의 종말과 함께 개별 공화국의 민족주의 운동은 금지된다.

1980년 티토의 죽음은 연방의 중앙 집권력을 약화시켰고, 개별 공화국들은 정치적, 문화적 자율성을 확대할 수 있었다. 크로아티아 언어학계도 본격적으로 세르보크로아티즘에 오염된 크로아티아어의 순수성을 회복시키기 위한 '자료계획(corpus planning)'을 시행한다. 80년 이후 '크로아티아어-세르비아어' 또는 '세르보크로아티아어'라는 이름으로 크로아티아에서 간행되거나 발표된 언어 연구들은 내용상으로 순수한 크로아티아어와 관련된 것들이었다. 1991년 독립 이후 크로아티아가 시행하고 있는 순수주의 언어정책과 언어계획은 이미 연방시절 진행하였던 언어 연구를 기반으로 출발한다.

3.1. 극단적 순수주의의 시작

O' Reilly(2001: 1)가 지적하였듯, 1990년대 구(舊)유고슬라비아연방의

해체는 유럽의 소수 언어에 주목할 만한 변동을 가져온다. 유고슬라비아 지역에서 언어는 다시 한번 가장 강력한 민족 상징으로 등장하고, 개별 민족들은 자신들의 언어를 통한 민족 정체성 확립에 몰두하게 된다. 신생 공화국 크로아티아 또한 민족 정체성 확립을 위한 크로아티아어 본래의 순수성 회복을 언어정책의 기본 원칙으로 설정한다.

크로아티아인에게 새로운 민족 국가 성립은 140년간의 세르비아어의 언어적 지배로부터의 독립을 의미하였다. 크로아티아 민족주의 언어학계는 1850년 어문협정을 세르비아어의 크로아티아어 지배의 시작으로 규정하고, 구(舊)유고슬라비아연방의 해체를 민족 독립과 함께 언어 독립을 쟁취한 것으로 간주하였다(Škarić, 1991: 33). 1991년 신생 크로아티아 공화국은 독립선언과 함께 라틴문자를 사용하는 크로아티아어를 단일 국가 언어로 공표한다. 이후 크로아티아에서 세르보크로아티아어라는 명칭은 모든 영역에서 완전히 사라진다. 세르보크로아티아어의 다른 후속 언어라 할 수 있는 세르비아어, 보스니아어, 몬테네그로어를 극단적으로 외국어로 간주하는 경향까지 나타난다.[17]

그러나 크로아티아어는 표준화 문제에 있어 태생적인 한계를 가지고 있다. 13세기부터 크로아티아어 문어전통이 시작되지만 이후 역사에서 크로아티아 문어는 규범화의 기회를 얻지 못했다. 엄밀하게 평가하면 크로아티아어 표준화는 '세르보크로아티아어' 서쪽 방언으로 완성되었다고 할 수 있다. 이는 크로아티아어가 세르비아어와 완전히 차별화되는 근본적인 문법 수정은 처음부터 불가능하다는 것을 의미한다. 결국, 90년대 이후 진행된 순수한 크로아티아어 작업은 어휘 분야에 집중될 수밖에 없었다.

---

17 대부분의 크로아티아 지식인들도 정부의 언어정책에 동조하였으나, 세르보크로아티어라는 명칭을 선호하였던 일부 지식인들은 정부의 일방적인 언어정책이 오히려 국민의 선택권을 제한할 수 있다고 비판하였다 (Ugrešić, 1998: 271).

크로아티아 순수주의 우선 과제는 크로아티아어에서 세르보크로아티즘의 잔재를 완전히 제거하고, 중세 크로아티아 어문전통을 복원하는 것이었다. 1990년 초반 크로아티아 언어정책은 구(舊)유고슬라비아연방부터 크로아티아어의 순수성을 외치던 민족주의 언어학자들이 주도한다. 순수한 크로아티아어는 Brozović(1971)가 제시한 '크로아티아어에 대한 10가지 주제(Ten Theses on Croatian Language)'에 기초하고 있다.

10가지 주제 중 앞의 3가지는 크로아티아어의 위상과 전개에 관련된 사항이며 실질적인 크로아티아 언어계획과 관련된 핵심주제는 4번째부터 6번째 까지 언급되어 있다(권혁재, 2005: 12, Greenberg, 2006: 118-119).

4번째 사항은 차-방언과 카이-방언의 어문전통과 관련된 사항으로 새로운 크로아티아어 표준어는 두 방언의 언어자산을 자신의 것으로 만들어야 한다는 것이다. 카이-방언과 차방언의 표준어 편입은 슈토-방언인 현대 크로아티아어가 가장 풀기 어려운 문제이고, 반드시 해결해야 할 문제이기도 하다. 두 방언의 표준어 편입은 크로아티아어 정체성 문제를 해결할 수 있는 최고의 방법이며, 이를 통해 크로아티아어는 궁극적으로 세르비아어와 확연한 차별성을 가지게 될 것이다.

5번째 사항은 유럽어로서의 크로아티아어가 독자성과 확장성을 지녀야 한다는 것이다. 이는 외래어 수용에 대한 크로아티아의 입장을 알 수 있는 중요한 사항이다. 현재 크로아티아는 모든 외래어를 가능하면 순수 크로아티아어로 바꾸는 것을 원칙으로 한다. 이를 위해 19세기 크로아티아어 사전에는 수록되어있으나 사용하지 않았던 어휘들을 새롭게 표준어에 편입시키거나 유럽 언어에서 차용하는 원칙을 세우고 있다.

6번째 사항은 크로아티아 표준어는 서부 슈토-방언중 *ije*-방언과 *i*-방언만을 포함해야 한다는 것이다. 이는 크로아티아의 민족적, 지역적 순수성을 강조하는 항목으로 달마티아 중부, 서부 보스니아, 서부 헤르체고비나

지역에 거주하는 민족까지 크로아티아 민족으로 인정하겠다는 의지이다.

4부터 5까지 언급한 사항이 여전히 크로아티아 순수주의 핵심 사항이고 어문정책의 기본 원칙이다. 크로아티아 순수주의 언어계획은 문법 전체 분야에서 진행되었고 어휘 부분에 먼저 변화가 나타났다.

크로아티아 언어순수주의는 우선하여 크게 두 가지 어휘 분야 변경에 노력하였다. 첫 번째가 외래어 차용에 있어 국제공통어휘(internationlisms)를 포기하고 크로아티아 고유어휘로 이를 대체하는 것이었다. 두 번째가 연방 시절 사용하던 세르비아어 법률, 공문, 군대, 정부 용어 등 공공 분야 어휘들을 다시 순수한 크로아티아어 어휘로 대체하는 것이었다. 이 과정에서 심각한 문제점은 일상적으로 사용하던 용어의 변경이 언어 공동체와 논의 과정 없이 일방적이고 한순간에 이루어졌다는 것이다. 그 결과, 외래 차용어가 통상적으로 사용되었던 전문 분야나 스포츠 분야에서 새로운 순수 크로아티아어 용어를 이해하지 못하는 언어 혼란도 발생하였다.[18]

세르보크로아티아어 시절에도 크로아티아어와 세르비아어의 어휘적 차이는 존재하였고, 두 언어의 차이를 구분하는 사전도 간행되었다.[19] 그러나 독립이후 세르비아어와의 차별화를 극대화하기 위해 순수주의자들

---

[18] 이러한 현상은 1991년 독립 후 초대 크로아티아 대통령이었던 투지만(Franjo Tuđman) 정권 때 실시했던 극단적 순수주의 결과로 볼 수 있다. 일반 대중의 언어 생활과 괴리가 큰 어휘는 투지만 사후 다시 예전의 외래 차용어로 돌아간다. 이는 북한이 문화어 초기 아이스크림을 '얼음보숭이'라고 했다가 1980년대 중반에 와서 '말다듬기 사업'을 통해 1986년에 간행된 『다듬은 말』에는 다시 원래 말로 돌아간 것과도 매우 유사한 사례라 할 수 있다.

[19] Guberina(1940)의 *Razlike između hrvatskoga i srpskoga književnog jezika*(크로아티아어와 세르비아어의 차이점)에서 보듯이 두 언어의 비교 연구는 오랜 전통을 가지고 있다. 연방의 해체이후 비교사전의 출판이 다시 본격적으로 진행되어 Šamija & Lukačić(1990) 이후 연속적으로 Linke(1992), Pavuna(1992), Vezdar(1993)등이 유사한 사전을 출판하게 된다. 대부분의 비교사전은 크로아티아어와 세르비아어의 차이점을 과장하여 수록하는 경향이 있었으나 Brodnjak(1993)의 비교사전은 19세기 세르비아 텍스트를 분석하여 현재 크로아티아에서는 사용되지 않는 3만 단어를 수록하였고 이를 크로아티아인이 이해하기 힘든 단어라 명시하였다(권혁재, 2008: 15).

은 기존의 어휘 차이를 넘어 오랫동안 세르비아와 공유하고 있던 어휘마저 인위적으로 순수 크로아티아로 대체한다.

사회주의 정치체제와 관련된 공문서나 기관에서 사용되었던 어휘들도 19세기 사전에 수록된 어휘로 대체된다. 최근 들어 간행되는 크로아티아 사전에서 이러한 변화가 명확하게 반영되고 있다. 1991년 독립이후 크로아티아에서 가장 공신력이 있는 사전으로 평가받는 아니치(Anić)의『크로아티아어 대사전(Veliki Rječnik hrvatskoga jezika)』초판(1991)과 2003년, 2013년 판에 실린 어휘를 비교해 보면 점차적으로 공공부분 어휘가 변화해 가는 것을 볼 수 있다.

3.2 중세 방언의 복원

크로아티아 순수주의 언어학계의 또 다른 고민이 중세 문학어로 사용하던 차-방언과 카이-방언의 복원과 활용이다. 슈토-방언에 기반을 두고 있는 현대 크로아티아어에 과거 부흥시대 방언인 차-방언과 카이-방언을 혼합하는 것은 크로아티아 민족의 연속성과 통합을 의미하는 작업이다. 차-방언과 카이-방언은 고대 서부 슈토-방언 언어요소를 여전히 보존하고 있어, 3 방언을 이상적으로 혼합할 수 있으면 세르비아어는 물론이고 동일한 서쪽 슈토-방언을 사용하는 보스니아어와도 명확한 차별성을 나타낼 수 있게 된다.

3개의 방언을 통합 하는 작업은 이미 일리리아 학자들도 시도 했었다. 일리리아 운동이 추구하던 방언 통합이 모든 남슬라브 민족을 위한 이상이었으나, 90년대 방언 통합은 이웃한 슈토-방언 언어를 사용하는 남슬라브 민족과 차별화를 위한 것이었다.

차-방언과 카이-방언은 세르비아어가 지니지 못한 많은 요소를 가지고 있는 것이 사실이나 중세 이후 언어 발달이 멈춘 상태이다. 또한 두 방언과 슈토-방언의 음운적, 형태적 차이가 너무 커서 3개의 방언을 통합하는 것은 새로운 언어의 창제라 할 수 있다.

어휘 부분만 고려해도 차-방언과 카이-방언은 세르비아어, 몬테네그로어, 보스니아어가 지니지 못한 언어자산을 가지고 있다. 그러나 이것도 현재 두 방언의 사용지역이 예전과 달리 매우 축소되어 있고, 수백 년간의 외세 지배로 인해 슈토-방언보다 외래 요소에 더 오염되어 있어 보편적인 어휘를 선별하는 작업도 현실적으로 어려움이 있다.

슬로베니아어와 유사성을 갖는 카이-방언은 크로아티아에서는 이미 중세 이전에 언어 발달을 멈추었고, 아직 자그레브 외곽지역에서 그 명맥을 유지하고 있으나 그 어휘를 현대 표준어로 편입하기에는 너무 통속적이고 저속한 어휘들이 대부분이다. 일리리아어의 초기 방언이었던 차-방언은 카이-방언보다 언어적 발달 단계나 문학어로의 전통을 고려하면 어휘 편입은 용이한 방언이다. 그러나 차-방언 역시 18세기 슈토-방언이 전체 크로아티아 지역으로 확대된 이후 쇠락하기 시작하여 현재 사용지역을 찾기가 힘든 상태이다.

이러한 배경에서 1991년 이후 많은 민족주의 언어학자들이 차-방언과 카이-방언의 표준화와 현대크로아티아어로의 편입에 노력하였으나 실제적으로 새로운 크로아티아어에 새롭게 편입된 차-방언과 카이-방언 어휘 숫자는 매우 적다(권혁재, 2015: 189).

3.3. 국제공통어휘와 크로아티아 순수주의

90년대 초반 크로아티아 언어학계가 진행한 순수주의는 감정적인 부분에 치우쳤고, 그 결과물은 언어학적으로 완성도가 떨어진다고 평가된다. 어휘 분야 변화는 두드러지나 언어 규범화를 위한 기본 문법 분야 성과는 연방 시절 크로아티아의 순수성을 지키고자 했던 시도를 다시 정리한 수준에 머무르고 있다. 일부 분야에서는 세르보크로아티아어 시절의 언어 연구가 순수주의 시대의 연구보다 이론적으로 더 높은 평가를 받는 경우도 있다.

독재적이고 강압적이었던 크로아티아 정치 상황이 바뀌며 언어학계에서도 극단적인 순수주의에 대한 우려의 목소리가 나오기 시작한다. 유럽연합(EU) 가입과 유럽어로서의 크로아티아어 위상 논의가 본격적으로 진행되며 외래어 차용어 문제에 있어 순수주의 입장을 고수하던 크로아티아 언어학계는 두 진영으로 분리된다.

크로아티아는 역사적으로 서유럽 지향적 성향이 강한 민족, 세르비아는 보수적이고 슬라브 민족 긍지가 강한 민족으로 평가된다. 순수주의를 강조하는 크로아티아인에게도 다른 외국어와 달리 영어는 세계화와 선진화의 상징으로 긍정적인 의미를 지니고 있다. 전문 분야뿐만 아니라, 젊은 세대의 일상 언어나 개방형 매체에서의 영어 어휘 사용은 보편적인 현상이다.

이러한 상황에도 크로아티아가 영어에 대해 순수주의 입장을 강하게 준수하고자 하는 것은 자국어 보호라는 명분 보다 오히려 세르비아 '앵글리시즘(Anglicism)' 상황과 연계되어있다. 세르비아에게 영어는 새로운 문명과 기술의 상징일 수도 있지만, 정치적으로는 문화적 침략의 상징이기도 하다.[20] 구(舊)유고슬라비아연방 해체, 보스니아 전쟁, 코소보 분쟁을 통해 서방과의 전쟁을 치른 특수 상황에서 영어는 세르비아에게 침략과 증오의 상징일 수 있다(권혁재, 2006: 8). 그러나 국제공통어휘 원칙을 수용한 세르보크로아티아어를 충실히 계승한 세르비아어는 영어 사용에 있어 크로아티아어보다 훨씬 개방적이다. '영어세르비아어(englosrpski)'

---

20 '앵글리시즘(Anglicism)' 용어의 엄밀한 정의는 학자마다 약간의 차이를 보이고 있지만 일반적으로 대상 언어의 어휘 항목으로 받아들어진 영어 기원 언어요소(철자, 발음, 형태 또는 세 가지 중 적어도 하나)라 설명할 수 있다(권혁재 2018: 4).

라는 용어가 등장할 만큼 많은 원형 영어 외래어가 세르비아어에 수용되어 사용되고 있다.

세르비아어와의 차별성을 순수주의 최우선 과제로 설정한 크로아티아 언어학계 고민이 여기에 있다. 세르비아어를 바라보는 크로아티아 순수주의 언어학계의 부정적 시각은 세르비아어가 개방적으로 수용하고 있는 앵글리시즘에 대한 거부감으로 발전한다.

그러나 빠른 세계화를 통해 진정한 유럽의 일원이 되고자 했던 크로아티아 경제, 문화, 사회, 과학 분야에서 유입되는 영어 어휘들의 숫자는 점차 증가하고 번역 차용을 주로 사용하는 순수주의 원칙이 그 한계를 드러낸다. 또한, 독립 초기 크로아티아를 장악하였던 독재 정권이 퇴진하며, 크로아티아어 순수주의를 바라보는 전체적인 시각에도 변화가 발생한다.

90년 초반 크로아티아 언어 학계를 주도하였던 바비치(Stjepan Babić), 카치치(Miro Kačić), 쉬문디치(Mate Šimundić)는 국제공통어휘도 크로아티아어에 남아있는 세르보크로아티즘을 잔재로 간주하였고 이에 대한 청산에 노력하였다(Oczkowa, 2010: 328).

21세기에도 보수적 순수주의 언어학자들은 모든 외래 언어를 크로아티아어의 순수성을 위협하는 요소로 본다. 앵글리시즘 또한 새로운 기술과 지식의 도입을 위한 필수적 결과가 아닌 크로아티아어에 대한 무관심과 안일함의 결과로 평가한다(Babić, 2004: 215; 2001: 248). 이와 달리 진보적 순수주의 언어학자들은 과도한 보호가 오히려 자연스러운 크로아티아어 발전을 방해할 수 있다고 앵글리시즘을 옹호한다. 일반 민중은 언어 선택권과 의식 있는 자각 능력을 갖추고 있고, 국가가 개인의 언어 사용의 문제를 일방적으로 규정할 수 없음을 설명한다. 새로운 문화, 기술의 도입과 함께 자연스럽게 수반되는 언어현상을 21세기에도 민족 감정을 앞세우며 과장하는 것은 오류일 수 있다는 것이다(Oczkowa, 2010:

329).

국제공통어휘나 앵글리시즘에 대한 극단적 거부는 언어 자체 문제 보다 언어를 정치적 도구로 이용하는 전통으로부터 기인한다고 할 수 있다. 외래 요소로부터 언어 순수성을 보존하고자 하는 순수주의 원칙의 중요성과 새로운 지식의 확산과 함께 도입되는 외래어 모두를 거부할 수 없는 현실을 양쪽 진영 모두 인정한다. 보수 진영과 진보 진영 모두 정도의 차이는 있지만 이념적 뿌리는 여전히 순수주의인 것이다. 보수적 언어학자들도 새로운 지식의 도입을 위한 앵글리시즘 필요성 자체를 부정하지는 않는다. 진보적 언어학자들도 크로아티아어가 무분별한 외래어 혼용으로 오염되는 것을 바라지는 않는다.

두 진영 언어학자들이 합의한 집짐이 크로아티아어 문법 규칙에 맞고 세르비아어와는 차별화될 수 있는 외래어 어휘 수용이다. 긍정적인 상황은 영어 어휘 원형 수용 또는 대체 수용에 있어 라틴문자를 쓰는 크로아티아어가 키릴문자를 사용하는 세르비아어보다 유리하다는 것이다.[21] 라틴문자를 기반으로 하는 영어를 키릴문자 언어로 대체하려면 원래 형태와 다른 심한 변형이 나타나는 경우도 발생한다. 세르비아어가 어휘국제화로 영어 원형을 더 적극적으로 사용하는 것도 이러한 문자적 제약에 그 이유가 있다 할 수 있다. 라틴문자를 사용하는 크로아티아어는 영어 원형을 더 손쉽게 크로아티아 음운에 맞게 대체할 수 있고 세르비아어와의 차별성도 얻을 수 있다.

유럽연합 가입 이후 크로아티아는 이전보다 유연하게 앵글리시즘을 수용하고 있다. 특징적인 것은, 번역 차용과 세르비아어와는 다른 음운, 형태 단위 대체를 통해 크로아티아 앵글리시즘 양상은 세르비아 국제공통

---

21 키릴문자를 사용하는 러시아어에도 나타나는 현상으로 라틴문자 계열의 외래어 표현에 있어 키릴문자로는 음운 대체가 어렵고 변형이 불가능한 상황도 발생하기 때문에 외래어 원형 사용이 더 빈번히 일어난다(Bruns, 2005: 411; 권혁재, 2006: 10).

어휘와 분명한 차이점은 있다는 것이다. 또한 현재 크로아티아어에 나타나는 순수주의는 90년대 초반 극단적 민족주의가 언어정책에 개입했던 시기보다 훨씬 개방적이다. 국제적으로 크로아티아어가 세르비아어와 공존할 수 있는 방식을 세르비아어와 완전한 차별화 방식이 아닌 독립적이고 중립적인 위상 공존을 통해 찾고자 한다.

4. 결론

같은 언어 사용 가능성에 따른 민족 의식화는 언어 특유의 변별적 능력으로 인해 손쉽게 공동체 내부의 연합과 정체성 확립을 이루어 낼 수 있다. 언어, 민족, 종교가 모자이크처럼 엮여있는 발칸지역에서 언어가 가지는 상징성은 그 어떤 민족 상징보다 크다. 이러한 상징성으로 인해 발칸 민족주의의 특징이 같은 언어를 사용하는 집단을 하나의 공동체로 규정하고, 이를 민족으로 정의하는 것이다. 역사적으로도 유고슬라비아 지역에서 언어 통합은 민족 통합으로 이어졌고, 궁극적으로 국가 통합을 만들어냈다.

세르비아와 크로아티아 언어순수주의는 19세기와 20세기 민족 국가 형성 시기에 등장한다. 그러나 19세기와 20세기 언어순수주의는 그 양상에 있어 대조적인 모습을 보이는 부분이 있다. 19세기의 것이 통합을 위한 순수주의이었다면, 20세기의 것은 해체를 위한 순수주의라 할 수 있다.

13세기 교회슬라브어가 세르비아와 크로아티아 지역에 유입되며 두 민족의 문어 역사가 시작되었지만, 이후 오랜 외세의 지배로 두 지역 언어발달은 다른 슬라브 지역과 비교하면 거의 멈춘 상황이었다. 19세기 암흑기와 같은 언어 상황에서 두 민족은 외세의 언어에 대항할 수 있는 순수한 남슬라브 통합어 완성을 추진한다. 강력한 남슬라브 국가건설을 원했던 두 민족의 염원은 언어적으로 세르보크로아티아어로, 정치적으로 구(舊)유고슬라비아연방으로 그 결실을 본다. 결론적으로 19세기 세르비아와 크로아티아 언어순수주의는 외세의 언어로부터 위협받고 있는 민족어를 지키기 위해 유사성이 강한 슬라브어들을 통합하여 상위단계의 언어를 창제하고, 이를 통해 민족어의 위상과 민족 정체성을 지키고자 했던 노력이었다.

이러한 의미에서 세르보크로아티아어는 전체 남슬라브민족을 하나로 묶는 상징적인 언어였다. 다민족, 다종교, 다언어 연방이었던 구(舊)유고슬라비아연방의 실패는 세르보크로아티아어의 실패를 의미하기도 한다. 연방의 해체 이후 세르보크로아티아어는 역사에서 사라지고, 후속 언어라 할 수 있는 세르비아어, 크로아티아어, 보스니아어, 몬테네그로어는 지난 30년 가까운 시간을 서로 간의 차별화를 목표로 변화해 왔다.[22]

연방 해체 이후 세르비아 언어정책은 큰 변화 없이 세르보크로아티아어를 계승하는 양상을 보여준다. 이웃한 언어들과의 차별화를 목표로 하는 순수주의 경향은 나타나지 않으며, 세르비아어에 남아있는 터키어나 헝가리어 어휘 순화 정도의 노력만 나타난다. 세르비아를 제외한 나머지 공화국의 언어정책은 그 양상의 차이는 있지만 모두 민족주의에 기반을 둔 해체를 위한 순수주의가 나타난다. 슬라브 지역에서는 언어적 공통성이 많은 이웃하는 슬라브어 요소를 이방 요소로 간주하지 않고, 언어 순수성을 위협하는 요소로 보지 않는 일반적 통념이 20세기 유고슬라비아 지역에서는 적용되지 않고 있다.

---

22 세르비아어, 크로아티아어, 보스니아어, 몬테네그로어를 세르보크로아티아어 후속언어라 규정하는 이유는 4개의 언어가 세르보크로아티아어와 동일한 방언군에 기반을 두고 있기 때문이다.

세르보크로아티아어의 한 축을 담당하였던 크로아티아 민족주의 언어학계는 '세르보크로아티아어 = 세르비아어'라는 단순 논리를 적용하여 크로아티아어에 남아있는 모든 세르보크로아티즘 잔재를 청산하고자 하였다. 크로아티아 순수주의가 보여준 극단성은 그만큼 세르비아어와 크로아티아어가 유사성이 강한 언어라는 것을 보여주는 것일 수도 있다.

　크로아티아어가 이웃한 세르비아어, 보스니아어, 몬테네그로어와 동일한 슈토-방언에 기초하고 있다는 한계를 극복하고, 형태체계나 통사체계 전체를 완전히 새롭게 변화시키는 것은 쉬운 작업은 아닐 것이다. 언어의 전체 시스템의 변화에는 많은 시간이 필요하고, 특히 많은 언어자산을 공유하고 있은 상황에서는 어휘 변화에도 분명 한계가 있다.

　유고슬라비아지역 순수주의는 역사적으로 언어 자체 문제보다 당면한 사회적, 정치적 문제와 관련되어 논의되는 전통이 있다. 그리고 긍정적인 측면에서 평가하면 민중들에게 언어에 대한 자의식을 일깨워 주었고 언어 발전을 위한 국가의 이념적, 재정적 지원을 이끌어 내었다. 그러나 세계화, 정보화 시대에 순수성만을 고집하는 극단적 순수주의는 오히려 자연스러운 언어 발달에 저해 요소로 작용할 수 있을 것이다. 1990년 이후 극단적 순수주의 양상을 나타내던 크로아티아 언어학계가 유럽연합가입 이후 크로아티아어 국제화와 발전 모델로 세르비아어와 완전한 차별화 방식이 아닌, 독립적이고 공존할 수 있는 '위상계획(status planning)'을 수립한 것은 매우 긍정적인 변화라 할 수 있다.

■ 참고문헌

권혁재(2005), 「현대 크로아티아어의 정체성과 현 상황」, 『동유럽연구』 15, 3-25.
권혁재(2006), 「세르비아 크로아티아어 인터넷 용어 연구」, 『동유럽발간학』 18(2),

3-26.
권혁재(2008),「크로아티아의 '세르보크로아티즘' 청산문제 연구」,『동유럽발칸학』10(2), 3-24.
권혁재(2015a),「크로아티아 일리리아 운동의 전개와 의미 연구」,『동유럽발칸연구』39(1), 183-205.
권혁재(2015b),「세르보크로아티아어 후속 언어들의 현 상황 연구」,『동유럽발칸연구』39(2), 3-30
권혁재(2018),「크로아티아어 앵글리시즘(Anglicism) 논쟁과 특징 연구,『동유럽발칸연구』42(4), 3-25.
남혜현(2017),「차용어에 대한 러시아의 언어순수주의: 포스트소비에트 시기를 중심으로」,『유럽사회와 문화』18, 37-264.
Anić, Vladimir; Goldstein, Ivo(2013), Rječnih stranih riječi, Zagreb: Novi Liber.
Auburger, Leopold(1999), Die Kroatische Sprache und der Serbokroatismus, Ulm/Donau: Gehard Hess.
Banac, Ivo(1984), "Main Trends in the Croatian Language Question". Goldblatt H & Picchio R. (eds.), Aspects of Slavic Language question I, New Haven, 189-260.
Brodnjak, Vladimir(1993), Razlikovni rječnik srpskog i hrvatskog jezika. 3. nepromijenjeno izd, Zagreb: Školske Novine.
Cvetković-Sander, Ksenija(2011), Sprachpolitik und nationale Identität im sozialistischen Jugoslawien(1945-1991), Wiebaden: Harrassowitz.
Babić, Stjepan(1995), Hrvatski jučer i danas, Zagreb: Školske novine.
Babić, Stjepan(1997), "Deklaracija - međaš davaju razdoblja". jezik 45(3), 81-85.
Babić, Stjepan(2001), Hrvatska jezikoslovna prenja, Zagreb: Nakladni zavod Globus.
Babić, Stjepan(2004), Hrvanja hrvatskoga, Zagreb: Školska knjiga.
Belaj, Branimir(2009), "Leksik i identitet". Lada Badurina, Ivo Pranjković and Josip Silić(eds.) Jezični varijeteti i nacionalni identiteti, Zagreb: Disput, 253-67.
Bugarski, Ranko(2001), "Language, Nationalism and War in Yugoslavia", International Journal of the Sociology of Language 151, 69-87.
Buruns, Thomas(2005), "Anmerkungen zur kroatischen und serbischen Computer-

und Internetterminilogie". Zeitschrift für Slawische Lingustik 50(4), 408-416.

Elwert, Wilhelm Theodor(1989), "Nationalismus und Ethnizität: Über die Bildung von Wir-Gruppen". Beiträge zur Südosteuropa-Forschung, München, 391-402.

Erdmann-Pandžić, Elisabeth von(1993), "Sprache als Ideologie. Zu einem unveröffentlichen Brief von V. S. Karadžić", Die Slavischen Sprache, Bd. 3, 5-37.

Fishman, Joshua Aaron(1972), Language and Nationalism, Rowley/Massachusetts: Newbury House.

Grčević, Mario(1997), Die Entstehung der kroatischen Literatursprache, Köln/Weimar/Wien: Böhlau

Hopf, Claudia(1997), Sprachnationalismus in Serbien und Griechenland, Wiesbaden: Harrassowitz.

Drljača Margić, Branka(2014), "Contemporary English Influence on Croatian: A University Students' Perspective". Amei Koll-Stobbe and Sebastian Knospe(eds.) Language Contact around the Globe, Proceedings of the LCTG3 Conference, Frankfurt am Main: Peter Lang, 73-92.

Đurić, Rašid(1998), "Wozu Bosnisch? Das Bosnische zwischen Kroatisch und Serbisch", Die slawischen Sprachen 56, 87-115.

Ćirilov, Jovan(1994), Srpsko-hrvatski rečnik varijanata = Hrvatsko-srpski rječnik inačica. 2, dopunjeno izd. Beograd: Bata Orbis.

Filipović, Rudolf(1986), Teorija jezika u kontaktu, Uvod u lingvistiku jezičnih dodira, Zagreb: Školska knjiga.

Greenberg, R. D.(2006), Language and Identity in the Balkans New York: Oxford University Press.

Guberina, Petar(1940), Razlike izmedu hrvatskoga i srpskoga književnog jezika, Zagreb: Matica hrvatska.

Jezić, Slavko(1933), Hravtski Književnost od početka do danas 1100-1941, Zagreb: Grafički zavod Hratske.

Kordić, Snježana(2010), Jezik i nacionalizam, Zagreb: Durieux.

Kovačić, Marko(2007), "Jezičo ravnoduše." Jezik 54(2), 64-69.

Kryzan-Stanojević, Barbara(2013), "Od forme do norme". Barbara Kryzan-Stanojević(ed.) Javni jezik kao poligon jezičnih eksperimenata, Zagreb: Srednja Europa, 193-205.

Lerfeldt, Werner(1981), "Zum Unterschied der Standardsprachkonzeptionen bei den Serben und der Kroaten zur Zeit der Nationalen Wiedergeburt". Südostforschungen 40, 239-253.

Marić-Vogel, Milena(2010), "Language as a Mirro of War and Peace"Ottoman and Habsburg Legacies in the Balkans. Ed. Christian Voss, München-Berlin: Otto Sagner. 35-99.

Moguš, Milan(2009), Povijest hrvatskoga književnoga jezika, 3., prošireno hrvatsko izd, Zagreb: Školska Knjiga.

Niederhauser, E(1987), "Language and Nation". Danubian Historical Studies, Nr. 2, 3-16.

Oczkowa, Barbara(2010), Hrvati i njihov jezik, Zagreb: Školska knjiga.

Okuka, Miloš(1998), Eine Sprache viele Eeben, Klagenfurt: Wieser.

O'Reilly, Camille C(2001), Language, Ethnicity and the State, Volume 2: Minority Languages in Eastern Europe post-1989, London: Palgrave.

Thomas, Georg(1989), "Towards a Typology of Lexical Purism the Slavic Literary Languages", Canadian Slavonic Papers 1989 30(1), 67-88.

Ravelić, Jakša(1965) Illirka knjiga I, Zagreb: Zora-Matica Hrvatska.

Reiter, Nobert(1984), Gruppe, Sprache, Nation, Berlin/Wiesbaden: Harrassowitz.

Smith, Anthony D.(2008), The Ethnic Origins of Nations. 17. reprint, Oxford/Cambridge: Blackwell.

Smith, Anthony D.(1991), Linguistic purism, London and New York: Longman.

Žanić, Ivo(2013), "Dokle su anglizmi -anglizmi? Nekoliko opaski o inkulturaciji tuđca". Barbara Kryzan-Stanojević (ed.) Javni jezik kao poligon jezičnih eksperimenata, Zagreb: Srednja Europa, 205-220.

* 이 글은 아래의 논문을 이 책의 기획과 형식에 따라 수정, 보완한 것임을 밝힌다.
권혁재(2002), 「부끄 까라지치와 세르비아의 언어적 민족주의 연구」, 동유럽발칸학4(1), 33-56.
권혁재(2005), 「현대 크로아티아어의 정체성과 현 상황」, 동유럽연구15, 3-25.
권혁재(2008), 「크로아티아의 '세르보크로아티즘' 청산문제 연구」, 동유럽발칸학10(2), 3-24.
권혁재(2015), 「크로아티아 일리리아 운동의 전개와 의미 연구」, 동유럽발칸연구39(1), 183-205.
권혁재(2018), 「크로아티아어 앵글리시즘 논쟁과 특징 연구, 동유럽 발칸연구42(4), 3-25.

저자소개

조태린
연세대학교 국어국문학과 교수
프랑스 파리10대학교 언어학 박사

고영진
도시샤(同志社) 대학교 글로벌지역문화학부 교수
연세대학교 문학 박사

임재호
연세대학교 불어불문학과 교수
프랑스 파리10대학교 언어학 박사

김민채
연세대학교 불어불문학과 강사
프랑스 파리4대학교 불어학 박사

발레리 소즈라(Valérie Saugera)
미국 코네티컷대학교 프랑스학과 부교수
미국 인디애나대학교 불어학 박사
박혜선(역자)
연세대학교 불어불문학과 강사
연세대학교 불어학 박사

최경은
연세대학교 인문학연구원 HK연구교수
독일 키일대학 독어학 박사

남혜현
연세대학교 노어노문학과 교수
러시아 상트 페테르부르크 대학교 러시아어학 박사

김인천
한국외국어대학교 체코·슬로바키아어과 교수
체코 카렐대학교 언어학 박사

권혁재
한국외국어대학교 세르비아 크로아티아어과 교수
독일 괴팅겐대학교 슬라브어학 박사

인문언어학과 복합지식 총서 10
언어순수주의의 발현과 전개

1판1쇄 발행 2019년 7월 15일

엮은이   연세대학교 언어정보연구원
펴낸이   김 진 수
펴낸곳   **한국문화사**
등   록   1991년 11월 9일 제2-1276호
주   소   서울특별시 성동구 광나루로 130 서울숲IT캐슬 1310호
전   화   02-464-7708
팩   스   02-499-0846
이메일   hkm7708@hanmail.net
홈페이지 www.hankookmunhwasa.co.kr

책값은 뒤표지에 있습니다.

잘못된 책은 구매처에서 바꾸어 드립니다.
이 책의 내용은 저작권법에 따라 보호받고 있습니다.

ISBN 978-89-6817-783-5 93700

이 도서의 국립중앙도서관 출판예정도서목록(CIP)은 서지정보유통지원시스템
홈페이지(http://seoji.nl.go.kr)와 국가자료종합목록시스템(http://www.nl.go.kr/kolisnet)에서
이용하실 수 있습니다. (CIP제어번호 : CIP2019027147)

> 이 총서는 2009년 정부(교육부)의 재원으로 한국연구재단의 지원을 받아 수행된
> 연구임 (NRF-2009-361-A00027).